Cultura en España

B1 / B2

Edición: enClave-ELE

Autoras: Amalia Balea y Pilar Ramos

Cubierta: Malena Castro

Maquetación: Diseño y Control Gráfico, Malena Castro

Corrección edición 2021: Ana Higueras y Leticia Santana

Fotografías: Shutterstock.com, Jesús Alcántara, Paola Ardizzoni y Emilio Pereda / El Deseo D.A. S.L.U., Ayuntamiento de Valencia, Corbis, Fotolia, Paz Martínez de Juan, Patrimonio Nacional.

pág. 6: https://geografiasturisticas.files.wordpress.com/2014/08/mapa-polc3adtico-de-europa.jpg; pág. 24: Migel/Shutterstock.com; pág. 29: Christian Mueller/Shutterstock.com; pág. 30: Helena G.H/Shutterstock.com; STORM INSIDE PHOTOGRAPHY/Shutterstock.com; pág. 37: LucVi/Shutterstock.com; pág. 47: Ninafotoart/Shutterstock.com; pág. 56: https://www.elconfidencial.com/mundo/2014-06-19/que-fue-de-la-emigracion-espanola-la-generacion-de-la-posguerra-50-anos-despues_148740/; pág. 58: Enriscapes/Shutterstock.com; pág. 60: Marlene Vicente/Shutterstock.com; pág. 63: zixia/Shutterstock.comv; http://phs.princetonk12.org/teachers/dblanco/Mapa_de_Espa_a.jpg; pág. 64: nobelio/Shutterstock.com; pág. 68: https://commons.wikimedia.org/wiki/File:VI_Conferencia_de_Presidentes_-_32242492591.jpg; pág. 70: https://bit.ly/3qcObYh; pág. 72: https://farm3.staticflickr.com/2474/4007211142_b34eec25b9_o.jpg; pág. 75: Vivvi Smak/Shutterstock.com; pág. 79: http://s3images.coroflot.com/user_files/individual_files/original_350894_oaRgJLaGjpDLjlcxndGMhs3r7.jpg; pág. 81: http://www.exteriores.gob.es/Portal/es/SalaDePrensa/ElMinisterioInforma/Paginas/Noticias/20180508_MINISTERIO14.aspx; pág. 82: Alexandre Rotenberg/Shutterstock.com; pág. 83: Botond Horvath/Shutterstock.com; pág. 86: Andres Garcia Martin/Shutterstock.com; pág. 88: https://www.segib.org/la-xxvi-cumbre-iberoamericana-finaliza-con-resultados-concretos-y-reafirmando-el-compromiso-con-el-multilateralismo-la-agenda-2030/; pág. 90: agsaz/Shutterstock.com; pág. 91: https://www.agroecologia.net/avance-datos-produccion-ecologica-mapa-2019-seae/; http://www.ipacuicultura.com/noticias/ultima_hora/70790/la_comunitat_valenciana_convoca_las_ayudas_para_apoyar_la_certificacion_de_la_produccion_ecologica.html; pág. 92: https://jcordobaduran.files.wordpress.com/2013/03/20130305-194405.jpg; pág. 93: TY Lim/Shutterstock.com; pág. 95: https://miguelangelnad.files.wordpress.com/2013/05/logo-ave-renfe.png; akturer/Shutterstock.com; pág. 96: Edgloris Marys/Shutterstock.com; pág. 102: catwalker/Shutterstock.com; pág. 103: Fotokon/Shutterstock.com; pág. 104: Miruna Ioana/Shutterstock.com; pág. 105: INE; p. 119: Lisi4ka/Shutterstock.com; pág. 120: JJFarq/Shutterstock.com; pág. 128: zixia/Shutterstock.com; pág. 132: Aydan Metev/Shutterstock.com; pág. 133: https://casareal.es/EU/Actividades/Paginas/actividades_actividades_detalle.aspx?data=13935; pág. 138: Kwannokprom/Shutterstock.com; pág. 139: Neirfy/Shutterstock.com; pág. 146: DFLC Prints/Shutterstock.com; Alastair Wallace/Shutterstock.com; pág. 147: Santi Rodriguez/Shutterstock.com; pág. 150: Andrea Raffin/Shutterstock.com; https://bit.ly/3d3Jvjy; https://neokunst.files.wordpress.com/2014/03/ocho_apellidos_vascos-758602439-large.jpg?w=314&h=300; https://nicolasramospintado.files.wordpress.com/2014/06/alatriste.jpg; pág. 151: Featureflash Photo Agency/Shutterstock.com; pág. 152: Vivvi Smak/Shutterstock.com; pág. 153: http://www.madridya.es/noticias/wp-content/uploads/2011/09/Cartel-Rey-Leon.png; pág. 154: Ted Alexander Somerville/Shutterstock.com; ; pág. 155: http://www.photoshelter.com/img-get/I0000G3luwfXHEb4/s/600/408/El-Bulli-014.jpg; pág. 156: yangyuen/Shutterstock.com; pág. 157: Marcos Mesa Sam Wordley/Shutterstock.com; Rainer Herhaus/Shutterstock.com; pág. 158: Mikel Dabbah/Shutterstock.com; pág. 161: DANIEL CONSTANTE/Shutterstock.com; pág. 166: DS_93/Shutterstock.com; pág. 168: Tupungato/Shutterstock.com; pág. 171: http://takethesquare.net/wp-content/uploads/2012/01/2.-30000-people-occupy-the-Plaza-de-Sol-Madrid-May-20th.jpg; pág. 172: Alexandre Rotenberg/Shutterstock.com; pág. 180: https://www.mscbs.gob.es/ciudadanos/proteccionSalud/tabaco/senalizacion.htm; pág. 176: https://bit.ly/3t2Gd5R; https://bit.ly/3qYYgrQ; https://bit.ly/3a8cYpG; https://bit.ly/3qVAEUX; https://bit.ly/3t7wgnQ.

Mapas: Carmelo Pardo, Shutterstock.com

© enCLAVE-ELE, 2015
© edición revisada, 2021

ISBN: 978-84-15299-38-7
Depósito legal: M-30076-2015
Impreso en España

Cultura en España es un libro dirigido a jóvenes y a adultos, concebido con el objetivo de ayudarles a adquirir, de un modo claro y sencillo, unas referencias de los distintos aspectos de la cultura y la civilización española.

Se trata de un curso que combina documentos gráficos y textos actualizados sobre los diversos aspectos de la cultura, historia y civilización española, además de unas actividades que permiten al alumno comprobar y afianzar los conocimientos adquiridos. De esta forma, la obra resulta muy útil tanto como material de autoaprendizaje, como libro de referencia complementario para el profesor, que cuenta con una gran ayuda para desarrollar los aspectos que más le interesen, adaptándose a las características de los estudiantes.

Una lengua es el vehículo de una cultura; por ello, este libro está pensado para complementar el estudio de la lengua española desde los primeros niveles. Su lectura y estudio facilitan:

~ La aproximación del alumno a las referencias geográficas, históricas, culturales y sociales de España y de su cultura.

~ El conocimiento de los diversos aspectos de la sociedad española, tanto de los temas más tradicionales como de los más actuales.

~ Una toma de conciencia de los distintos puntos de vista sobre los diversos temas que aborda el libro.

~ La intercultura, mediante una reflexión del lector sobre su propia cultura y la comparación con la española.

El libro está estructurado en siete unidades, cada una de ellas formada por una serie de temas independientes pero relacionados entre sí. Esta doble estructura permite una gran libertad para adaptarse a distintos niveles e intereses, tanto al alumno como al profesor.

Cada tema está desarrollado en una doble página. En todos ellos, primero se presenta la información, en forma de texto, mapas, fotos y recuadros que introducen curiosidades o datos complementarios. A continuación, en la página de la derecha, se encuentran las actividades de comprensión y consolidación, que permiten una mejor interpretación de esa información, al proponer una reflexión sobre el tema tratado.

A lo largo de todo el texto existen expresiones en **negrita** que actúan como una llamada visual sobre los términos y conceptos más relevantes de cada tema. Al final del libro, un glosario explica estas palabras o expresiones en negrita que pueden tener una dificultad especial para facilitar la comprensión de algunas nociones.

También encontrará al final de **Cultura en España** las soluciones a las actividades, con otras sugerencias y, en algunos casos, algunas explicaciones complementarias que permiten al profesor ampliar algunos temas y abordar puntos de vista distintos.

Cultura en España incluye también un audio descargable (www.enclave-ele.com) con doce audiciones de temas relacionados con las unidades del libro como son: el clima, el camino de Santiago, el caballo en Andalucía, los castillos, las brigadas internacionales, la Real Academia de la Lengua, los paradores de turismo, los horarios españoles, Velázquez y Madrid, etc.

índice

V. Sociedad

VI. Cultura

VII. El día a día

1. La piel de toro

Localización

España está situada en el sur de Europa. Junto con Portugal, forma la península ibérica, que tiene forma octogonal y que, según los historiadores romanos, se parece a una piel de toro extendida.

Se cree que el nombre de Hispania, dado por los romanos, proviene del nombre que anteriormente le habían dado los fenicios, que significaba "tierra de conejos", debido a la abundancia de estos animales en aquella época.

Es uno de los países más extensos de Europa. La España peninsular tiene fronteras con tres países: Francia, Portugal y Andorra. España ha sido y es puente entre el resto de Europa y África, de la que solo la separan 13 kilómetros a través del estrecho de Gibraltar, donde se unen el mar Mediterráneo y el océano Atlántico.

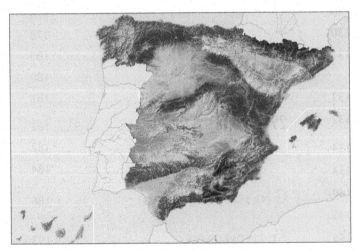

El relieve

España es un país muy montañoso, con una gran meseta central (llanura situada entre 600 y 1000 metros sobre el nivel del mar). Por ello, aproximadamente dos tercios del territorio español se encuentran situados por encima de los 500 m.

Exceptuando el caso de las islas Canarias, el relieve se organiza del centro a la periferia en cuatro grupos.

1. La meseta central está dividida en dos sub-mesetas, la norte y la sur, por la cordillera central, que es su columna vertebral y donde encontramos sierras de más de 2 000 m (Pico de Almanzor, en la sierra de Gredos, 2 592 m). La submeseta sur está a su vez subdividida por los montes de Toledo.

2. En el borde de la Meseta tenemos: al norte la cordillera Cantábrica, al este el sistema Ibérico (único sistema montañoso que se orienta de norte a sur), y al sur Sierra Morena.

3. Los sistemas de relieve exterior, en la periferia de la península son: el macizo Galaico y las montañas jóvenes, con picos muy altos y nieves perpetuas, de los Pirineos y de los sistemas Bético y Penibético.

4. Las depresiones geográficas: entre las cadenas montañosas anteriores se sitúan las cuencas del Ebro y el Guadalquivir. Son pequeñas llanuras que tienen forma triangular con tierras fértiles.

5. Las islas Canarias, donde hay numerosos volcanes entre los que se encuentra la cumbre más alta de España, el Teide, un volcán que alcanza los 3 718 m.

España en cifras:

Superficie:	506 000 km²
Perímetro total:	5 849 km
Costa peninsular:	3 904 km
Frontera con Francia y Andorra:	712 km
Frontera con Portugal:	1 232 km

1. Describe cómo llegarías a España desde tu país, por tierra, mar o aire. ¿Qué países o qué mares tendrías que atravesar?

_____
_____
_____
_____
_____.

2. ¿Por qué se dice que España es puente entre Europa y África?

_____
_____
_____
_____.

3. ¿Qué océano se sitúa entre España y América?

_____
_____.

4. ¿Qué países tienen frontera con España?

_____
_____
_____.

5. Sitúa en el mapa, utilizando los números indicados, las montañas y accidentes geográficos siguientes:

1. Pirineos
2. Sierra Morena
3. Sistemas Bético y Penibético
4. Cordillera Cantábrica
5. Sistema Ibérico
6. Cuenca del Ebro
7. Cuenca del Guadalquivir

I. Paisajes

*En los mapas pueden aparecer los nombres en mayúscula ya que se indican como etiquetas sin contexto o como en la página anterior que en la actividad 5 aparecen en posición inicial.

El agua: costas y ríos

España está situada entre el mar Mediterráneo y el océano Atlántico, que en el norte de la Península toma el nombre de mar Cantábrico.

La longitud de las costas peninsulares es de 3 904 km, con más de dos mil playas, muchas de ellas de gran belleza y con un clima agradable. Desde el punto de vista del turismo, las playas están agrupadas bajo nombres conocidos internacionalmente, como Costa Brava, Costa Dorada, Costa del Azahar, Mar Menor, Costa del Sol o Costa de la Luz.

El litoral español es muy variado: las costas del este y el sur de España, bañadas por el Mediterráneo son planas y arenosas; las del noroeste tienen hermosas entradas tipo **fiordos**, son las **rías** gallegas; y las del Cantábrico son rocosas y con muchos **acantilados.**

Los ríos de la península Ibérica tienen un caudal reducido, pues solo conducen agua de lluvia. Pueden clasificarse en tres tipos, según la costa en la que desembocan:

– Los que desembocan en el Mediterráneo (Ebro, Júcar y Segura). Son ríos cortos y de poco caudal, a excepción del Ebro, el más largo de ellos.

– Los que terminan en el Atlántico (Miño, Duero, Tajo, Guadiana y Guadalquivir). Son ríos largos con un cauce irregular, pues reciben el agua de lluvia y sufren mucha evaporación por el calor.

– Los ríos del norte que desembocan en el mar Cantábrico (Bidasoa, Nervión, Sella) son cortos, debido a la cercanía de las montañas al mar y de curso regular a causa de las frecuentes lluvias.

El problema del agua

La ausencia natural de agua en algunas zonas, ha producido el desarrollo en España de diferentes sistemas artificiales. Se basa en el sistema de **regadío** que desarrollaron los musulmanes en la época medieval, mejorándolo e incluyendo formas alternativas de obtención y distribución del agua:

- Trasvases de ríos, por ejemplo del Tajo a los del Mediterráneo.
- Plantas desaladoras de agua de mar, en las islas Canarias, Murcia y Andalucía.
- Aplicación de nuevas tecnologías (digitalización y control por telefonía móvil para el riego automático, desarrollado en Aragón).
- Cultivo de productos agrícolas en invernaderos (con una combinación de aprovechamiento del agua recogida y del riego por goteo, como se realiza por ejemplo en Almería y Murcia).

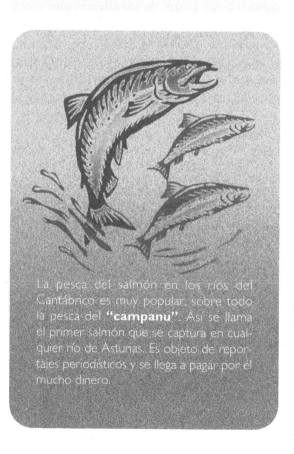

La pesca del salmón en los ríos del Cantábrico es muy popular, sobre todo la pesca del **"campanu"**. Así se llama el primer salmón que se captura en cualquier río de Asturias. Es objeto de reportajes periodísticos y se llega a pagar por él mucho dinero.

1. Observa el mapa de la página anterior y responde:

   - ¿Cuáles son los ríos más importantes del sur de España que desembocan en el océano Atlántico?

     _____
     _____
     _____
     _____
     _____.

   - ¿Qué río nace en la cornisa cantábrica pero desemboca en el mar Mediterráneo?

     _____.

   - ¿Qué ríos atraviesan también Portugal?

     _____
     _____
     _____.

2. ¿Qué es lo que distingue a las costas gallegas?

   _____
   _____
   _____
   _____
   _____.

3. ¿Cuáles son las características de los ríos que desembocan en el Cantábrico?

   _____
   _____
   _____
   _____.

4. Explica por qué hay problemas de agua en España y cuáles son algunas de las soluciones adoptadas.

   _____
   _____
   _____
   _____
   _____
   _____
   _____.

I. Paisajes

Clima y paisajes

Por su latitud, España tiene un **clima** templado, pero con temperaturas más cálidas por hallarse en el sur de la región templada. La relación entre relieve, clima y vegetación da como resultado una gran variedad de **paisajes** en España. Estos paisajes influyen en ciertos sectores socioeconómicos, como es el caso de la agricultura y el turismo.

Hay una gran diferencia entre la **España seca**, que ocupa la mayor parte del país, y la **España húmeda**, en el norte.

España seca

Clima mediterráneo: Temperaturas suaves en invierno (10 a 19 °C) y calurosas en verano (30 a 40 °C). Las lluvias son poco frecuentes, llueve sobre todo en otoño y primavera, y con escasa intensidad, aunque pueden ser torrenciales de manera puntual, ocasionando grandes **riadas**. Es el clima de todas las regiones bañadas por el Mediterráneo. Se caracteriza por tierras no cultivadas, con algunos bosques de hoja **perenne** que se han adaptado a los veranos secos. El rendimiento de la agricultura es bajo y el ganado típico es la oveja.

En esta zona hay que destacar el olivo, la vid, y sobre todo los cítricos (naranjas y limones).

A orillas del Mediterráneo, en el sur, se extiende un tipo de desierto con escasa vegetación, donde es fácil encontrar algunas especies de plantas tropicales.

Clima continental: Temperaturas extremas con inviernos fríos (0 a 10 °C) y veranos muy calurosos (35 a 40 °C).

Normalmente, las lluvias se dan en otoño y en invierno, a veces en forma de nieve. Es el clima de toda la gran zona central que forma el resto de la Península. Predominan los colores ocres de los cultivos de cereales y viñas, con las grandes extensiones, sobre todo en el sur, de los olivares que hacen de España el primer productor mundial de aceite de oliva.

En las zonas de clima mediterráneo y continental, para compensar la falta de lluvias, se realizan cultivos utilizando el sistema de regadío y aprovechando las aguas de los ríos. Son las huertas donde se cultivan verduras y cítricos, producto típico de la zona levantina.

Cultivo de naranjos (Valencia).

Campo de cereales en Castilla.

ACTIVIDADES

España de clima subtropical

Temperaturas constantes todo el año (22 °C de media) y ausencia de lluvias regulares. Es el clima de las islas Canarias.

En esta zona se cultivan plátanos, tabaco, tomates y flores tropicales.

España húmeda

Clima oceánico: Temperaturas suaves en invierno (5 a 15 °C) y en verano (25 a 30 °C), por la influencia del mar, con abundancia de lluvias en todas las estaciones, y cielos con nubes y claros. Es el clima de las regiones del norte bañadas por el Atlántico y el Cantábrico, que forman la **España verde.** Tiene grandes bosques de hoja caduca (roble y haya, fundamentalmente) y prados para el pasto del ganado vacuno.

Los cultivos de esta zona son el maíz, las manzanas y las verduras.

Paisaje de la España verde (Galicia).

1. Coloca en su columna correspondiente (algunos pueden estar en 2 columnas).

   Invierno frío, cielos nublados, lluvias de otoño, verano caluroso, lluvias escasas, invierno suave.

Clima oceánico	Clima continental	Clima mediterráneo

2. ¿Qué adjetivos corresponden a los nombres siguientes?:

   Mar: marítimo.   Nube: _____

   Clima: _____.   Calor: _____.

   Océano: _____.   Verano: _____.

   Lluvia: _____.   Invierno: _____.

3. Busca en el mapa la situación de Madrid, ¿qué crees que significa este refrán referido a su clima?:

   "Madrid, nueve meses de invierno y tres de infierno".

   _____
   _____
   _____
   _____
   _____.

4. ¿En qué región encontramos prados para el pasto del ganado vacuno?

   _____
   _____
   _____

   _____.

5. Relaciona los productos agrícolas con las regiones a las que correspondan:

Plátanos	España verde
Maíz y manzanas	Zona del Mediterráneo
Aceite	Centro de la Península
Naranjas	Sur de la zona central
Cereales	Islas Canarias

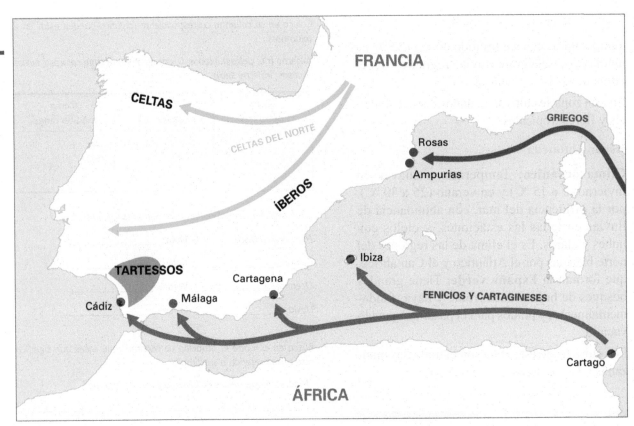

¿De dónde venimos?

España tiene más de 47 millones de habitantes y su especial situación geográfica, como puente entre África y Europa, ha producido uno de sus rasgos más importantes, el **mestizaje**: España es un crisol de gentes y culturas con una riqueza única.

Es uno de los países más antiguamente poblados de Europa y posee restos prehistóricos de gran valor (por ejemplo Atapuerca, en Burgos). Sus primeros habitantes conocidos fueron los **íberos** y por ello los pueblos mediterráneos que los visitaron (**fenicios, griegos y cartagineses**) la llamaron Iberia.

Las tribus íberas, junto a los **celtas** –que entraron por el norte– se enfrentaron al ejército **romano** que peleaba con los cartagineses por el control del Mediterráneo. La victoria de Roma convirtió a **Iberia** en **Hispania** (s. I a. C.), rica provincia del imperio romano a la que también llegaron las migraciones de los **pueblos germánicos,** entre ellos los **visigodos**. La entrada de los **musulmanes** en la península (s. VIII) desde el norte

de África trae nuevos elementos étnicos: bereberes, árabes, mauritanos, etc.

El mestizaje de la población es ya un hecho que se completa con la llegada de Colón a tierras americanas en 1492, lo que pone en contacto a la población española con la **indígena americana.**

Teatro romano de Mérida (Badajoz).

La lengua española

Los pueblos que habitaron la península ibérica desde la antigüedad han influido en su lengua: **el español**. Hablado actualmente por más de 500 millones de personas, su base lingüística es el castellano, que nació en la Edad Media. En los siglos anteriores, el idioma más genérico en la península ibérica era el latín, que convivía con las lenguas prerromanas habladas por **vascos, íberos, celtas y tartesios**. Los pueblos mediterráneos, como los **fenicios** y los **griegos**, también dejaron muchas palabras. Nuestro alfabeto deriva del fenicio, y términos como *democracia, farmacia* o *hipódromo* proceden del griego.

Pero sin duda el latín que trajeron los **romanos** es la base de la lengua española. Más de un 70 % del castellano deriva del latín vulgar. Algunos ejemplos son: *acqua* (agua), *liber* (libro), *mater* (madre), u *octobris* (octubre).

La decadencia del Imperio romano y la entrada en Hispania de **pueblos germánicos**, aportaron novedades al castellano. El pueblo germano que más influyó fue el visigodo. Muchos de los apellidos considerados como típicamente españoles no tienen raíces latinas, sino germánicas. "Ramírez", por ejemplo, posee un origen sajón. Son muy interesantes también las aportaciones de los **pueblos árabe y hebreo**. Los musulmanes habitaron en España durante más de siete siglos (del VIII al XV) y hoy existen unas 4 000 palabras de origen árabe llamadas "arabismos", como *aduana, alcalde* o *almohada*. Después de la expulsión de los judíos en el siglo XV, el castellano se extendió por los países del Mediterráneo y dio lugar una a nueva lengua: el sefardí. La llegada de Colón a tierras americanas expandió el castellano en el nuevo continente. Las aportaciones de las **lenguas indígenas** enriquecieron nuevamente la lengua española haciéndola más universal.

1. *Ordena las invasiones de la más antigua a la más reciente.*

————————————————————————
————————————————————————
————————————————————————
————————————————————————
————————————————————————.

2. *¿Por qué hay tantas palabras árabes en el español?*

————————————————————————
————————————————————————
————————————————————————
————————————————————————
————————————————————————.

3. *¿Por qué una de las lenguas que se hablan en Israel es como el español antiguo?*

————————————————————————
————————————————————————
————————————————————————
————————————————————————
————————————————————————.

4. *Explica las expresiones latinas utilizadas corrientemente en la actualidad:*

   - *"curriculum vitae, currículum o CV"*

   ————————————————————————
   ————————————————————————

   - *"grosso modo"*

   ————————————————————————
   ————————————————————————

   - *¿Conoces otras expresiones latinas? ¿Existen expresiones en lenguas extranjeras en tu país?*

   ————————————————————————
   ————————————————————————
   ————————————————————————
   ————————————————————————
   ————————————————————————
   ————————————————————————
   ————————————————————————.

I. Paisajes

"Spain is different"

Este fue el lema de una campaña de publicidad para presentar a España en el extranjero.

Como consecuencia de la Historia, para el español es muy importante su región de origen. Estando en España, uno se siente catalán, gallego, vasco, andaluz, etc., pero es "español" frente al extranjero. Las fiestas de cada comunidad se viven con más intensidad que la Fiesta Nacional (12 de octubre, Día de la Hispanidad), pero se escucha con orgullo el himno nacional en una manifestación internacional.

El español es amante de su tierra y lo demuestra defendiendo sus costumbres tradicionales y su sistema de vida. También tiene un gran **sentido del humor** y le gusta bromear en casi todas las ocasiones, incluso riéndose de sí mismo: los chistes y las anécdotas cómicas son un tema normal en su conversación.

Los apellidos españoles

Los españoles tenemos dos apellidos: el del padre y el de la madre. El orden de los apellidos es decisión de los padres y todos los hermanos deben seguir el mismo orden. Desde el año 2011, la ley iguala la prevalencia de ambos, aunque suele ser primero el del padre y después el de la madre. La mujer casada conserva en España su apellido de soltera, que no cambia nunca a lo largo de su vida.

La terminación en -ez de muchos apellidos españoles –López, Rodríguez– es de origen germánico. Proviene de los visigodos y significa "hijo de…" –Rodríguez es hijo de Rodrigo–, y es el equivalente del sufijo -son de la lengua inglesa, como en Johnson. Así se formaron en la Edad Media muchos apellidos hispánicos.

Otros derivan de nombres de ciudades, como Burgos o Toledo, o de accidentes geográficos, como montes o ríos. En ocasiones, estos apellidos aparecen cuando una persona que ha nacido en un lugar se desplaza a otro –Pedro, el que viene de Burgos, se convierte en Pedro Burgos–, o cuando se cambia de religión: muchos judíos en el siglo XV adoptaron como apellido el nombre de la ciudad donde vivían.

La letra Ñ ñ

Es una de las señas de identidad de nuestra lengua. Cuando, hace unos años, se intentó suprimir la ñ del teclado de los ordenadores, se opusieron España y el resto de los países hispanohablantes. Se argumentó que serían muchas las palabras que dejarían de ser lo que habían sido durante siglos, entre ellas la palabra España.

La necesidad de representar en las lenguas romances un nuevo sonido que no existía en latín es el origen de la ñ. Ese sonido fue representado con distintas formas en las distintas lenguas: *gn* en italiano y francés, *ny* en catalán y *nh* en portugués. El castellano medieval, sin embargo, adoptó la grafía *nn*. Se convirtió en **ñ** gracias a los copistas medievales que, desde el siglo XII, escribieron en sus manuscritos una raya ondulada sobre algunas letras para indicar que se trataba de un carácter repetido. De esta forma, palabras latinas como *sennor* pasaron a ser señor; o *donna*, a ser doña.

En la "Gramática de Lengua Castellana" (1492), de Antonio de Nebrija, se identifica a la **ñ** como elemento propio del castellano, por no tener precedentes en las lenguas que más nos habían influido hasta el momento, como el griego, el latín y el árabe.

CULTURA CON Ñ

¿Sabes que…?

La **ñ** ha librado una dura batalla para estar presente en el lenguaje de las nuevas tecnologías. En la actualidad, la ñ ya se utiliza en las direcciones de Internet de España y varios países de América Latina.

1. *¿Sabes cuál es el origen de la letra ñ en español? Escribe 5 palabras que contengan la letra ñ.*

2. *¿Sabes cómo se formaron los apellidos españoles?*

3. *El Documento Nacional de Identidad (DNI) es un documento oficial, obligatorio en España desde 1944, que deben tener todos los españoles a partir de los 14 años.*

Desde marzo de 2006, todos los españoles tienen el DNIe (Documento Nacional de Identidad electrónico) para poder usarlo a través de Internet. En enero de 2015 entró en vigor el DNI 3.0 con una nueva tecnología para la gestión administrativa.

- *¿Qué datos contiene el Documento Nacional de Identidad (DNI)?*

4. *¿Cómo serían tus apellidos si te casaras con un español o española? ¿Cuáles serían los apellidos de tus hijos?*

I. Paisajes

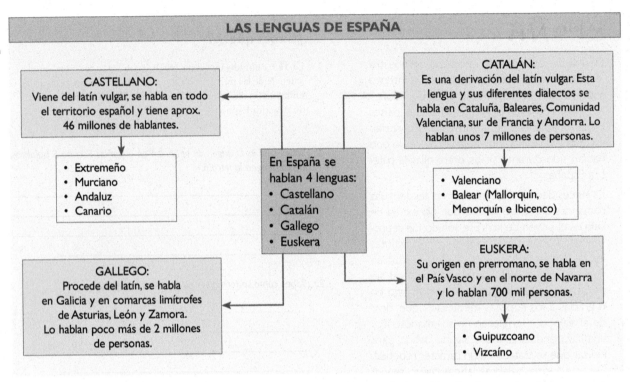

LAS LENGUAS DE ESPAÑA

CASTELLANO:
Viene del latín vulgar, se habla en todo el territorio español y tiene aprox. 46 millones de hablantes.

- Extremeño
- Murciano
- Andaluz
- Canario

En España se hablan 4 lenguas:
- Castellano
- Catalán
- Gallego
- Euskera

CATALÁN:
Es una derivación del latín vulgar. Esta lengua y sus diferentes dialectos se habla en Cataluña, Baleares, Comunidad Valenciana, sur de Francia y Andorra. Lo hablan unos 7 millones de personas.

- Valenciano
- Balear (Mallorquín, Menorquín e Ibicenco)

GALLEGO:
Procede del latín, se habla en Galicia y en comarcas limítrofes de Asturias, León y Zamora. Lo hablan poco más de 2 millones de personas.

EUSKERA:
Su origen en prerromano, se habla en el País Vasco y en el norte de Navarra y lo hablan 700 mil personas.

- Guipuzcoano
- Vizcaíno

Como resultado de su historia, en España coexisten diversas lenguas: el español, el catalán, el gallego y el euskera.

Diversidad de lenguas

De acuerdo con la Constitución de 1978, el castellano es la lengua oficial de España y es utilizada en toda España, pero se reconoce que existen otras lenguas en el país que son oficiales también en las respectivas comunidades autónomas donde se habla esa lengua.

Como consecuencia de su historia, en un espacio relativamente pequeño han convivido varias lenguas: el castellano, el catalán, el gallego y el vascuence o euskera, con sus respectivos dialectos o variedades regionales. Como muestra, el nombre del primer mes del año es: *enero* en español, *gener* en catalán, *xaneiro* en gallego o *urtarrila* en vascuence. Los diferentes sistemas educativos y las televisiones en distintas lenguas son ejemplos de la protección de la riqueza lingüística de un país que hasta hace pocos años no había tomado conciencia de este importante patrimonio cultural español.

Algunas comunidades autónomas, por tanto, tienen sistemas educativos en los que se contempla el bilingüismo, desde la escuela hasta la universidad, así como unos sistemas judicial y sanitario que refuerzan la realidad de la diversidad lingüística.

El **español o lengua castellana** nació en el reino de Castilla, en pleno desarrollo de la Reconquista y se extendió por todo el mundo desde 1492. De origen latino, recoge las influencias de las lenguas con las que se relaciona, por lo que presenta características diferenciadas con respecto a las demás lenguas romances.

El **catalán** se habla en Cataluña, y otras variedades como el valenciano, en la Comunidad Valenciana y el mallorquín de las islas Baleares. También se usa en Andorra y en algunas localidades de Italia y Francia. Es la lengua minoritaria más importante de Europa occidental.

El **gallego** es una lengua más próxima al portugués que al español y tiene influencia celta, es de origen latino y se utiliza en el noroeste de España, en la comunidad de Galicia. Fuera de España se habla en el norte de Portugal y en los lugares de destino de la emigración gallega: Argentina, Cuba, México, etc.

El **euskera** es una lengua prehistórica de origen desconocido, utilizada a ambos lados de los Pirineos, que se ha mantenido de forma oral a través de las leyendas, los cuentos y las canciones populares. En total es hablada aproximadamente por un millón de habitantes. Durante muchos años permaneció reducida al ámbito de la comunicación local y familiar.

Castellano	Gallego	Euskera	Catalán
Adiós	Adeus, Abur	Agur	Adéu
Bienvenido	Benvido	Ongi etorri	Benvingut
Por favor	Se fai o favor	Mesedez, arren	Si us plau
Buenos días	Bos dias	Egun on	Bon día
Buenas noches	Boa noite	Gau on	Bona nit

1. *¿Por qué al español se le llama castellano?*

_____

_____

_____

_____

_____

_____

_____.

2. *Enumera las lenguas autonómicas que existen en España y cita brevemente alguna característica de ellas.*

_____

_____

_____

_____

_____

_____.

3. *¿Por qué el euskera es tan distinto de las otras lenguas españolas?*

_____

_____

_____

_____

_____

_____.

4. *Si vienes a estudiar a alguna universidad española, te puedes encontrar con que las clases no son en español. ¿Por qué?*

_____

_____

_____

_____

_____

_____.

3. Las comunidades autónomas

La España autonómica

Las tierras que hoy forman España se dividían en cinco reinos. Con el matrimonio de los reyes de Castilla y Aragón y la conquista del reino musulmán de Granada (1492), se unió la mayor parte de la Península. La unificación fue más religiosa que política y se mantuvieron algunas de las características propias de determinadas regiones. A partir del siglo XVIII se desarrolla un creciente proceso de centralización, fenómeno común al resto de Europa, que culmina en la dictadura de Francisco Franco.

Después de una dura guerra civil (1936-39), Franco reunió a España bajo el lema de "Una, Grande y Libre". Esto cerró en falso la separación de las "dos Españas" enfrentadas durante la guerra y quitó fuerza a los símbolos de la identidad de los españoles: el himno, la bandera y el día de la Fiesta Nacional. En 1978 se reconoce el derecho de autonomía para las nacionalidades y regiones que integran el país. Así nace la división político administrativa actual: las **comunidades autónomas.**

Hórreo o granero asturiano.

Las comunidades autónomas

En España hay diecisiete comunidades autónomas: Andalucía, Aragón, Asturias, Cantabria, Castilla-La Mancha, Castilla y León, Cataluña, Extremadura, Galicia, islas Baleares, islas Canarias, La Rioja, Madrid, Murcia, Navarra, Comunidad Valenciana y País Vasco; y dos ciudades autónomas: Ceuta y Melilla.

Las comunidades autónomas limítrofes tienen características geográficas y climáticas comunes, aunque su historia, su cultura y sus tradiciones sean diferentes.

1. ¿En qué año nacen las comunidades autónomas?

   _____.

2. ¿Cuántas comunidades autónomas hay en España?

   _____.

3. Observa el mapa y escribe el nombre de las comunidades de las siguientes regiones:

   • *Comunidades bañadas por el mar Cantábrico:*

   _____

   _____

   _____

   _____

   _____.

   • *Islas en el mar Mediterráneo:*

   _____

   _____

   _____.

   • *Islas en el océano Atlántico:*

   _____

   _____

   _____.

   • *Ciudades norteafricanas:*

   _____

   _____.

4. ¿Existe en tu país un reconocimiento de la autonomía de las distintas regiones?

   _____

   _____.

5. ¿Cuáles son los signos de identidad de un país frente al extranjero?

   _____

   _____

   _____

   _____.

I. Paisajes

El norte

Norte-costa

En el norte de la Meseta podemos distinguir dos zonas muy distintas:

- **La costa:** entre la cordillera Cantábrica y el mar se encuentran las comunidades de **Galicia**, el **Principado de Asturias, Cantabria** y el **País Vasco**. En ellas se combinan el paisaje montañoso y los verdes prados con el azul del mar.

En su economía hay que resaltar la importancia de la ganadería vacuna: son las regiones de España con mayor producción de leche. Destaca también el sector pesquero como actividad tradicional.

- **El interior:** al sur de los Pirineos; son las comunidades de **Aragón**, la **Comunidad Foral de Navarra** y **La Rioja**. El relieve cambia de la alta montaña hasta las llanuras del valle del Ebro, produciendo grandes diferencias de clima. La presencia de los ríos da lugar a zonas agrícolas.

Galicia

Es la región más occidental del continente europeo y durante mucho tiempo se consideró el final de la tierra: en **Galicia** se encuentra el cabo de Finisterre (en latín, *Finis Terrae)*.

Está formada por cuatro provincias: **A Coruña, Lugo, Ourense** y **Pontevedra**. La capital de la comunidad es **Santiago de Compostela,** una de las ciudades monumentales más bellas de España. Fundada en el lugar donde, según la leyenda, está la tumba del apóstol Santiago, es el punto final del mayor recorrido religioso y cultural de Europa: el **Camino de Santiago**.

El sector más importante de su economía es la pesca, con sus industrias derivadas (conservas y piscifactorías). En la agricultura domina el minifundio, lo que ha producido históricamente un bajo rendimiento de la economía y mucha emigración.

Galicia, al ser la región más lluviosa de España, posee grandes bosques de robles y castaños, y excelentes prados. Su costa es abrupta y recortada en su mayor parte, con una característica especial: las rías, valles fluviales inundados por el mar. Sus más de 750 playas y 28 puertos deportivos invitan a los turistas a completar la peregrinación a Santiago con una estancia en las playas.

El Camino de Santiago

Desde la Edad Media se mezclan en él la aventura, la devoción religiosa, las vivencias humanas y el arte. Peregrinos de todo el mundo siguen hoy las mismas rutas medievales –jalonadas de iglesias, monasterios y albergues– por motivos religiosos, pero también turísticos y por el reto de obtener la "compostela", certificado que acredita que se han recorrido al menos 100 km a pie o 200 km en bicicleta o a caballo. El Camino en la actualidad ya no es exclusivo de los católicos y son muchos los que realizan el viaje a Santiago tan solo por aventura.

Muchos de los peregrinos que realizan el Camino de Santiago lo hacen por la belleza de los paisajes por los que atraviesa.

1. • ¿Qué clase de ganado es el típico de las comunidades del norte de España?

_____
_____
_____
_____
_____ .

• ¿Qué ciudad gallega tiene un templo religioso famoso desde la Edad Media?

_____ .

• Cita tres actividades económicas que estén indicadas en el texto y comenta su importancia en la economía de un país.

_____
_____
_____
_____
_____
_____
_____
_____ .

2. Queremos visitar toda Galicia. Hemos alquilado un coche en Ourense y ya hemos pasado por Lugo y A Coruña, nos falta...

_____ .

3. Laura escribe a su amigo Juan:

"Han sido dos semanas extraordinarias. Empezamos atraídos por el deporte y la aventura, pero el ambiente en los albergues y la belleza de la arquitectura acabaron por captarnos."

• ¿De qué está hablando?

_____
_____
_____
_____
_____
_____ .

I. Paisajes

El Principado de Asturias

En el paisaje asturiano predomina el color verde. Los ríos, cortos y caudalosos (Sella, Nalón, Navia), se caracterizan por sus bruscos desniveles.

Es una región de gran tradición guerrera. Los astures, primera tribu de la que tenemos noticias históricas en esta zona, buscaron refugio en los densos bosques y las montañas para luchar contra las tropas romanas. Más tarde, cuando los musulmanes entraron en España, fueron muchos los cristianos que se refugiaron en sus montañas. En el año 722 combatieron en **Covadonga** a las órdenes de don Pelayo. Fue el comienzo de la llamada **Reconquista**, que duró más de siete siglos y concluyó en 1492 con la toma de Granada.

Durante la guerra civil de 1936, fue uno de los lugares en los que se luchó más duramente cuando la población minera se enfrentó al ejército de Franco.

La ganadería y la minería han sido las bases de su economía. Hay que resaltar el cultivo de manzanas, de las que se obtiene la sidra, que es la bebida regional.

"Cubos de la Memoria", Llanes (Principado de Asturias).

Cantabria

Toma su nombre de las tribus cántabras, que habitaron la zona desde la antigüedad y que también bautizaron el mar que baña sus costas. Formada por una sola provincia, en ella se conservan los testimonios de algunos de los antiguos habitantes de la península ibérica, autores de las pinturas rupestres de las **Cuevas de Altamira**. Se estima que estas tienen entre 13 000 y 35 000 años de antigüedad y fueron descubiertas en 1879. En 1985, la Unesco las declaró Patrimonio de la Humanidad.

El sector servicios se centra en la actividad de uno de los grupos financieros más destacados de España, el Banco de Santander.

Calle típica de Santillana del Mar (Cantabria).

El País Vasco o Euskadi

Se encuentra en la parte oriental de la zona cantábrica, limitando con Francia. La situación geográfica de esta comunidad, frente al mar Cantábrico y rodeado de dos importantes macizos montañosos –los Pirineos y la cordillera Cantábrica–, han condicionado su evolución histórica, sus rasgos culturales y el carácter de su gente. Cuenta con tres ciudades principales que además son las capitales de las tres provincias que lo componen: Vitoria o Gasteiz, Bilbao o Bilbo, y San Sebastián o Donosti.

En el aspecto económico, es una de las regiones españolas con mayor nivel de renta, fruto de la temprana industrialización que se produce en el siglo xix, especialmente en la provincia de Vizcaya.

Desde el siglo xix hay un **fuerte sentimiento de nacionalismo** que, reprimido durante la dictadura

A C T I V I D A D E S

de Franco, llevó al nacimiento del grupo radical ETA, cuyos actos terroristas reivindicaban la independencia del País Vasco.

San Sebastián (Donosti), capital de Guipúzcoa, es una ciudad cosmopolita que conserva el sabor popular en su parte vieja. Es sede del Festival Internacional de Cine que se celebra anualmente, al final del verano.

El museo Guggenheim de **Bilbao** se ha convertido en uno de los símbolos de la ciudad. Su cubierta de titanio y sus muros de vidrio han cambiado el paisaje de la ría bilbaína, que, después de su abandono por la desindustralización, se ha convertido en un polo de atracción.

Vista general de la bahía de la Concha (San Sebastián).

Y para comer...

En la cocina gallega hay que señalar sobre todo los **mariscos,** los mejores de España, que hay que acompañar con uno de los vinos blancos gallegos más conocidos: el ribeiro o el albariño. También hay que probar el pulpo a la gallega y, en invierno, el caldo gallego y el lacón con grelos.

En Asturias es famosa la **fabada,** y en Cantabria el cocido montañés. El pueblo vasco tiene fama de "comer muy bien" y tener excelentes cocineros. Las **angulas** y el **bacalao a la vizcaína** son platos muy conocidos. Un vino típico de baja graduación es el chacolí o txacolí.

1. Busca en Internet (http://www.fpa.es) y escoge a cinco galardonados con este premio. Explica tu elección.

   _____
   _____
   _____
   _____
   _____
   _____
   _____
   _____ .

2. La historia de Asturias parece una novela de aventuras: lucharon contra los romanos; más tarde, se inició en Asturias la _____, contra los musulmanes, que duró _____ siglos, y en la guerra civil de 1936 lucharon contra _____ .

3. Cuando pases por Cantabria, no dejes de visitar un museo de pintura de más de 13 000 años de antigüedad. ¿Cuál es?

   _____
   _____ .

4. Ya sabes que el vino no se debe tomar con el estómago vacío. Di en qué región estás y qué tomarías con ese vino si te ofrecen:
   - Albariño: estoy en _____,
     puedo acompañarlo con _____ .
   - Chacolí o Txacolí: estoy en _____
     puedo acompañarlo con _____ .

I. Paisajes

Norte-interior

La Comunidad Foral de Navarra

Se extiende al sur de los Pirineos, hasta el valle del Ebro, con tres regiones distintas: la montaña, la zona media y la ribera. Esta última, atravesada por el Ebro, es la zona agrícola por excelencia donde se cultiva la vid y numerosos productos de la huerta destinados al consumo, la venta, la exportación y la transformación, en la importante industria conservera de la zona.

Del 6 al 14 de julio, se celebran en **Pamplona**, capital de la Comunidad, los **"sanfermines",** fiestas que nacieron de la unión de varias celebraciones religiosas y de ferias de ganado. Es el acontecimiento más importante de Navarra y uno de los festejos más populares de España.

Esos días hay "encierro": los mozos corren delante de los toros de la corrida, que son llevados por las calles de la ciudad desde el corral hasta la plaza. Suele durar unos 2 o 3 minutos, con una distancia de unos 800 metros. Los participantes en los encierros son voluntarios y en numerosas ocasiones las cogidas de los toros han ocasionado graves heridas.

Aragón

Se divide, de norte a sur, en tres provincias: Huesca, Zaragoza y Teruel.

En el norte, donde destaca en los Pirineos el Parque Nacional de Ordesa, se está desarrollando el turismo de montaña y aventura.

Su economía es sobre todo agrícola. Es la zona de España donde se observa un mayor contraste entre los cultivos de secano y los de regadío por la presencia de los ríos. Encontramos espléndidas huertas de frutas y verduras y zonas casi desérticas.

La capital de la comunidad, **Zaragoza,** es de origen romano, pero también conserva un magnífico palacio árabe, la Aljafería, como prueba del esplendor del reino musulmán independiente de Zaragoza.

"Encierro" de los toros en los "sanfermines".

Otro testimonio histórico es el monumento a los héroes de la resistencia aragonesa contra las tropas francesas de Napoleón en 1808.

La fiesta de esta comunidad, el día del Pilar, 12 de octubre, es también el día de la Fiesta Nacional o **Día de la Hispanidad**. Celebra la llegada de Colón a América y es un día de descanso para la mayoría de los españoles.

La Rioja

Es la región productora del vino más famoso de España y uno de los más importantes del mundo. Todas sus fiestas giran en torno a la **vendimia** y al **vino**. Su capital es Logroño.

Tiene los mejores índices de empleo y de renta *per cápita* de toda España. El éxito de su economía se basa en la industria del vino y de verduras y frutas, en una buena red de comunicaciones, y en diversos recursos energéticos y humanos.

El Jurásico de La Rioja

Cerca de la aldea de Enciso está el Parque Jurásico de La Rioja. Sobre un pequeño río, en unas rocas hay huellas de dinosaurios que llegan a medir hasta 30 centímetros de longitud. Estas huellas tienen 150 millones de años, cuando los dinosaurios estaban en esta zona en los pantanos del valle del Ebro, que entonces era un mar.

Y para comer...

El cordero y las verduras son la base de la cocina de esta zona. El **cordero al "chilindrón"** es un plato típico de Aragón y de Navarra. Y hay que destacar el jamón de Teruel, secado en la sierra de Albarracín. El vino por excelencia de esta región es el **Rioja.**

Se supone que en la cocina del Monasterio de Piedra (Zaragoza) fue donde se preparó por primera vez el **chocolate** en Europa, después de que lo trajeran de México los conquistadores.

1. Una canción popular dice: "Uno de enero, dos de febrero, tres de marzo, cuatro de abril, cinco de mayo, seis de junio, siete de julio, San Fermín, a _____ hemos de ir..." ¿A ti te gustaría ir, o no? En cualquier caso, explica las razones.

_____
_____
_____
_____
_____
_____
_____ .

2. El río Ebro facilita el riego de las huertas de Navarra. ¿Qué industria se ha creado en la zona?

_____
_____
_____
_____
_____ .

3. ¿Cuál es la fiesta nacional española y qué significado tiene?

_____
_____
_____
_____
_____ .

4. ¿Qué monumento recuerda el pasado musulmán de Zaragoza?

_____
_____ .

5. En esta zona se produce el vino más conocido de España. ¿Sabes cuál es?

_____
_____
_____ .

I. Paisajes

El sur

Andalucía

Es una de las regiones más extensas de España, y ocupa casi 1/5 de la superficie total, con 87 268 km. Su nombre evoca luz, sol, alegría, arte, flamenco, flores, fiesta…

Está situada entre dos mares, el Mediterráneo y el Atlántico, y entre dos continentes, Europa y y separada de África por los 15 kilómetros del Estrecho de Gibraltar. Por ello es una tierra llena de historia y contrastes. Está formada por ocho provincias: Jaén, Córdoba, Sevilla, Huelva, Cádiz, Málaga, Granada y Almería. La capital de la comunidad autónoma es Sevilla.

Fue la Bética de los romanos y la al-Ándalus de los árabes, de donde deriva su nombre actual. Con la llegada de los musulmanes desde el norte de África comienza la etapa más destacada de su historia. Córdoba, en el siglo x, es considerada una de las ciudades más importantes del mundo. Andalucía también es protagonista en los viajes de Colón a tierras americanas. Las ciudades de Sevilla y Cádiz, especialmente, se convierten en los centros administrativos de los viajes a aquellas tierras y centrali-

zan el comercio americano.

Su producción agrícola es muy importante: es la primera productora de aceite de oliva del mundo, y son famosos sus vinos de Jerez y Málaga. El sector estrella de su economía es el turismo, con su famosa Costa del Sol.

Las fiestas de la comunidad andaluza se encuentran entre las más populares de España, especialmente la Semana Santa, con sus procesiones, que unen el fervor religioso con la tradición y el turismo. El **flamenco** está presente en todas las fiestas en Andalucía. Su baile más conocido son las sevillanas. Los mejores intérpretes de flamenco son los gitanos. Expresan sus alegrías y sus penas a través del cante, el baile y la guitarra y han dado fama internacional a esta tierra.

Ceuta y Melilla

Son dos ciudades **situadas en la costa del norte de África** que se encuentran muy unidas a la comunidad autónoma de Andalucía. Se caracterizan por su condición militar, su situación fronteriza y el mestizaje de su población, pues desde antiguo sus habitantes se han mantenido en contacto con otras civilizaciones.

La Torre de la Giralda de la Catedral de Sevilla es uno de los símbolos más populares de Andalucía.

Y para comer...

Los sabores de Andalucía nacen de su pasado árabe, hebreo y cristiano. El plato andaluz más universal es el **gazpacho:** sopa fría de tomate, pepino, pimiento, ajo, aceite, vinagre y sal.

Otros productos típicos son el aceite de oliva, el **jamón ibérico** de Huelva y los vinos de la tierra: el jerez y la "manzanilla".

¿Sabes que...?

Desde el año 2010, el flamenco es Patrimonio Cultural Inmaterial de la Humanidad por la Unesco. Esta institución declara que el flamenco es *"una aportación única de la cultura española en el mundo"*.

1. ¿Verdadero o falso? Con lo que has estudiado de Andalucía, completa la tabla siguiente:

	V	F
• No tiene mar	☐	☐
• Fue una provincia romana	☐	☐
• Es una región pequeña	☐	☐
• En el siglo X la ciudad más importante era Almería	☐	☐

2. Une los términos relacionados:

Jerez	La Alhambra
Córdoba	invernaderos
Granada	vinos
Almería	La Mezquita

3. Dos ciudades de la UE, son españolas y están en la costa de África. ¿Cuáles son?

_____
_____
_____
_____
_____
_____.

4. Ahora que conoces Andalucía un poco mejor, ¿qué dato te ha parecido más sorprendente?

_____
_____
_____
_____.

I. Paisajes

El este

Son las comunidades bañadas por el mar Mediterráneo: **Cataluña**, la **Comunidad Valenciana** y **Murcia.**

Cataluña

Esta comunidad, protegida por los Pirineos orientales y bañada por el mar Mediterráneo, tiene dos zonas costeras muy famosas: la Costa Brava y la Costa Dorada. Está dividida en cuatro provincias: Barcelona, Tarragona, Lleida y Girona. Su capital es la ciudad de **Barcelona**.

Con el estatuto de autonomía de 1979, se constituye en esta región un gobierno autónomo y se recuperan todos los símbolos propios: la bandera, el himno y el día de Cataluña.

Cataluña cuenta con un importante número de monumentos de todas las épocas, declarados Patrimonio de la Humanidad por la Unesco, como las ruinas romanas de Tarragona, el monasterio de Poblet y las iglesias románicas de Vall de Boí en Lleida o la arquitectura modernista de Gaudí en la ciudad de Barcelona.

Cataluña es una de las regiones con mayor riqueza de España, y su industria es una de las más importantes. Iniciada con la actividad textil, se ha diversificado en papel y artes gráficas, electromecánica, materiales para la construcción, industria del automóvil, industrias químicas y farmacéuticas. En agricultura hay que destacar las frutas y verduras y sobre todo el vino, con el **cava**, que se ha convertido en el "champagne" español.

La decoración con azulejos de distintos colores y formas es uno de los rasgos más personales de la obra de Gaudí. Fuente del Parque Güell (Barcelona).

Calella de Palafrugell (Girona).

Barcelona

Es la capital histórica de Cataluña y la segunda ciudad más importante de España, después de Madrid. Es una ciudad rica, con un puerto importante. Los monumentos más originales y significativos de la ciudad son los diseñados por **Antonio Gaudí**: el parque y el palacio Güell, la Casa Batlló y la Casa Milá, pero especialmente la iglesia de la Sagrada Familia, obra inacabada del famoso arquitecto.

Destacan entre sus museos el de Arte Románico, el de Picasso y el de Joan Miró. Fue sede de Exposición Universal en 1888 y en 1929 y sede de los **Juegos Olímpicos** de verano en 1992. Para esas olimpiadas se transformó una vieja zona industrial en Villa Olímpica y se abrió la ciudad hacia el mar.

En esta nueva zona destaca la torre Agbar, de la Compañía de Aguas de Barcelona, que se ha convertido por su original diseño en un nuevo icono en la arquitectura de la ciudad.

La Torre Agbar (Barcelona).

1. Haz una lista de tres monumentos de Cataluña que sean Patrimonio de la Humanidad.

   _____
   _____
   _____
   _____
   _____.

2. Busca en Internet un plano de Barcelona y escribe un itinerario para ver la obra de Gaudí.

3. Cataluña es la región con más industria de España. Cita tres tipos de industrias de esta zona.

   _____
   _____
   _____
   _____
   _____.

4. En España, la comida forma parte de todas las celebraciones: bodas, cumpleaños, fiestas de fin de año..., y en todas ellas se brinda con un vino catalán internacionalmente conocido. ¿Cuál es?

   _____
   _____
   _____
   _____
   _____.

I. Paisajes

La Comunidad Valenciana

Está compuesta por tres provincias: Castellón de la Plana, Valencia y Alicante. El turismo es la principal fuente de ingresos de esta comunidad que tiene un litoral costero de más de 400 km. Es una de las regiones de España que tienen mejor clima y una especial luminosidad en las poblaciones de la costa.

En su paisaje hay que señalar los extensos campos de naranjos. La Comunidad Valenciana es la primera productora nacional de naranjas, que exporta a todo el mundo.

La cultura que más influyó en la historia de esta comunidad autónoma fue la musulmana, que desarrolló la agricultura –con la introducción de nuevos cultivos y un sofisticado sistema de riego–, la artesanía y el comercio. El motor de su economía es el turismo. Además del "sol y playa", se está promocionando el llamado "turismo del ocio" y el cultural: se han abierto parques de ocio temáticos, como el de "Terra Mítica", junto a Benidorm, y la Ciudad de las Artes y las Ciencias de Valencia, dedicada a la divulgación científica y cultural, situada en el antiguo cauce del río Turia.

Ciudad de las Artes y las Ciencias (Valencia).

Las Fallas

Es la fiesta más importante de la comunidad autónoma y ha sido declarada de Interés Turístico Internacional. Tiene su origen en una costumbre medieval, las hogueras que los carpinteros hacían en honor de su patrón, San José. En la actualidad, los artistas falleros trabajan todo el año para realizar unos grupos escultóricos de madera y cartón que satirizan temas y personajes de actualidad. Esas **fallas** se levantan en las plazas y se exponen durante una semana, hasta que se queman todas en la noche de San José, el 19 de marzo.

Otras fiestas típicas son la "Tomatina" de Buñol (guerra de tomates) y la Fiesta de Moros y Cristianos de Alcoy.

Tribunal de Aguas de Valencia

Nació en la Edad Media cuando esta zona se encontraba bajo el dominio musulmán y aún hoy sigue funcionando para regular el sistema de riego de las acequias. Está considerada como la institución de justicia más antigua de Europa.

Murcia

La Región de Murcia, a orillas del Mediterráneo, tiene 250 kilómetros de litoral conocido en el mundo turístico como Costa Cálida.

La huerta de Murcia, con los regadíos árabes del río Segura, es una región agrícola muy rica, con una producción excelente de frutas y verduras. Esto alimenta una gran industria conservera y la exportación a toda Europa a través de unas cooperativas bien organizadas.

Se está desarrollando el llamado **"turismo de salud",** con una interesante red de **balnearios** y centros de **talasoterapia** como el de la ciudad de Alhama, construido hace 2000 años por los romanos. En esta comunidad se encuentra también la ciudad de Cartagena, conocida por sus fiestas mayores de Carthagineses y Romanos y las procesiones de Semana Santa, declaradas ambas de Interés Turístico Internacional.

 Y para comer...

La **paella valenciana** es el plato más famoso de España. Lo típico es hacerlo en el campo, con leña de naranjo. Sus ingredientes básicos son arroz, verduras, aceite, sal y azafrán, a los que se les añade pollo y marisco.

1. Para asistir a las Fallas, tienes que hacer las reservas del viaje con mucha anticipación. Escribe una carta a una amiga explicándole en qué consiste la fiesta y organizando las fechas del viaje.

_____
_____
_____
_____
_____
_____
_____
_____
_____
_____
_____
_____
_____
_____
_____.

2. Prepara un folleto turístico para proponer una visita de turismo y descanso en Murcia.

3. Para comer, elige el plato más famoso de esta zona y escribe la receta.

_____
_____
_____
_____
_____
_____
_____
_____.

4. ¿Por qué en esta zona hay una importante industria conservera?

_____
_____
_____
_____
_____.

I. Paisajes

La Meseta

Ocupa casi la mitad de España. La **Meseta** es la zona más árida y seca, con veranos muy calurosos e inviernos fríos. Es tierra de cereales y de vino, con rebaños de ovejas trashumantes, que se desplazan de norte a sur según las estaciones del año. Son muchos los castillos de los siglos XIII al XV que se conservan aún y que dieron a esta zona el nombre de Castilla con el que es conocida universalmente. Esos **castillos** fueron edificados como fortalezas para defender el territorio que se iba conquistando a los musulmanes.

Castilla y León

Es la región más extensa de España y de la Unión Europea (UE), con 94 193 km^2 . Está compuesta por nueve provincias: Ávila, Burgos, León, Palencia, Salamanca, Segovia, Soria, Valladolid y Zamora.

En ella hay huellas de todos los periodos históricos y de los pueblos que han habitado esta comunidad: el paleolítico en Atapuerca (Burgos); los pueblos celtíberos en Numancia y Tiermes (Soria); el Imperio romano en Segovia, Salamanca y Astorga (León); los visigodos en la Tierra de Campos (Palencia); el Islam en tierras de Soria y los estilos cristianos medievales del románico y del gótico a lo largo del Camino de Santiago, que cruza tierras castellanas.

La comunidad de Castilla y León posee el mayor patrimonio artístico de toda la Unión Europea.

Rodrigo Díaz de Vivar vivió en la corte de los reyes de Castilla en la Edad Media. Le llamaron "el Cid" –derivado del árabe "sidi" (señor)– a causa de su fama en las batallas de la Reconquista. Para algunos es ejemplo del héroe medieval castellano y sus hazañas se recogen en un poema épico: El cantar de Mío Cid.

ACTIVIDADES

Foso y torres del castillo de la Mota en Medina del Campo (Valladolid).

1. *¿De dónde le viene a Castilla su nombre?*

   _____

   _____

   _____

   _____

   _____

   _____

   _____.

2. *La rica historia de esta región ha dejado monumentos de todas las épocas. Indica unos restos prehistóricos, unos romanos y unos cristianos.*

   _____

   _____

   _____

   _____

   _____

   _____.

3. *Completa estas frases de una web de turismo de Ávila:*

   "En Ávila visitaremos las _____ , en Burgos nos quedaremos extasiados ante su _____ , y al llegar a _____ nos pasearemos bajo el maravilloso acueducto romano.

4. *Si quieres seguir un curso en una de las universidades más antiguas de Europa, vete a _____.*

5. *Establece una Ruta de los Castillos, proponiendo la visita a tres de ellos.*

   _____

   _____

   _____

   _____

   _____

   _____.

I. Paisajes

Molinos de viento de Consuegra (Toledo).

Castilla-La Mancha

Se extiende al sur de Madrid e incluye la región conocida universalmente como La Mancha. Está formada por cinco provincias: Albacete, Ciudad Real, Cuenca, Guadalajara y Toledo.

En su paisaje son típicos los **molinos de viento**. Es una zona relativamente poco poblada y sus habitantes se dedican sobre todo a las labores del campo y al pastoreo, por lo que su industrialización siempre fue muy escasa.

Su capital, **Toledo**, defendida por el río Tajo, es una de las ciudades españolas más antiguas. Por su posición estratégica, fue capital de los visigodos, después de un reino musulmán y, al ser reconquistada, lo fue de España, hasta que en el siglo XVI la capital del reino se traslada a Madrid.

Cada verano se celebra el Festival Internacional de Teatro de **Almagro**, en el Corral de Comedias, único teatro del siglo XVII del mundo.

Extremadura

Situada en el oeste de España y en la frontera con Portugal, es una de las regiones más bellas de España y también de las menos desarrolladas. Está formada por dos provincias, Cáceres y Badajoz, y su capital es Mérida.

Su nombre deriva de *Extrema Durii* –en latín, "más allá del río Duero"– y fue durante siglos frontera con tierras musulmanas. Por su pobreza, ha sido una región de gran emigración y fue la patria de muchos de los conquistadores, como Pizarro y Hernán Cortés. El Centro Extremeño de Estudios y Cooperación con Iberoamérica fomenta esos lazos especiales.

Tiene bellos parques naturales, como los de Monfragüe y Cornalvo y sobre todo un patrimonio artístico excepcional. Por ello, en su economía hay que destacar el éxito del turismo.

En la agricultura señalaremos los alcornoques, que producen casi todo el corcho de España, y las grandes **dehesas,** donde se alimenta de bellotas el **cerdo ibérico**, cuyos productos de charcutería y **jamones** son excepcionales y una de las fuentes de riqueza económica más importantes de esta comunidad autónoma.

 No dejes de visitar

Tres ciudades excepcionales, Patrimonio de la Humanidad:

• **Toledo:** Con más de dos mil años de historia, es una de las ciudades con más densidad de monumentos históricos del mundo. Ello es fruto de la coexistencia pacífica de las tes culturas más importantes en la Edad Media: musulmana, judía y cristiana. En Toledo vivió El Greco, pintor del que se pueden admirar cuadros extraordinarios y visitar su casa convertida en museo.

• **Mérida:** la Emérita Augusta de los romanos, donde se ha construido un Museo Nacional de Arte Romano espléndido y que conserva uno de los mayores teatros romanos del mundo, un anfiteatro, dos acueductos, un puente y diversos templos.

• **Cáceres:** Su casco histórico, que se ha mantenido intacto desde el *Siglo de Oro* (s. XVII), está rodeado de murallas construidas en la época musulmana y tiene una de las juderías más bellas de España y magníficos palacios y mansiones de los siglos XVI y XVII.

Casco histórico de Cáceres.

1. Lee este pasaje de Don Quijote de la Mancha: *"En esto descubrieron treinta o cuarenta molinos de viento que hay en aquel campo, y así como Don Quijote los vio, dijo a su escudero: la ventura va guiando nuestras cosas mejor de lo que acertáramos a desear; porque ves allí, amigo Sancho Panza, donde se descubren treinta o poco más desaforados gigantes con quien pienso hacer batalla, y quitarles a todos las vidas, con cuyos despojos comenzaremos a enriquecer: que esta es buena guerra, y es gran servicio de Dios quitar tan mala simiente de sobre la faz de la tierra. ¿Qué gigantes?, dijo Sancho Panza."*

¿Con quién cree enfrentarse Don Quijote de la Mancha? ¿Con quién lucha en realidad?

_____

_____

_____

_____ .

2. Al venir a España, no puedes dejar de visitar Toledo, y allí tienes que ver los cuadros de un pintor especial, distinto y extraordinario. ¿Quién es?

_____ .

3. ¿Qué culturas convivieron en Toledo y dejaron una riqueza monumental extraordinaria?

_____

_____

_____

_____ .

4. ¿Qué ciudad tiene las mejores ruinas romanas de España?

_____ .

5. ¿De qué región se dice que tiene el mejor jamón de España? ¿Cómo se consigue?

_____

_____

_____

_____

_____ .

I. Paisajes

Comunidad de Madrid

La comunidad autónoma de Madrid que se llama igual que su capital, la ciudad de Madrid, se encuentra situada en el centro de la Península. Está formada por la capital de España, Madrid, y sus alrededores, donde destacan las poblaciones de **Alcalá de Henares** –cuna de Cervantes, autor del *Quijote*–; **Aranjuez**, con sus jardines Patrimonio de la Humanidad; y **San Lorenzo de El Escorial**, con la gran basílica y el **palacio-monasterio** de Felipe II. Este rey trasladó en 1561 la corte de Toledo a Madrid. Hoy la ciudad de Madrid es el centro político, cultural y económico del país.

Ayuntamiento de Madrid y plaza de Cibeles.

Uno de los rasgos que mejor definen a Madrid es su **espíritu de acogida**. La ciudad de Madrid es **cosmopolita**, pero conserva también sus tradiciones y fiestas. Estas se celebran el 15 de mayo, festividad de San Isidro, patrón de la ciudad. Las de la Comunidad son el 2 de mayo, cuando se conmemora la participación del pueblo de Madrid en la Guerra de la Independencia de 1808 contra los franceses.

Según los periodos más importantes de su historia, podemos hablar del *Madrid antiguo*, que incluye restos de las murallas musulmanas del siglo IX; del

Madrid de los Austrias, (siglo XVII), de esta época es la plaza Mayor; y del *Madrid de los Borbones* (siglos XVIII y XIX), cuando se crean el Paseo del Prado y la Puerta de Alcalá.

Fachada de la Casa de la Panadería en la Plaza Mayor.

Madrid es una ciudad **muy dinámica** que, históricamente, todos sus alcaldes han querido mejorar haciendo nuevas obras. ¿Sabes que en Madrid se dice *De Madrid al cielo* para expresar que no hay ningún sitio en el mundo mejor que Madrid?

Barcas en el estanque de El Retiro.

El "Triángulo del Arte"

Se encuentra en torno al Paseo del Prado y es una de las zonas más visitadas de la ciudad. En ella se reúnen los tres museos más importantes de Madrid: el *Museo Nacional del Prado* (uno de los mejores museos de pintura del mundo, imprescindible para conocer la pintura española), el *Museo Nacional Centro de Arte Reina Sofía* (dedicado a pintura contemporánea) y el *Museo Thyssen-Bornemisza* (con obras que permiten recorrer la historia de la pintura occidental desde el siglo XIII hasta el XX).

 ## Las plazas de Madrid

En la vida de Madrid son muy importantes sus plazas: la magnífica *plaza Mayor*, con porches en sus cuatro lados, que durante los siglos XVII y XVIII era el escenario de acontecimientos públicos (corridas de toros, juicios, canonizaciones y fiestas) y donde hoy puedes descansar en sus terrazas al aire libre. La *Puerta del Sol*, donde se sitúa el kilómetro 0 de la España peninsular, el origen de todas las autovías y carreteras, y donde, la medianoche del 31 de diciembre, puedes despedir el año tomando las uvas al son de las campanadas del reloj de la plaza. La espléndida *plaza de Oriente*, delante del Palacio Real, y cerca de ella, la *plaza de España* con el monumento a Miguel de Cervantes.

Puerta del Sol.

¿Sabes que…?

Madrid…

…es la capital europea situada a mayor altura sobre el nivel del mar (646 m).

…tiene el mayor número de horas de sol al año.

…es la ciudad con mayor número de árboles en sus calles y parques. El parque urbano más importante es El Retiro con más 120 ha.

…existen más de 15 000 establecimientos entre restaurantes, cafeterías, bares, tabernas, etc., donde disfrutar de los ratos de ocio con los amigos.

1. Busca en Internet un plano de Madrid e indica a un amigo cómo ir desde el Museo Nacional del Prado al Palacio Real.

   _____

   _____.

2. Madrid no fue siempre capital de España. ¿Cuándo se convirtió en capital?

   _____.

3. Felipe II trasladó la capital a Madrid, pero él construyó su palacio-monasterio fuera de la ciudad. ¿En qué ciudad?

   _____.

4. ¿Por qué en Madrid nadie se siente forastero?

   _____

   _____.

5. "Madrid, la ciudad inacabada". Comenta esta expresión.

   _____

   _____

   _____.

6. ¿Se parece Madrid a la capital de tu país? ¿En qué cosas se parece y en qué cosas no?

   _____

   _____

   _____.

I. Paisajes

En las islas Baleares se habla el mallorquín, que deriva del catalán y hoy convive con el castellano.

A causa de su importante posición en pleno Mediterráneo, las islas Baleares sufrieron los ataques de los piratas turcos y norteafricanos. A finales de la Edad Media, conquistadas por los catalanes formaron parte de la Corona de Aragón. Más tarde, fueron ocupadas por los ejércitos inglés y francés. Menorca se convirtió en colonia británica durante casi cien años. Su puerto, de gran importancia estratégica, fue alquilado a los Estados Unidos en el siglo XIX como base naval durante sus enfrentamientos con Argelia.

A partir de 1960 el auge de la industria turística ayudó al despegue de su economía, pero destacan también la industria del calzado y la de las perlas.

En las islas Baleares veranea la **familia real española** y son lugar de residencia de actores, artistas y otros personajes de fama internacional.

La España insular

Las islas Baleares

El **archipiélago** Balear está situado en el mar Mediterráneo, frente a la Comunidad Valenciana. Lo componen cuatro islas principales: Mallorca, Menorca, Ibiza y Formentera, y un grupo de islotes que están casi deshabitados.

Por su agradable clima, sus bellas playas y tranquilas aguas, las islas Baleares atraen a millones de turistas. (Cala Vadella, Ibiza).

Iglesia de San Miguel (Ibiza).

 No dejes de visitar

Mallorca: la isla más grande, con un importante puerto deportivo, una maravillosa catedral que domina la vista del puerto y el famoso castillo de Bellver, del siglo XIV, único por su base circular. La isla posee hermosas cuevas subterráneas (cuevas del Drach y Artá).

Menorca: declarada en 1993 reserva de la biosfera por la Unesco.

Ibiza: que conserva aún pequeños núcleos de casas blancas y pequeñas calas o playas naturales. Fue el centro del movimiento hippy y de la moda "ad lib". Es muy conocida también por su intensa vida nocturna y sus numerosas discotecas y terrazas.

1. *El Mediterráneo fue durante muchos años el centro de la civilización y del comercio. Mira un mapa y explica el interés de los distintos pueblos por poseer las islas Baleares.*

_____

_____

_____

_____

_____

_____

_____

2. *Fíjate en el mapa de las islas Baleares y nombra las islas más importantes.*

_____

_____

_____

_____

3. *¿Cuál es la mayor industria de esta comunidad?*

_____

_____

_____

_____

_____

_____

_____

4. *¿Qué cosas puedo comprar en Mallorca para hacer un regalo?*

_____

_____

_____

_____

_____

_____

_____

I. Paisajes

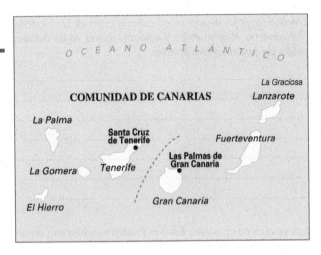

Cultivo en terrazas (Lanzarote).

Las islas Canarias

Están situadas en el **océano Atlántico**, a 1 500 km de Madrid y a unos 100 km de las costas de África. Es un archipiélago compuesto por ocho islas divididas en dos provincias: Santa Cruz de Tenerife (islas de Tenerife, La Palma, La Gomera y El Hierro) y Las Palmas (islas de Gran Canaria, Fuerteventura, Lanzarote y La Graciosa).

Son islas de **origen volcánico** y clima subtropical, lo que crea gran variedad de paisajes. Las arenas negras de los volcanes conviven con zonas de palmeras tropicales y de desiertos.

Gozan de un clima subtropical con suaves y agradables temperaturas durante todo el año. Por ello, son también llamadas islas Afortunadas.

A partir del siglo xv, entraron a formar parte de la historia castellana, y se utilizaron sobre todo como puerto de embarque de camino a América.

Su economía está basada en el turismo y en el comercio, que goza de un régimen especial de impuestos o tasas sobre las mercancías.

En agricultura se desarrollan cultivos especiales: la caña de azúcar, la vid, el plátano, la patata y el tomate, y también desarrollan el cultivo de flores

Parque Nacional del Teide (Tenerife).

para su exportación a Europa. Este terreno tan volcánico y poco fértil ha originado un curioso sistema de cultivo en terrazas.

Son muy famosos los **Carnavales**, que antiguamente se celebraban para despedir el invierno y dar la bienvenida a la primavera.

No dejes de visitar

Tenerife: la "isla fascinante", con el Teide, montaña de origen volcánico, la cumbre más alta de España.

La Palma: la "isla bonita", en ella está el Observatorio Astrofísico Internacional (alrededor de 2 400 metros de altitud).

Gran Canaria: la "isla seductora", con las playas de Maspalomas (la mayor zona turística de España).

Lanzarote: la "isla de fuego", su paisaje se caracteriza por la presencia de los volcanes.

Y para comer...

- En **Baleares**: la **sobrasada** mallorquina, hecha de carne de cerdo y pimentón rojo, tiene fama mundial. La **ensaimada** mallorquina, también muy conocida, es un postre de origen medieval. Su forma en espiral recuerda a un turbante y su nombre deriva de "saïm", manteca de cerdo. En Menorca, tienen fama los platos cocinados a base de pescados y mariscos, aderezados con salsa mayonesa (mahonesa), originaria de esta isla. Se elabora con huevo y aceite, y tuvo gran éxito en la corte de Luis XV de Francia.

- En **Canarias**: los platos típicos se realizan con ingredientes propios: con **gofio** (harina tostada de trigo o maíz), **papas** (patatas) y **mojo picón** (salsa picante) que sirve para acompañar también deliciosos platos de pescado.

¿Sabes que...?

Por su situación geográfica, las islas Canarias están en una zona horaria distinta al resto de España: una hora menos respecto al horario de la Península.

Las islas Canarias no tienen ningún río, ni un kilómetro de vía de ferrocarril.

1. Busca en esta sopa de letras cinco nombres de islas que pertenecen al archipiélago canario.

```
P G L A N Z A R O T E I L P
O F O C D E D G P T K L A K
L G T M R D F Y G S P H P M
E L H I E R R O C K B G A N
R G F L B R H O U Y T K L G
P Ñ L I K G A T V R N X M V
A O T E N E R I F E T G A C
```

2. Quieres programar un viaje a las islas Canarias. ¿Qué época del año escogerías para asegurarte de encontrarlas en fiesta?

_____

3. Cita algunos platos típicos de las islas Canarias.

_____

4. ¿Por qué fueron importantes las islas Canarias en los siglos xv y xvi?

_____

II. Historia

Apuntes de historia de España hasta el siglo XV

Los fósiles encontrados en Orce (Granada) y los recientes hallazgos de Atapuerca (Burgos) se encuentran entre los restos humanos más antiguos de Europa.

Los primeros habitantes de la península Ibérica eran nómadas y se adaptaban a la naturaleza para vivir. Obtenían alimento a través de la caza, la pesca y la recolección de frutos. Vivían en cuevas y utilizaban instrumentos hechos de piedra.

Las dos zonas más habitadas de la península eran la cordillera Cantábrica en el norte y la costa este del Mediterráneo. De estos asentamientos se han conservado las **pinturas rupestres** de la cultura franco-cantábrica (**Altamira**, en Cantabria) y las pinturas levantinas. Las más antiguas se sitúan alrededor de 20 000 años a.C.

Pueblos de la península ibérica

Los **íberos**, que dan nombre a la península ibérica, se instalan en lo que hoy es Andalucía y Levante alrededor del año 1 000 a.C. En la zona andaluza se desarrolla también la cultura de **Tartessos.** Ambas comunidades mantienen contacto con los pueblos mediterráneos. Más tarde, a partir del 800 a.C. llegan los **celtas** por el norte, procedentes de Europa central. Son las primeras invasiones indoeuropeas que ocuparon el norte de la Península y la Meseta. Sus poblados, llamados **castros,** estaban fortificados. Trabajaban los metales y tenían una magnífica joyería con técnicas muy avanzadas. La mezcla de estos pueblos dará origen a las **tribus celtíberas**, en el alto valle del Duero.

Sobre estos pueblos ejercieron influencias distintas los **pueblos mediterráneos: los fenicios,** que venían de la costa del Líbano, fueron los primeros

Pinturas rupestres de la cueva de Altamira (Cantabria), llamada la "capilla Sixtina del arte prehistórico".

colonizadores y fundaron puertos comerciales en Gadir (Cádiz, 1100 a.C.) y Malaka (Málaga). Los **griegos** crearon factorías en el litoral sur de Francia y en la España mediterránea como Emporion (Ampurias) y Hemeroskopeion (Denia). Influyeron en el arte y en la cultura de los pueblos indígenas de la costa levantina, como demuestran las esculturas íberas de la Dama de Elche y la Dama de Baza.

Hacia el 650 a.C. llegan los **cartagineses,** procedentes del norte de África, y fundan Ebussos (Ibiza) y Cartago Nova (Cartagena). La colonización púnica o cartaginesa influye poderosamente en la religión, arte y cultura de la población indígena y, en especial, en el uso de la escritura.

1. Completa las frases de la primera columna con los conceptos de la segunda.

1. En Atapuerca (Burgos) se han encontrado...	a. en las tierras del alto valle del Duero.
2. Las tribus celtíberas se asentaron...	b. las colonias de Ibiza y Cartagena.
3. Los cartagineses fundaron...	c. por los fenicios.
4. Málaga fue fundada...	d. los restos humanos más antiguos de Europa.

2. En la Antigüedad, el Mediterráneo fue el centro de la civilización y de la economía. ¿Cómo influyó la situación geográfica de la península Ibérica en su desarrollo?

_____
_____
_____
_____
_____
_____ .

3. ¿Qué son los castros?

_____
_____
_____
_____
_____ .

4. ¿Quiénes eran los cartagineses? ¿Cuáles fueron sus aportaciones?

_____
_____
_____
_____ .

Escultura ibérica de la Dama de Elche (s. v a.C.) Museo Arqueológico Nacional. Los adornos de ambos lados de la cabeza, todavía hoy se pueden ver en el peinado de las mujeres valencianas cuando están vestidas con el traje regional.

II. Historia

La España romana: esplendor y decadencia

España es el escenario de las guerras púnicas entre Roma y Cartago por el dominio del Mediterráneo. La resistencia de los pueblos indígenas a la **dominación romana** provocó dos siglos de guerras. La Península no se rindió hasta el año 19 a.C., cuando se convirtió en **Hispania,** provincia del Imperio romano. Al mismo tiempo que la conquista, tiene lugar la **romanización**: la integración en el sistema político, social, económico y cultural romano. Bajo la paz romana se construyen calzadas y puentes y se fundan importantes ciudades comerciales como César Augusta (Zaragoza), Legio Séptima Gémina (León), Itálica (Sevilla) y Emérita Augusta (Mérida).

En el año 409 varios pueblos germánicos –suevos, vándalos, alanos– invaden la Península desde los Pirineos. Roma organiza la defensa de Hispania y

La cultura romana en Hispania

La permanencia del ejército romano en Hispania produjo unos intercambios y una convivencia que facilitaron la asimilación, por parte de los pueblos íberos, de la **lengua latina** y la religión romana primero y el cristianismo después.

pide la colaboración de los visigodos, pueblo germánico que se asienta en la Península en el 414 y acaba con 500 años de dominación romana.

Con los visigodos, España vive la transición de la Antigüedad a la Edad Media. La **cultura visigoda** asimila la herencia romana y da a la Iglesia un importante papel político. La etapa conocida como del **reino visigodo de Toledo** supone el mayor esplendor político y religioso. En el aspecto político,

El acueducto de Segovia es uno de los más importantes y completos de los construidos por el Imperio romano. Se ha utilizado durante casi veinte siglos y está construido con grandes piedras de granito sin ningún otro material a modo de pegamento entre ellas.

la **monarquía visigoda** siempre fue débil y se consumió en luchas dinásticas. En los últimos años del reino, fueron constantes las guerras civiles. En el año 711, uno de los reyes visigodos pide ayuda a las tribus musulmanas del norte de África, lo que permite la entrada de estas en la Península.

No dejes de visitar

El teatro romano de Mérida (Extremadura) con una capacidad de 5 000 espectadores y que actualmente se sigue utilizando para representaciones teatrales.

El acueducto de Segovia (Castilla y León) que fue edificado en el siglo I por ingenieros romanos para transportar el agua de la localidad de Fuenfría a 16 km de la ciudad. Está construido en piedra, tiene 166 arcos, 29 metros de altura y una longitud de 728 metros.

Corona del rey Recesvinto del tesoro visigodo de Guarrazar (Toledo), realizado entre los siglos VI y VII. (Museo Arqueológico Nacional).

1. Las tribus íberas ofrecieron mucha resistencia a los ejércitos romanos.

   • ¿En qué año se terminó este enfrentamiento?

   • A partir de este momento, ¿en qué se convirtió la península Ibérica?

   _____
   _____
   _____
   _____
   _____
   _____

2. ¿Cómo afectó a la vida de los habitantes de la península Ibérica la llegada de la cultura romana?

   _____
   _____
   _____
   _____
   _____
   _____

3. ¿Cómo definirías la cultura visigoda?

   _____
   _____
   _____
   _____
   _____
   _____

4. ¿Cómo fue el final del reino visigodo en España?

   _____
   _____
   _____
   _____
   _____
   _____

II. Historia

al-Ándalus

Los 12 000 guerreros musulmanes que cruzan el estrecho de Gibraltar derrotan al último rey visigodo y ocupan la Península en siete años. La incorporan al gran imperio musulmán que llegaba desde el Índico hasta el Atlántico y le dan el nombre de **al-Ándalus**.

El sistema político musulmán en España se desvincula del gran imperio islámico de Oriente y empieza una vida propia con Abderramán I (763-788), que crea un **emirato independiente** con capital en Córdoba, donde construye la Mezquita. La convivencia de las tres culturas –musulmana, judía y cristiana– potenció el desarrollo de las ciencias, las artes y la filosofía. El momento de máximo esplendor es el que corresponde al **califato de Córdoba** (912-1031). En el siglo x, Córdoba es el centro cultural y artístico más importante de Europa. Los musulmanes introdujeron en España nuevas industrias –fabricación de vidrio y papel– y mejoras en la agricultura: nuevos cultivos –caña de azúcar, arroz, plátanos, algodón– y un sistema revolucionario de regadío que supuso una mayor riqueza para las zonas agrícolas.

Patio de los Leones de la Alhambra. Este palacio islámico, que domina desde un alto la ciudad de Granada (Andalucía), tiene numerosos patios y jardines con fuentes.

La Reconquista y la formación de los Reinos Cristianos

Cuando los musulmanes invaden la península nacen **dos focos de resistencia** al invasor formados por nobles hispanogodos. Uno está en las montañas del norte donde viven astures, cántabros y vascones, lo que permite el nacimiento del **Reino de Asturias**. El otro, situado en las regiones de los Pirineos, dará lugar al **Reino de Aragón**.

La **Reconquista** se realizó por etapas desde el norte hacia el sur, haciendo coincidir cada progreso con los ríos más importantes de la península. Una de las batallas decisivas fue la de Navas de Tolosa (1212), donde la victoria cristiana permite el avance hacia el sur. Es un progreso desigual que combina las acciones de guerra con la ocupación del territorio reconquistado. Este proceso de ocupación se denomina **repoblación.** Las poblaciones que surgieron en la Edad Media se rodearon de murallas

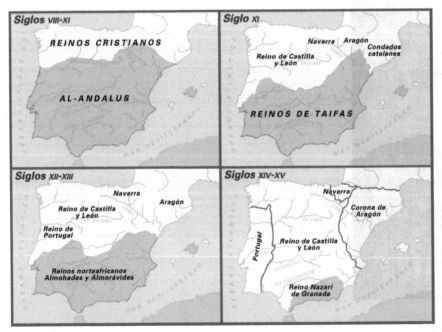

Desarrollo del avance musulmán y de la reconquista cristiana durante la Edad Media.

ACTIVIDADES

La Reconquista

Fue la lucha de los reinos cristianos por recuperar el control de los territorios de la península Ibérica que estaban en poder de los musulmanes.

Duró ocho siglos: empezó en el año 722, con la batalla de Covadonga (Asturias), y terminó en 1492 con la toma de Granada.

y estaban bajo la protección de los numerosos castillos que se construían en la época. Así nació **Castilla**, que se caracterizaba por la concentración de la población en núcleos urbanos fortificados para defenderse mejor.

A partir del siglo XI, los reinos de Castilla y Aragón se imponen a los otros reinos cristianos gracias a su enérgica actividad reconquistadora. En 1474 se casan Isabel, heredera de la Corona de Castilla, y Fernando, rey de Aragón. Reciben del Papa el título de **Reyes Católicos**, con el encargo de cristianizar el Nuevo Mundo (América). Este matrimonio fue la base de la unidad peninsular y de la unificación religiosa. Esto supuso el fin de la tolerancia religiosa y la creación del **Tribunal de la Inquisición**, que perseguía a los sospechosos de herejía.

Basílica de Santa María, Covadonga, Picos de Europa (Asturias).

1. Observa los mapas de la Reconquista y responde:

   • ¿Por dónde entró el ejército musulmán en la península Ibérica?

   • ¿Qué regiones dominó desde el siglo VIII hasta el XIII?

   • ¿Cuál fue el último reino islámico de la península?

2. Actualmente, al-Ándalus es también el nombre de un lujoso tren-hotel que recorre las provincias andaluzas de Sevilla, Córdoba y Granada.

   ¿Qué significaba al-Ándalus en el siglo VIII? ¿A qué imperio pertenecía?

3. ¿Por qué fue tan importante la ciudad de Córdoba?

4. En el año 722, los cristianos del norte de España vencieron por primera vez al ejército musulmán en la batalla de Covadonga (Asturias).

   • ¿Qué pueblos lucharon?

   • ¿Qué reino nació tras la victoria cristiana?

5. Define en pocas líneas qué es la Reconquista.

II. Historia

Del Reino al Imperio español

Dinastía de los Austria (1517-1700)

Cuando la hija de los Reyes Católicos, **Juana**, se casó con Felipe el Hermoso, se unió la dinastía de los Habsburgo (conocidos en España como los Austria) a la corona española. Su hijo –rey de 1517 a 1556– será el Emperador **Carlos I de España** y V de Alemania. Hereda de su madre las posesiones americanas, africanas y peninsulares y de su padre Alemania, Austria, los Países Bajos y parte de Italia. Su imperio no tiene unidad geográfica ni coherencia política. Este hecho y su ideal de gran defensor de la religión católica en Europa, lo llevaron a participar en numerosas guerras.

Política exterior de Felipe II

Mantuvo numerosas guerras, la primera contra Francia, con la que afirmó la hegemonía española sobre Italia. Luchó contra los turcos y comenzó una guerra contra los Países Bajos que duraría 80 años. Se enfrentó con Inglaterra por múltiples causas: por el apoyo inglés a la lucha flamenca, por los asaltos a los barcos españoles que venían de América y por la ejecución de la reina católica de Escocia, a la que Felipe II apoyaba para derribar del trono a la reina protestante de Inglaterra.

El imperio español

Estaba formado por un conjunto de territorios en América, África, Asia y Oceanía. Se creó a finales del siglo XV cuando a las posesiones europeas heredadas de los Reyes Católicos por su nieto Carlos I, se unieron las tierras americanas colonizadas tras los viajes de Cristóbal Colón.

Felipe II

Carlos I se retira al monasterio de Yuste (Cáceres) y **abdica** a favor de su hijo Felipe II, que reina desde 1556 a 1598. El rey, austero y muy religioso, imprime ese carácter a la corte y a la sociedad española durante siglos. Para albergar la tumba de su padre, manda construir el **palacio-monasterio de El Escorial**, donde él mismo vivirá la mayor

Felipe II vivió 71 años de los cuales reinó 42. Su vida política fue muy intensa y llena de conflictos con otros reinos. Su vida personal estuvo marcada por la necesidad de tener un heredero para su inmenso imperio y por ello contrajo cuatro veces matrimonio.
Retrato del rey Felipe II pintado por Antonio Moro (Patrimonio Nacional, Monasterio de El Escorial, Madrid).

Real Monasterio de San Lorenzo de El Escorial, obra de Juan de Herrera, el mejor arquitecto del Renacimiento español. Es una joya de la arquitectura declarada Patrimonio de la Humanidad por la UNESCO en 1984.

parte de su vida. Durante su reinado sigue la expansión del **imperio español** por tierras de América, Filipinas y África (gracias a la anexión del reino de Portugal). Se decía que en sus territorios *"nunca se ponía el sol"*. La política exterior estuvo dominada por las guerras en Europa por motivos políticos y religiosos. Así, el oro que se recibía de América no enriquecía a España, pues se gastaba en continuas luchas armadas. Fue una época de gran expansión para la cultura y la lengua españolas.

Los últimos Austrias

Con **Felipe III, Felipe IV** y **Carlos II** se produce un gran cambio en la orientación de la monarquía. Los reyes ya no gobiernan personalmente y delegan sus funciones en personas de confianza que dirigen la política del estado: son los **validos.** Todos ellos contribuyen a la decadencia española. Se pierden Portugal y los Países Bajos, mientras las guerras y el caos precipitan la ruina del país. El mundo de la cultura, sin embargo, vive una edad dorada, con Velázquez como pintor en la corte.

Retrato del rey Felipe IV, a caballo, realizado por Velázquez (Museo Nacional del Prado, Madrid).

1. ¿Cuándo empezó a formarse el Imperio español?

   _____
   _____
   _____
   _____.

   • ¿Por qué continentes se extendía?

   _____
   _____
   _____
   _____.

   • ¿Por qué se decía que en el Imperio español "nunca se ponía el sol"?

   _____
   _____
   _____
   _____.

2. Cita los nombres de tres reyes de la Casa de Austria y algún hecho o acontecimiento relativo a ellos.

   _____
   _____
   _____
   _____
   _____
   _____.

3. ¿Cómo se transformó el poder de los reyes con los últimos monarcas de la Casa de Austria?

   _____
   _____
   _____
   _____
   _____
   _____.

II. Historia

La guerra de Sucesión (1700-1714)

El rey Carlos II dejó heredero a Felipe de Anjou, nieto de su hermana y nieto de Luis XIV de Francia. Este testamento no fue admitido por el archiduque Carlos de Austria, lo que **desencadenó** una guerra en Europa: la **guerra de Sucesión** a la Corona española. La paz de Utrech (1713) puso fin a la guerra: Felipe fue reconocido rey de España, (Felipe V), pero todas las posesiones europeas de España se perdieron. Inglaterra fue la gran beneficiada: recibió Menorca, Gibraltar e importantes derechos sobre el comercio de América. Así se instaura en España la dinastía de Borbón.

La dinastía de los Borbones

Los reyes de la Casa de Borbón fortalecen la **monarquía absoluta** y centralizan el poder suprimiendo las instituciones y privilegios de las regiones que habían apoyado al archiduque Carlos, como la Corona de Aragón. Para fortalecer el poder del

El dos de mayo de 1808

Ese día el pueblo de Madrid se subleva contra los franceses y comienza la guerra de la Independencia. Fue una guerra muy cruel, donde no fueron los políticos o militares quienes tomaron la iniciativa, sino el pueblo español que se rebela y participa directamente en guerrillas contra el invasor.

Un grupo de patriotas refugiados en Cádiz (único lugar de España no conquistado por los franceses) redacta en **1812** la primera **Constitución Española**. Dos años después, los españoles, ayudados por los ingleses, obligan a las tropas de Napoleón a retirarse.

El rey **Fernando VII**, que volvió a España como "El Deseado", tuvo un reinado desastroso, durante el que se perdieron todas las colonias del Imperio. Le sucedió su hija **Isabel II**, cuyo reinado estuvo dominado por las **guerras carlistas** y por la mala gestión de los gobernantes.

El 3 de mayo en Madrid o ''Los fusilamientos'', Francisco de Goya (Museo Nacional del Prado, Madrid).

ACTIVIDADES

La familia de Felipe V, Van Loo (Museo Nacional del Prado, Madrid). Felipe V fue el primer monarca de la Casa de Borbón que reinó en España.

Estado, se buscó aumentar la riqueza nacional reorganizando el ejército y la Hacienda (con nuevos impuestos) y ayudando al desarrollo de la industria, la agricultura y el comercio.

A **Felipe V** le suceden sus hijos **Fernando VI** y **Carlos III**, representante del despotismo ilustrado, "*Todo para el pueblo, pero sin el pueblo*". Su hijo, **Carlos IV**, sube al trono en 1788, un año antes de la Revolución francesa. Su debilidad permite a **Napoleón** invadir España y colocar en el trono a su hermano José Bonaparte. Esto obliga al rey y a su hijo, Fernando VII, a exiliarse en Francia, mientras en España se desata: **la guerra de la Independencia** (1808-1814).

Las guerras Carlistas

Al no tener descendencia masculina, Fernando VII deroga la **Ley Sálica** —que impide gobernar a las mujeres— y deja como sucesora, en 1833, a su hija Isabel. Esta situación no gusta al hermano del rey, Carlos, lo que lleva al enfrentamiento de los partidarios de ambos (Carlistas e Isabelinos) en las llamadas guerras carlistas. En un principio vencen los liberales, partidarios de Isabel, pero continuarán las luchas entre conservadores y progresistas durante todo el siglo.

1. ¿Qué es la guerra de Sucesión española y cómo acabó?

2. Cita algunas características de la monarquía absoluta en la España del siglo XVIII.

3. ¿Qué es el "Despotismo Ilustrado"?

4. Observa el cuadro de Goya "Fusilamentos del 3 de mayo" y responde:
   • ¿Durante qué guerra se produjeron estos acontecimientos?
   • ¿Quiénes son los que disparan?

5. ¿Qué te ha parecido más sorprendente de este periodo?

5. La España contemporánea

República, monarquía y dictadura

La Primera República (1873-1874)

Cuando Isabel II se exilia en Francia, se crea un gobierno provisional que nombra como rey de España a **Amadeo de Saboya**, quien, ante la crisis general, dimite y vuelve a Italia. Se establece entonces una república donde en un año se alternan cuatro presidentes entre conservadores y progresistas. Ante el caos, se produce un golpe de estado y vuelve la monarquía a España tras el corto paréntesis republicano.

La restauración de la monarquía

Con **Alfonso XII**, hijo de Isabel II, se restaura la monarquía en España. Sin embargo, ni la situación interna ni la exterior son favorables a la paz. Surgen problemas sociales debidos a la desigualdad del reparto de la riqueza. Hay movimientos regionalistas (Cataluña, País Vasco, Valencia y Galicia) y en 1898 se pierden las últimas colonias del Imperio. Todo ello crea un ambiente de pesimismo y derrota en toda la sociedad española.

Con la llegada al trono de **Alfonso XIII**, la situación no mejora. Sigue la anarquía y España mantiene una guerra en el norte de África para defender sus últimas colonias. En 1917, el rey llama al general Primo de Rivera, que instaura en España una **dictadura militar** (1923-1930). Se suspenden el Parlamento, la libertad de prensa y asociación y los partidos políticos, pero los problemas de España no se solucionaron.

Después de más de cuarenta años de reinado, Alfonso XIII murió en el exilio en la ciudad de Roma en 1941. Alfonso XIII, con uniforme de húsar. Philip Alexius Laszlo de Lombos. (Museo Nacional del Prado, Madrid).

Retrato de Alfonso XII. Carlos Ruiz Ribera (Banco de España, Madrid).

Problemas con los que se encuentra la Segunda República

- Mala distribución de la tierra, que estaba en manos de los grandes propietarios.
- Gran importancia en la vida política del Ejército que fue el protagonista de la mayoría de los cambios políticos del siglo XIX.
- Sentimientos regionalistas que se oponen a la política centralizadora de los gobiernos.
- Gran influencia de la Iglesia en la vida social, que frena los cambios.
- Falta de educación y cultura (el analfabetismo era cercano al 60% de la población).

ACTIVIDADES

La Segunda República

El fracaso de Primo de Rivera arrastró consigo al rey Alfonso XIII, que dejó el trono y se exilió. El 14 de abril de 1931 se proclamó la **Segunda República** y se aprobó una Constitución, que recoge el espíritu liberal de 1812, y con la que se intenta dar solución a los problemas más importantes de España. Se iniciaron reformas para modernizar el país, pero estos cambios enfrentaron a la izquierda, que los consideraba escasos, con la derecha conservadora, que los consideraba excesivos.

En 1936 ganó las elecciones el **Frente Popular**, coalición de izquierdas que lideraba Manuel Azaña y contra la que el 18 de julio se produce una **sublevación** militar.

Cartel que simboliza a la Segunda República española. Anónimo, 1931.

1. *Responde si son verdaderas o falsas las siguientes afirmaciones:*

	V	F
• Amadeo de Saboya sustituyó a la reina Isabel II	☐	☐
• La Primera República solo tuvo un presidente	☐	☐
• Primo de Rivera solucionó la situación política	☐	☐
• Alfonso XII restauró la monarquía en España	☐	☐

2. *¿Cuándo se proclamó la II República española?*
   • *¿Por qué terminó?*

3. *¿Cuál era el ambiente social en los últimos años del siglo XIX y principios del XX, de 1870 a 1935?*

4. *¿Qué régimen político hay en tu país?*

II. Historia

La guerra civil (1936-1939)

El 18 de julio de 1936, unos generales entre los que se encontraba **Francisco Franco**, con una parte del ejército español, se sublevan contra el Gobierno republicano. Fue inevitable una guerra civil entre los partidarios del Gobierno y sus atacantes. El ejército se dividió. Las potencias fascistas europeas –Alemania e Italia– prestaron una gran ayuda militar a Franco, como el bombardeo de Guernica, en 1937. Rusia fue el país que más apoyó al bando republicano. Las democracias occidentales firmaron un "pac-to de no-intervención" y se mantuvieron neutrales, pero se crearon unidades de voluntarios de más de cincuenta países: las **Brigadas Internacionales,** para luchar a favor de la legitimidad de la república española.

Desde el extranjero, la guerra civil española tenía una apariencia romántica y de defensa de la justicia. Sin embargo, fue una guerra cruel con un elevado número de muertos, que terminó con la derrota de la república el 1 de abril de 1939 y la instauración de la dictadura del general Franco.

	Bando republicano	Bando nacional o rebelde
Denominación	Republicanos	Nacionales o rebeldes
Color identificativo	Rojo (Ejército Rojo, Socorro Rojo)	Azul (camisa azul de la Falange Española)
Fuerzas socio-políticas	Republicanos liberales, socialistas, comunistas, intelectuales, regionalistas, obreros, campesinos, parte del ejército y de la policía, milicianos voluntarios	Conservadores, gran parte de la aristocracia, ejército profesional africano, la Iglesia católica
Apoyo internacional	Rusia y las Brigadas Internacionales	Alemania e Italia

Desigualdades en los dos bandos del ejército

La **zona rebelde** pronto elige a un jefe militar único: Franco es nombrado "Generalísimo" el 1 de octubre de 1936.

El **ejército de Franco** estaba compuesto por tropas profesionales con experiencia en las guerras de África.

La **zona republicana** tarda más de un año en organizar un ejército regular. Las milicias republicanas estaban formadas, en su mayoría, por civiles.

Los **líderes republicanos** no reaccionaron hasta que el ejército de Franco estuvo a pocos kilómetros de Madrid. En ese momento se tomaron medidas urgentes: el envío de parte del tesoro artístico a París y Ginebra y el traslado del oro del Banco de España a Moscú (Rusia).

Observadores extranjeros

Escritores como Malraux o Hemingway, el fotógrafo Robert Capa –quien mejor retrató desde la línea de vanguardia los acontecimientos de la Guerra Civil– trasmitieron al mundo una imagen romántica de esta guerra.

Muerte de un miliciano (Robert Capa).

Cartel republicano. Autor: Melendreras.

Cartel del bando rebelde (1939).

¿Sabes que...?

La guerra civil de 1936 fue uno de los episodios más dolorosos de la historia reciente de España, pues dividió a la población en bandos, a veces por ideología, pero muchas veces por el lugar de residencia. En muchas ocasiones había hermanos en bandos distintos.

1. ¿Qué bandos lucharon durante la guerra?

_____

_____

_____

_____.

2. ¿Quiénes lucharon en las Brigadas Internacionales?

• *Si quieres saber más sobre el tema puedes leer "Por quién doblan las campanas", de Ernest Hemingway o "La esperanza" de André Malraux.*

_____

_____

_____.

3. ¿Qué países lucharon al lado de Franco?

_____

_____

_____.

4. ¿Ha habido alguna guerra civil en tu país? Describe los motivos y cómo acabó.

_____

_____

_____

_____.

5. Describe lo que expresa, según tú, uno de estos dos carteles sobre la Guerra Civil.

_____

_____

_____

_____.

II. Historia

La dictadura. El franquismo (1939-1975)

Desde el final de la guerra civil en 1939 hasta la muerte de **Franco** el 20 de noviembre de 1975, España vivió bajo una **dictadura política**. Se instaló un gobierno dictatorial, con un partido único, el Movimiento Nacional, que concentraba todo el poder en manos de Franco como jefe del Estado. Se suprimieron todas las libertades y derechos de los ciudadanos: se restablece la pena de muerte, se prohíben el divorcio y el matrimonio civil. La familia cristiana era la base de la sociedad y la Iglesia y el Ejército son dos de los pilares fundamentales del gobierno. Como la represión fue terrible, muchos intelectuales se exiliaron y otros fueron encarcelados.

Al terminar la II Guerra Mundial, las potencias europeas dan la espalda al régimen franquista, como castigo al apoyo que había dado Franco a Hitler enviando un ejército –la División Azul– para apoyar a las tropas alemanas en Rusia. Hasta los años cincuenta, España vivió aislada políticamente y bajo un modelo económico de **autarquía**, en el que se abastecía de sus propios productos.

La autarquía

Debido al aislamiento internacional, se aplicó un modelo económico de autarquía, en el que España no podía contar más que con sus propios productos. El Estado centralizaba la economía y determinaba el reparto de los alimentos (con el régimen de cupones por persona), los sueldos y los monopolios.

A partir de 1953 España inicia sus relaciones internacionales: firma un tratado de cooperación con Estados Unidos y, en 1955, entra en la ONU (Organización de las Naciones Unidas).

En 1959 comienzan los planes de desarrollo económico que irán favoreciendo el crecimiento industrial y comercial. Se inicia un cambio en la sociedad española: se comienzan a organizar en la clandestinidad los partidos políticos y los sindicatos. En 1969, Franco nombra sucesor suyo al príncipe D. Juan Carlos de Borbón, nieto del último rey de España, Alfonso XIII.

A principios de los años 70, la oposición a la dictadura se hace más abierta y va acompañada de una **recesión** económica y un ambiente de crispación social. Empieza una ligera evolución democrática en España, mientras los desórdenes públicos se suceden. Con la muerte de Franco en 1975, se abre una nueva etapa para el país.

El presidente norteamericano Eisenhower visitó España en 1959.

Inmigrantes españoles esperan el tren para irse al extranjero.

La sociedad española de los años 60

Durante estos años, la sociedad española cambia y se moderniza, aunque aún existen contradicciones. La situación económica mejora y la natalidad aumenta. Algunas familias pueden comprar un televisor o un pequeño coche –el Seat 600–; otros, sin embargo, se ven obligados a salir fuera de España para conseguir trabajo.

En los años 60 la emigración interior del campo a la ciudad aumentó de manera considerable y también a Europa: más de 1 000 000 de españoles viajaron a Francia, Alemania, Suiza o Bélgica a trabajar.

El Seat 600 cambió la vida de muchas familias españolas de los años 60.

1. *Define los distintos tipos de gobierno y resalta las diferencias.:*

   • *dictadura*

   • *monarquía*

   • *república*

   _____
   _____
   _____
   _____
   _____
   _____
   _____
   _____
   _____.

2. *¿Cuánto tiempo duró la dictadura de Franco?*

   _____.

3. *Define los términos:*

   • *autarquía:* _____
   _____
   _____
   _____.

   • *recesión económica:* _____
   _____
   _____
   _____.

4. *¿Cuál fue el primer país que firmó un acuerdo internacional con la España de Franco?*

   _____
   _____
   _____
   _____
   _____.

II. Historia

La transición española (1975-1982)

Dos días después de la muerte de Franco, **Juan Carlos de Borbón** es proclamado rey de España con el nombre de Juan Carlos I, basándose en las leyes del sistema político anterior. Comienza la "transición española" y son momentos difíciles, de gran tensión política.

La Transición

Es el proceso por el que España pasó del régimen de dictadura franquista a la democracia. Normalmente se acepta que comenzó en noviembre de 1975, fecha del fallecimiento de Franco y concluyó en octubre de 1982, con la victoria del Partido Socialista Obrero Español (PSOE) en las elecciones.

Está considerada por las democracias occidentales como un proceso modélico, ya que, en términos generales, se desarrolló de una forma pactada y no violenta.

En junio de 1977 se celebran las primeras elecciones generales, donde participan los recientemente reconocidos partidos políticos, entre ellos el Partido Comunista de España (**PCE**). La victoria fue para **UCD** (Unión de Centro Democrático, partido liberal de centro) y se elige presidente del gobierno a Adolfo Suárez. La primera tarea de este gobierno y del Congreso de los Diputados fue redactar una **Constitución**.

El sentimiento nacionalista del grupo radical ETA (*ver tema I*) dio lugar a una serie de actos terroristas que ocasionaron un ambiente de tensión entre la población y un clima de descontento en las Fuerzas Armadas. Este hecho, junto a las reformas sociales

Desde 1979 se alza en una zona ajardina del madrileño Paseo de la Castellana este monumento a la Constitución Española de 1978.

La Constitución española

La redacción de la Constitución fue obra de una comisión compuesta por miembros de los partidos mayoritarios en España. Defiende el consenso entre todas las ideologías políticas, para superar las diferencias que en el pasado llevaron a la guerra civil.

La Constitución se aprueba por mayoría en referéndum el 6 de diciembre de 1978. Su aprobación supone una ruptura con el régimen franquista, ya que restaura el sistema democrático en España.

y políticas del gobierno llevaron a la pérdida de confianza en el Presidente.

El cambio en la presidencia del gobierno en 1981 fue el momento elegido por algunos miembros del Ejército y de la Guardia Civil de Madrid y Valencia para realizar un intento de golpe de estado, ocupando el Congreso de Diputados en plena sesión de investidura del presidente. Después de la intervención del rey y una noche de incertidumbre, los militares rebeldes se rindieron y fueron detenidos. Tras la superación del conocido como **"Golpe del 23-F"**, la democracia española quedaba ya estabilizada.

El fuerte rechazo de la sociedad a la violencia terrorista es visible en las numerosas manifestaciones que se han realizado en España.

1. ¿Qué fue la Transición en España?

2. ¿Cómo nació la Constitución Española de 1978?

3. ¿Cuáles fueron los motivos que llevaron a la dimisión del Presidente del gobierno Adolfo Suárez?

4. ¿Qué acontecimiento pone a prueba a la democracia Española el 23 de febrero de 1981?

5. ¿Cuál es la reacción de la mayor parte de los españoles frente al terrorismo de ETA?

Consolidación de la democracia (1982-2004)

Son los años de la plena integración de España en Europa. España vuelve a tener un papel en el mundo y va a compartir el desarrollo y los problemas del mundo occidental. La moderación y la alternancia de poder Izquierda-socialista / Derecha-liberal serán el reflejo de esa normalidad democrática.

En 1982 la sociedad española está preparada para un cambio hacia la izquierda y en las elecciones generales sale ganador el **PSOE** (Partido Socialista Obrero Español). Es la primera vez en la historia de España que los socialistas gobiernan con el apoyo de una mayoría absoluta en el Parlamento.

Los grandes logros de los gobiernos del socialista **Felipe González**, de 1982 a 1996, son el crecimiento económico, la lucha contra el terrorismo y el gran impulso dado a la política exterior. En 1986 España se integra en la Comunidad Europea y ratifica su permanencia en la OTAN. Los actos de 1992 confirman su prestigio internacional: Juegos Olímpicos de Barcelona, V Centenario del Descubrimiento de América y Exposición Universal de Sevilla.

Ceremonia de apertura de los Juegos Olímpicos celebrados en Barcelona, en 1992.

En las elecciones de 1996 se produce la victoria del **PP** (Partido Popular) presidido por **José María Aznar**. Sus ocho años en el gobierno se caracterizan por un gran progreso económico (con la introducción del euro como moneda oficial en 2002), la lucha contra el terrorismo y el problema de la inmigración. A pesar de la estabilidad económica, su política exterior autoritaria fue despertando el rechazo de los españoles.

Nuevos planteamientos (a partir de 2004)

1) Alternancia de los partidos mayoritarios: PSOE-PP: gobiernos de las mayorías absolutas

Las elecciones de marzo de 2004 llevan nuevamente al poder al **PSOE** con **José Luis Rodríguez Zapatero** como presidente del gobierno. Se abre una nueva era política tras los duros momentos sufridos a causa de los **atentados del 11 de marzo en Madrid** a manos del terrorismo islámico. Su gobierno se caracteriza por unas medidas sociales progresistas (Ley de Igualdad, Ley de la Memoria Histórica, Ley Antitabaco, Ley del Matrimonio homosexual, regularización de cientos de miles de emigrantes, etc.).

A partir del año 2008 España sufre las consecuencias de la crisis económica originada en los Estados Unidos que afectó a todo el mundo desarrollado. La situación económica fuerza un adelanto de las elecciones.

En la Unión Europea se producen cambios políticos en los gobiernos de numerosos países: Grecia, Irlanda, Italia, Portugal, Francia y también España. A finales de 2011 vuelve al poder con mayoría absoluta el **PP** (Partido Popular) y es nombrado presidente del gobierno **Mariano Rajoy**. Para salir de la crisis, de acuerdo con Europa, se imponen unas medidas económicas muy duras. La reforma laboral que debilita la estabilidad de las condiciones de trabajo y los recortes en el gasto social afectan sobre todo a la Educación y a la Sanidad.

Monumento a las víctimas del atentado terrorista de 2004 en Madrid.

ACTIVIDADES

Aumentan las protestas en toda España y, como en muchos países europeos, hay manifestaciones masivas para exigir cambios en la política. Se toma conciencia de la fuerza de la protesta y nace el movimiento de los "indignados" o del "15-M" (toma su nombre de la fecha en la que se inician las acampadas a modo de protesta en las principales plazas del país), surgido en gran parte de las redes sociales.

Acampada en la Puerta del Sol durante las protestas del 15-M en Madrid.

2) Hacia nuevas formas de gobierno (2015-2020)

Desde el año 2015 estos movimientos dan lugar a nuevos partidos políticos, como **Podemos**, de izquierdas, **Ciudadanos**, de centro-derecha, o **Vox** de ultraderecha, que recogen el descontento de los electores.

En las elecciones del año 2019, el partido más votado fue el **PSOE** con **Pedro Sánchez** como presidente de gobierno, pero no consiguió la mayoría suficiente para un gobierno en solitario, dando lugar al primer gobierno de coalición (dos partidos) de la Historia española, formado por miembros del PSOE y de Podemos. Se presenta un escenario político más plural donde son necesarios los pactos, los acuerdos entre los diferentes partidos, para gobernar.

Matrimonio de personas del mismo sexo.

1. ¿A qué partidos políticos corresponden las siguientes siglas:

   PSOE: _____.

   PP: _____.

   PCE: _____.

   Colócalos en la tabla siguiente, según su ideología política:

IZQUIERDA	CENTRO	DERECHA

2. ¿Qué cambios sociales introdujo el gobierno de Rodríguez Zapatero?

3. ¿Qué acontecimientos consideras que son más significativos en este periodo de 1982-2004?

4. El descontento de los ciudadanos hace surgir nuevos partidos políticos. ¿Cuáles son los más representativos?

6. La vida política

La organización política en España

La **Constitución** de 1978 define a España como un Estado formado por comunidades autónomas *(Ver Tema 1)* y como una monarquía parlamentaria, con un rey y un parlamento.

Se basa en una serie de principios:

1. El respeto a los derechos humanos y las leyes en un orden justo.

2. La protección de las peculiaridades de los pueblos que componen España.

3. El desarrollo de un sistema social y económico que asegure una digna calidad de vida para todos.

4. La colaboración en el establecimiento de unas relaciones pacíficas y de eficaz cooperación entre todos los pueblos de la tierra.

Para garantizar estos principios, existe el **Tribunal Constitucional**, que es el intérprete de la Constitución española y es independiente de los demás poderes.

Símbolos del Estado Español

Son **la Constitución, la bandera, el escudo y el himno**. El escudo actual se introdujo en 1981.

"La bandera de España está formada por tres franjas horizontales, roja, amarilla y roja, siendo la amarilla de doble anchura que cada una de las rojas".

Constitución Española, Artículo 4.I.

El rey Juan Carlos I firma la Constitución Española (27 de diciembre de 1978). © Constituciones Españolas 1812-1978, Publicaciones del Congreso de los Diputados.

Monarquía parlamentaria:
El rey reina, pero no gobierna

El reino de España es un estado social y democrático de derecho que tiene una Constitución que le da forma política: es una monarquía parlamentaria.

La Constitución establece la separación de poderes que garantiza el funcionamiento de las instituciones españolas:

- El Gobierno tiene el **poder ejecutivo.**

- El **poder legislativo** corresponde al Parlamento Español (Congreso de los Diputados y Senado).

- El **poder judicial** reside en los tribunales y en los jueces.

El Estado se organiza territorialmente en comunidades autónomas, provincias y municipios para llevar la gestión pública al nivel más cercano al ciudadano español.

El rey es el Jefe del Estado y su más alta representación en el exterior, pero no tiene ningún poder en la vida política del país. La monarquía española está representada en la actualidad en la figura del rey don Felipe VI y su hija y heredera, la Princesa de Asturias, doña Leonor de Borbón.

Don Felipe y doña Letizia junto a sus hijas en los jardines del Palacio de Marivent (verano 2019).

1. *¿Qué tipo de gobierno tiene España?*

   _____
   _____
   _____.

2. *Explica la frase "el rey reina, pero no gobierna".*

   _____
   _____
   _____
   _____.

3. *Uno de los principios de la Constitución española es "la protección de las peculiaridades de los pueblos que componen España". Después de haber estudiado las comunidades autónomas, explica brevemente qué quiere decir esta frase.*

   _____
   _____
   _____.

4. *Compara la estructura política de tu país con la de España en cuanto a los siguientes aspectos:*

CONTENIDO	ESPAÑA	TU PAÍS
Forma política	Monarquía parlamentaria	
Jefe de Estado		
Poder ejecutivo		
Poder legislativo		
Poder judicial		
Estructura territorial		

III. Política

El sistema electoral y partidos políticos

La soberanía nacional reside en el pueblo español, del que emanan los poderes del Estado mediante el derecho a voto de los españoles mediante sufragio universal libre, igual, directo y secreto. En él son electores y elegibles para los puestos de representación política, todos los españoles mayores de dieciocho años que estén en pleno uso de sus derechos políticos.

Los votantes deben estar inscritos en el censo electoral y tienen que acreditar su identidad mediante el Documento Nacional de Identidad **(DNI),** el pasaporte o el carné de conducir.

Existen cuatro tipos de elecciones en España: generales, autonómicas, municipales y europeas.

Derecho a voto

La duración máxima de una legislatura es de cuatro años (excepto en el caso de las europeas, en que es de cinco), aunque existe la posibilidad de disolver las Cámaras anteriormente de acuerdo con la autoridad ejecutiva.

Los españoles votan una **lista cerrada** de un partido político, es decir, a un grupo previamente elegido por el partido y no diputado por diputado.. Los votos se depositan en una urna situada en un colegio electoral. La Junta Electoral Central es el organismo encargado de vigilar la transparencia y objetividad de las elecciones.

En las elecciones generales, el número final de representantes es proporcional al número de habitantes de cada una de las provincias españolas.

Las elecciones en España se celebran en domingo para evitar la pérdida de días de trabajo. En la Unión Europea, cada país establece el día en el que se realizan elecciones, normalmente desde el jueves hasta el domingo.

Los partidos políticos

Además de los partidos históricos, el descontento de los ciudadanos lleva a la aparición de nuevos partidos, como **Ciudadanos** (de centro derecha), **Unidas Podemos** (de izquierda) y **VOX** (de ultraderecha). En la actualidad existen cinco partidos que tienen representación en todo el territorio español:

- El **PSOE** (Partido Socialista Obrero Español), de tendencia progresista y socialdemócrata, que pertenece a la Internacional Socialista.

- El **PP** (Partido Popular), de tendencia liberal-conservadora, que pertenece a la Internacional Demócrata Cristiana.

- **UP** (Unidas Podemos), coalición compuesta por el Partido Comunista de España, Izquierda Unida, el Partido de Acción Socialista y Podemos, partido político que nació del Movimiento del 15-M (15 de mayo de 2011) y agrupa a los "indignados" con la política tradicional.

- **C's** (Ciudadanos), nuevo partido de centro-derecha que nació en Cataluña en oposición a los partidos que buscan la independencia de aquella comunidad autónoma.

- **VOX**, partido de extrema derecha que nació de los miembros más conservadores del Partido Popular (PP).

Además de estos partidos, existen formaciones políticas que solo tienen representación en alguna de las comunidades autónomas como Cataluña, Galicia, Canarias o País Vasco.

En el año 2007 se aprobó la Ley de Igualdad que obliga a los partidos políticos a presentar sus listas electorales con un número equilibrado entre hombres y mujeres.

¿Sabes que…?

Aunque en el Congreso de los Diputados y en el Senado hay representadas trece agrupaciones políticas, existen más de doscientos partidos políticos registrados en España.

1. *Describe el sistema electoral español.*

   _____
   _____
   _____
   _____.

2. *¿Qué día de la semana se vota en España?*

   ¿Cuál es el motivo?

   ¿Qué día se vota en tu país y por qué?

   _____
   _____
   _____
   _____
   _____.

3. *¿Qué documentos oficiales son necesarios para votar en España?*

   _____
   _____
   _____.

4. *En España, las elecciones generales, así como las autonómicas y europeas, están precedidas de programas de debate en los medios de comunicación. ¿Crees que la gente los sigue?*

   _____
   _____
   _____.

5. *¿Cuáles son los partidos políticos más importantes de España? ¿Qué partidos nuevos surgen como reacción ante el descontento de los ciudadanos? ¿Qué ideología representan unos y otros?*

   _____
   _____
   _____
   _____.

7. El papel del Estado

El poder legislativo

El **poder legislativo** reside en el Parlamento o Cortes Generales, que está formado por dos cámaras: el Congreso de los Diputados y el Senado.

El **Congreso de los Diputados** está constituido por 350 diputados representantes de las 50 provincias. Sus funciones principales son: convalidación de Decretos-Leyes del Gobierno, la designación del presidente del Gobierno y el control del Gobierno. Comparte con el **Senado** la aprobación de los **presupuestos** y la función legislativa, pero la iniciativa siempre corresponde al Congreso. En la actualidad y por la diferencia de funciones entre las dos cámaras, se habla de un bicameralismo imperfecto.

En el Congreso de los Diputados y en el Senado, los partidos políticos trabajan en **grupos parlamentarios.**

El Senado es la cámara de representación territorial. En su origen tenía un carácter aristocrático, pero desde la Constitución de 1978 tiene un carácter democrático. El Senado debe autorizar acuerdos de cooperación entre comunidades autónomas, disolución de corporaciones locales y adopción por parte del Gobierno de medidas relativas a una comunidad autónoma.

Organismos dependientes del poder legislativo

El Tribunal de Cuentas: Fiscaliza las cuentas del Estado y del sector público.

El Defensor del Pueblo: Supervisa la actuación de la administración civil, judicial y militar. Escucha las quejas de los ciudadanos y presenta sugerencias y recomendaciones. No tiene capacidad para dictar sentencias.

El Fondo de Compensación Interterritorial: Trata de corregir los desequilibrios que hay entre las diversas comunidades autónomas y de hacer real el principio de solidaridad del artículo 2 de la Constitución.

Fachada del Palacio del Congreso de Diputados (Madrid). Los leones que están junto a la escalinata están realizados con el bronce de los cañones usados en la guerra de África de 1860. Son obra del escultor Ponciano Ponzano.

El poder ejecutivo

El **poder ejecutivo** es ejercido por el Gobierno del Estado y se completa con los diversos niveles de la Administración general del Estado.

Desde 1977, el Palacio de la Moncloa es la residencia oficial del presidente del Gobierno y sede de la Presidencia del Gobierno de España.

El Gobierno

El **Gobierno** está compuesto por el presidente, los vicepresidentes y los ministros, que son nombrados para dirigir la política interior y exterior, así como para llevar a cabo la política ejecutiva. El Gobierno actúa en cuatro áreas principales: Economía, Defensa, Administración general y Asuntos Exteriores, en las que se sitúan los distintos ministerios.

El presidente del Gobierno es elegido cada cuatro años y no tiene derecho de veto sobre cualquier ley aprobada por el Parlamento español, como tampoco lo tiene el rey.

La principal **función del Gobierno** es dirigir la política exterior y la interior del país y para ello depende de la confianza del Parlamento, no del rey.

1. ORGANIGRAMA DEL ESTADO ESPAÑOL

La corona	El rey
• Congreso y Senado • Parlamentos autonómicos	Cortes Generales - Poder Legislativo
• Presidente del Gobierno • Consejo de Ministros • Gobiernos autonómicos	Gobierno - Poder Ejecutivo
• Consejo General del Poder Judicial • Tribunal Constitucional • Tribunal Supremo • Tribunales Superiores de Justicia- Audiencia Nacional • Audiencia Provincial	Sistema Judicial - Poder Judicial

El poder legislativo reside en _____

_____

y está formado por: _____ *y*

_____ .

2. *Describe las funciones generales del Congreso de los Diputados.*

_____

_____

_____ .

3. *Describe las funciones generales del Senado.*

_____

_____

_____ .

4. *El Gobierno ejerce el poder ejecutivo.*

   ¿Cuál es la composición del Gobierno español?

   ¿Qué funciones tiene?

_____

_____

_____

_____

_____ .

La Administración general del Estado

La Constitución de 1978 establece las competencias que son exclusivas del Estado. Esas **competencias** se llevan a cabo en los distintos niveles de la Administración:

1. **Administración central:** integrada por los departamentos de los distintos ministerios, tiene la función de coordinación, planificación, inspección y documentación.

2. **Administración periférica:** representación de la Administración del Estado en cada una de las comunidades autónomas en la figura del Delegado del Gobierno.

3. **Administración exterior:** consulados y embajadas.

4. **Administración consultiva:** corresponde al Consejo de Estado y tiene como finalidad el asesoramiento al Gobierno.

5. **Fuerzas armadas:** tienen como misión garantizar la soberanía e independencia de España y defender la integridad territorial y el ordenamiento constitucional. La dirección corresponde al Gobierno de la nación aunque el rey tiene el cargo de Jefe Supremo de las Fuerzas Armadas.

La descentralización administrativa

Las comunidades autónomas

La Constitución de 1978 marca el principio del proceso de descentralización del Estado, que se organiza territorialmente en comunidades autónomas, provincias y municipios. De esta forma, tenemos la administración estatal, la autonómica y la local (que incluye provincias y municipios).

España se define como "patria común e indivisible de todos los españoles", y al mismo tiempo como un **estado** compuesto por **comunidades autónomas**. Las diecisiete comunidades autónomas y las dos ciudades autónomas en el norte de África constituyen el nivel inmediatamente inferior a la Administración estatal. Coinciden, en gran parte, con las antiguas regiones históricas. Tienen su propio parlamento, elegido por sufragio universal entre sus habitantes, su consejo de gobierno y su presidente que representa a la comunidad autónoma. Administran diferentes asuntos (Educación, Sanidad) con independencia del gobierno de España.

VI Conferencia de presidentes autonómicos en el Palacio del Senado de España (2017).

A C T I V I D A D E S

Hay **comunidades,** consideradas **históricas**, como Cataluña, Galicia y el País Vasco, que tienen más competencias que otras. El Fondo de Compensación Interterritorial, organismo que depende de las Cortes Generales españolas, vela por el equilibrio y la solidaridad entre las comunidades autónomas.

Las provincias

Existen cincuenta provincias en España que fueron establecidas en 1833. Sus organismos característicos son las **diputaciones**. Su función es la coordinación entre los diferentes **ayuntamientos** de nivel inferior y los servicios que afectan a toda la provincia: infraestructuras, medio ambiente etc.

Los representantes de las diputaciones son elegidos por los ayuntamientos, excepto en el caso del País Vasco, donde, por características históricas, son votados mediante elecciones directas que se realizan al mismo tiempo que las municipales.

Ayuntamiento de Guadalajara.

Los municipios

Existen más de 8 000 municipios en España. El órgano de gobierno a este nivel es el **Ayuntamiento**, que se compone del alcalde o alcaldesa y los concejales, y que se encargan de gestionar los servicios públicos de la ciudad o pueblo. Es el nivel en el que cuentan más las personas que los partidos, ya que son más conocidos para el ciudadano.

1. ¿Cómo interviene el Estado en la organización de las comunidades autónomas?

_____
_____
_____
_____
_____
_____
_____
_____ .

2. ¿Quién es el representante máximo de una comunidad autónoma?

_____
_____
_____ .

3. Haz un cuadro donde expliques los distintos niveles de la Administración en España: Estado, comunidades autónomas, provincias, municipios.

4. Hay comunidades autónomas que tienen, además del español, su propia lengua. ¿Cuáles son?

_____
_____
_____
_____
_____
_____
_____ .

8. La ley y el orden

La justicia

La Justicia en España es universal, al igual que los demás servicios públicos. El poder judicial garantiza, en los juicios, la defensa de los derechos de los ciudadanos que no están conformes con alguna situación o que han cometido delitos. El objetivo del poder judicial es juzgar si el ciudadano o las instituciones han actuado conforme a la legislación vigente.

Administración de Justicia: El Poder Judicial en España tiene como fin juzgar y hacer ejecutar lo juzgado. Es independiente del poder ejecutivo y del legislativo.

El Tribunal Constitucional es el órgano supremo que vela por el cumplimiento de los derechos y obligaciones recogidos en la Constitución.

El Consejo General del Poder Judicial (CGPJ) es el órgano de gobierno del poder judicial. Se ocupa del nombramiento de los jueces y sus destinos, de la disciplina y de la formación del personal. Sus miembros son propuestos por las Cortes Generales.

El Tribunal Supremo es el órgano superior de justicia en España, excepto en lo que se refiere a temas constitucionales, que corresponden al Tribunal Constitucional.

La Audiencia Nacional es específica para los delitos monetarios, de narcotráfico y de terrorismo.

El Ministerio Fiscal es el organismo público al que corresponde promover la acción de la justicia para defender la legalidad. Es el puente entre el poder ejecutivo y el judicial ya que es nombrado a propuesta del Gobierno, una vez consultado el CGPJ.

Sede del Tribunal Constitucional en Madrid.

El poder judicial en España

- Es independiente de los demás poderes del estado (legislativo y ejecutivo).
- Tiene competencia en todo el Estado español.
- Busca la reinserción del delincuente en la sociedad pues el objetivo del ingreso en prisión de una persona no es solo castigar un delito. Para facilitar este proceso, se favorece la educación a distancia de los internos y se conceden becas y ayudas de estudio.
- No existe la pena de muerte ni la cadena perpetua y la pena máxima de cárcel por los delitos más graves es de veinte años, aunque en casos especiales, como terrorismo, puede llegar hasta treinta años.
- Posee un Tribunal del Jurado que permite la participación de los ciudadanos en el juicio de determinados delitos. Este tribunal está compuesto por nueve personas más un magistrado profesional que ocupa la presidencia.

Edificio del Tribunal Supremo (Madrid).

1. Define brevemente los siguientes organismos e instituciones:

Tribunal Constitucional	
Consejo General del Poder Judicial	
Tribunal Supremo	
Audiencia Nacional	
Ministerio Fiscal	

2. ¿Cuál es el objetivo fundamental de la justicia española?

_____
_____
_____
_____
_____ .

3. En qué institución se juzgan los siguientes asuntos:

   - Una captura de cocaína escondida en latas de espárragos.
   - El juzgar si se puede cambiar algún artículo de la Constitución.

_____
_____
_____
_____
_____
_____ .

La seguridad

Fuerzas y cuerpos de seguridad del Estado

En el siglo XXI, España cuenta con diferentes **Fuerzas y Cuerpos de Seguridad del Estado** adaptados a los nuevos tiempos y miembros de instituciones internacionales. Dos son los fenómenos que han llevado a esta situación: se ha culminado ya el proceso de democratización de fuerzas como el Ejército y Guardia Civil del Estado y España se ha incorporado a la escena internacional en el ámbito de Seguridad.

El Gobierno central tiene la competencia exclusiva de la defensa del Estado y la política exterior. Para ello cuenta con las Fuerzas y cuerpos de seguridad del Estado, donde distinguimos el **Ejército**, la **Policía** y la **Guardia Civil**.

Policía local.

Denominación	Ámbito	Funciones	Entidad	Uniforme
• **Ejército de Tierra** • **Ejército del Aire** • **Armada (Mar)**	Internacional	Defensa del país, misiones internacionales	Ministerio de Defensa	- Verde - Azul - Blanco
• **Guardia Civil**	Nacional	Control de fronteras; vigilancia de edificios oficiales, seguridad fiscal, lucha antiterrorista, contra el contrabando, inmigración irregular y narcotráfico; tráfico en carretera y protección de la naturaleza	Ministerio del Interior Ministerio de Defensa	Verde
• **Policía Nacional**	Nacional	Orden y seguridad públicos, Dirigir, organizar y controlar en el ámbito policial: la tramitación del DNI, pasaporte y permisos de inmigración; control de juegos, drogas, entidades de seguridad privadas, Colabora con las policías de otros países	Ministerio del Interior	Azul
• **Policía Autonómica**	Autonómico Cataluña, País Vasco, Navarra	Depende de las competencias traspasadas desde el Estado	Consejería de Interior	Depende de la comunidad autónoma
• **Policía Municipal**	Local	Tráfico y seguridad en los municipios	Ayuntamiento	Azul

Fuerzas y Cuerpos de Seguridad del Estado

Bajo la dependencia del Gobierno, tienen la misión de proteger el libre ejercicio de los derechos y libertades y garantizar la seguridad ciudadana.

El **ejército** ha tenido un gran protagonismo en la historia de España: Reconquista, guerras de religión, conquista de América. Sin embargo, a finales del siglo XIX empezó a intervenir en la política interior y, después de la guerra civil de 1936, fue el soporte del régimen de Franco. Actualmente obedece al poder civil y se ha democratizado y modernizado. El ejército actual es profesional y el servicio militar no es obligatorio.

La **Guardia Civil** española, con uniforme verde, es un instituto armado de naturaleza militar que depende, según las funciones, del Ministerio del Interior y del de Defensa. Se ocupa de control de fronteras, el tráfico en carretera, las áreas rurales y la lucha antiterrorista.

Como otros servicios sociales, existe una descentralización progresiva hacia las comunidades autónomas. Desde 2001 existen tres comunidades autónomas con **policía autonómica propia**: País Vasco, Cataluña y Navarra.

La política de seguridad de España se integra en el contexto internacional a través de su presencia en **organizaciones internacionales**, su participación en misiones de paz y su vinculación a diversos tratados. España forma parte, entre otras, de la **OTAN** (Organización del Tratado del Atlántico Norte), de la **OSCE** (Organización de Seguridad y Cooperación Europea) y de la **UEO** (UE Occidental)

Desfile de la Guardia Civil.

1. Nombra dos cuerpos de seguridad y comenta sobre ellos.

2. ¿Qué papel ha tenido el ejército en la historia española?

3. Durante muchos años, el Ejército español ha tenido un servicio militar obligatorio ("la mili"), pero en la actualidad hay un ejército profesional formado por trabajadores asalariados. ¿Es igual en tu país? ¿Crees que debe haber un servicio militar obligatorio?

4. ¿Qué funciones tiene la policía autónoma? ¿En qué comunidades autónomas actúa?

5. El ejército español realiza también misiones de paz, bajo mando de la ONU, en diversos puntos del mundo que han sufrido conflictos bélicos o catástrofes humanitarias. ¿Conoces alguna de estas misiones? ¿Participa tu país en alguna de ellas?

El papel de España en el panorama internacional ha variado en función de los sistemas políticos que ha tenido a lo largo de su historia. Mientras tuvo un Imperio (s. XVI-XIX), sus relaciones con las colonias de América Latina fueron sobre todo comerciales. Con la descolonización (s. XIX), y el nacimiento de nuevos países en aquella zona, las relaciones cambiaron, para ser entre Estados. El fin de la II Guerra Mundial abrió para España una etapa de aislamiento internacional a causa de su apoyo al bando fascista.

A partir de 1975, la España democrática ha encontrado su espacio en la unión de países de su entorno con los que comparte una política económica y con los que cada día avanza hacia una unidad política global.

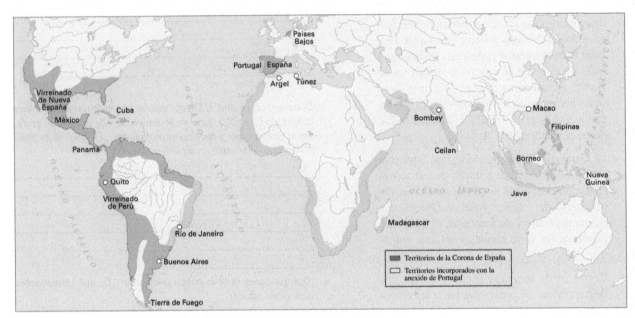

Mapa del Imperio español con Felipe II (s. XVI).

España, "el imperio donde nunca se pone el sol"

La caída de Constantinopla (1453) y el dominio turco del Mediterráneo interrumpen el contacto con Oriente, proveedor de especias y materias primas para Europa. Se realizan entonces los primeros viajes hacia el oeste y el sur, para buscar rutas alternativas. En 1483, Cristóbal Colón propone a los Reyes Católicos su plan para buscar una nueva ruta hacia Oriente por el océano Atlántico. Sale del puerto de Palos (Huelva) con cien hombres a bordo de tres **carabelas** –la Pinta, la Niña y la Santa María– el 3 de agosto de 1492 y llegan a tierras americanas el 12 de octubre de ese año. Buscando las Indias Orientales habían llegado a un nuevo continente: América.

Tras la llegada de españoles al Nuevo Mundo, se organizará la estructura **política colonial** con la que el imperio español, en la época de Felipe II, será el **mayor de la historia de la humanidad**.

La economía de las colonias se basó en la explotación de las minas de metales preciosos y en la agricultura. Pero toda esta riqueza que venía de América no favoreció el progreso de España. Fue empleada en numerosas guerras y en gastos de la corona y la nobleza.

Los conquistadores se apropiaron de las tierras de los indígenas en nombre del rey de España. Las Indias (las tierras de América) quedan divididas en **virreinatos**. Los virreyes, nombrados por el rey a propuesta del Consejo de Indias, tienen grandes poderes. Los herederos de los conquistadores, los **criollos**, mantuvieron sus tierras de generación en generación.

El Imperio español en el siglo XVI

Felipe II heredó de su padre Carlos I un gran imperio que engrandeció con nuevas conquistas en el continente americano. En 1580, al morir sin herederos el rey de Portugal, Felipe II fue reconocido como rey de aquel país e incorporó a la Corona española las conquistas portuguesas en Brasil, y las colonias de la costa africana y asiática.

Jardines del Descubrimiento (Madrid). Desde 1977 se levantan en esta plaza varias esculturas, realizadas por Joaquín Vaquero Turcios, que representan textos y escenas de los viajes de Cristóbal Colón a tierras americanas.

1. *Cuando Cristóbal Colón llegó a América, ¿dónde creyó que había llegado?*

   _____

   _____.

2. *Lee este fragmento de la poesía de Francisco de Quevedo (1580-1645) y explica por qué el reino de España no supo aprovechar la riqueza que venía de América:*

   Poderoso caballero es don Dinero

   Madre, yo al oro me humillo.
   Él es mi amante y mi amado,
   pues de puro enamorado
   anda continuo amarillo,
   que pues doblón o sencillo
   hace todo cuanto quiero.
   Poderoso caballero
   es don Dinero.

   Nace en las Indias honrado,
   donde el mundo le acompaña;
   viene a morir en España,
   ....

   _____
   _____
   _____
   _____
   _____
   _____
   _____
   _____
   _____.

3. *¿Conoces los nombres de las carabelas que llevaron a Cristóbal Colón y sus hombres hasta tierras americanas?*

   _____
   _____
   _____
   _____.

El desencuentro y el aislamiento

Descolonización de América Latina

Durante la Guerra de la Independencia (1808-1814), Napoleón invade España y nombra rey a su hermano José Bonaparte *(ver tema II)*. Las colonias americanas no se sienten unidas a este rey extranjero y rompen su relación con la Corona Española. Además, las ideas de la Ilustración (soberanía popular, división de poderes, libertad), que habían provocado la Revolución Francesa de 1789 y la Independencia Norteamericana, estimularán la emancipación de América Latina. Fue un proceso muy rápido: en menos de 15 años, de 1808 a 1821, se libera todo el continente y en 1898 se independizan Cuba y Puerto Rico.

La pérdida de las colonias producirá un desánimo general acompañado de una profunda crisis económica y de grandes tensiones sociales.

Aislamiento internacional

Después de la guerra civil (1936-1939), *(ver tema II)* al estallar la Segunda Guerra Mundial, en 1939, la dictadura de Franco declaró su neutralidad, pero apoyó con fuerzas armadas al bloque de Hitler y Mussolini. Tras el final de la guerra, el país se vio sometido a un aislamiento diplomático casi total.

Monumento al General Vara del Rey y a los héroes del Caney (Cuba) en Madrid.

Detalle del fresco Llegada de Cortés a Veracruz, *del pintor mexicano Diego Rivera (1886-1957). Muestra la llegada de Cortés el 15 de abril de 1519.*

Los protagonistas de la descolonización de América Latina

- La **Corona española** que no modernizó la administración colonial ni mantuvo una política de integración con los territorios americanos.

- **Los criollos** que promovieron la independencia de España por su descontento con el sistema político y económico colonial que les impedía acceder a puestos importantes en el comercio y en el gobierno.

- **Los libertadores** que fueron los arquitectos de la independencia de América latina. Simón Bolívar ayudó a la liberación de Colombia, Venezuela y Ecuador, y José San Martín participó en la independencia de Argentina y Chile.

Esta situación cambió en los años cincuenta, tras el comienzo de la Guerra Fría, por el anticomunismo del régimen y la situación estratégica de España en el Mediterráneo. Estados Unidos firma un pacto con España (1953) que cambia su situación internacional y se acepta, en 1955, la entrada de España en la Organización de las Naciones Unidas.

En 1940 Franco se entrevistó con Hitler en Hendaya, ciudad fronteriza entre Francia y España.

1. *"Aislamiento" y "proyección al exterior" son dos posiciones presentes en la historia de todos los países.*

   - *¿En qué momentos de la historia de España hubo "aislamiento"?*
   - *¿En cuáles destaca la «proyección al exterior»?*
   - *¿Cuál de estos dos elementos es más sobresaliente en la actualidad?*

2. *¿ Cuáles fueron las causas del final del Imperio español?*

   - *¿Qué consecuencias tuvo el fin de este imperio?*

3. *España no intervino en la Segunda Guerra Mundial, pero Franco estaba a favor de uno de los bandos. ¿Cuál de ellos?*

4. *¿Cuáles son las causas que motivaron el acercamiento de EE.UU. a la España de Franco?*

III. Política

España y la Unión Europea

La construcción europea

La idea de la unión entre los países europeos nace de la declaración que realiza el ministro de Asuntos Exteriores francés, Robert Schuman, el 9 de mayo de 1950. Propone integrar bajo una sola autoridad la producción franco-alemana de carbón y acero (origen, entre otras razones, de las dos guerras mundiales que habían destruido Europa).

El 31 de enero de 2020, el Reino Unido abandona la Unión Europea.

Bandera de la Unión Europea.

Fecha	Construcción europea	Países
1951	Declaración Schuman-CECA	Francia, Alemania, Italia, Bélgica, Países Bajos y Luxemburgo (fundadores).
1957	Tratado de Roma-CEE	Francia, Alemania, Italia, Bélgica, Países Bajos y Luxemburgo forman la "Europa de los Seis".
1973	1ª ampliación	Reino Unido, Dinamarca e Irlanda. Nace la "Europa de los Nueve".
1981-1986	2ª ampliación	Grecia (1981) y España y Portugal (1986). Se forma la "Europa de los Doce".
1992	Tratado de Maastricht-UE	Francia, Alemania, Italia, Bélgica, Países Bajos, Luxemburgo, Reino Unido, Dinamarca, Irlanda, Grecia, España y Portugal. De la CEE nace la Unión Europea.
1995	3ª ampliación	Suecia, Austria y Finlandia. La "Europa de los Quince".
2002	Nace el euro. Unión monetaria y económica	El euro es la moneda oficial en Bélgica, Alemania, Grecia, España, Francia, Irlanda, Italia, Luxemburgo, Países Bajos, Austria, Portugal y Finlandia.
2004	4ª ampliación. Tratado de Adhesión	La "Europa de los Veinticinco".
2007	5ª ampliación	Ingreso de Rumanía y Bulgaria. La "Europa de los Veintisiete".
2013	6ª ampliación	Ingreso de Croacia en la Unión Europea. Nace la "Europa de los Veintiocho".
2020	*Brexit.* Abandono de un país	Reino Unido abandona la Unión Europea. Es ahora la "Unión de Veintisiete países europeos".

Tras un largo camino que llevará desde la Comunidad Económica Europea del Carbón y del Acero (**CECA**) a la Europa de los 27, la UE está estructurada en tres grandes áreas, con la ratificación del Tratado de Maastricht de 1992 y de Lisboa de 2009:

1. El establecimiento de un **mercado común (CEE, CECA y EURATOM)** que garantiza la libre circulación de mercancías, servicios, personas y capitales, la creación de una serie de políticas comunes y el respeto a las reglas de la competencia y de la transparencia de precios.

2. La **Política Exterior y de Seguridad de la UE (PESC, PESD)** corresponde a los diferentes gobiernos, pero existe un Alto Representante para Asuntos Exteriores y Política de Seguridad que realiza un papel de coordinación entre los países de la UE para poder expresarse y actuar de forma conjunta en la escena internacional.

3. La **cooperación en los ámbitos de justicia y de política interior**, que ofrece a los ciudadanos un nivel elevado de protección mediante el control de las fronteras exteriores, la política de asilo y de inmigración, la cooperación judicial y la lucha contra el fraude y las drogas.

En julio de 2013, la **UE cuenta con 28 miembros**. Esta ampliación y las de 2004 y 2007 implican la adhesión de Polonia, Eslovenia, Eslovaquia, Hungría, República Checa, Estonia, Lituania, Letonia, Malta, Chipre, Rumanía, Bulgaria y Croacia. Ello supone su crecimiento hacia el Sur y el Este de Europa. El 1 de febrero de 2020 tiene lugar el **Brexit** (término político que combina las palabras "Britain" y "exit") que supone la salida del Reino Unido de la UE.

Logo del Consejo de Europa

1 ¿Qué países fundaron lo que hoy se conoce como UE?

• ¿Qué es la CECA?

_____
_____
_____
_____
_____
_____
_____
_____
_____ .

2. ¿A través de qué tratados se formó la UE actual, cambiando de forma y de nombres?

_____
_____
_____
_____
_____
_____
_____ .

3. ¿En qué año se adhirió España a la UE?

_____
_____
_____ .

4. ¿Qué países forman la "Europa de los Veintiocho"?

_____
_____
_____
_____
_____
_____
_____
_____
_____
_____ .

España en la Unión Europea

El cambio fundamental que se produjo en España en el siglo XX fue el ingreso, el 1 de enero de 1986, en la organización supranacional **UE.** Al formar parte de las instituciones europeas, España ha dado un paso hacia el futuro y ha modernizado un país que había **permanecido de espaldas** al progreso y a las ventajas de la democracia y la unión entre estados.

Billetes y monedas de euro.

España se ha sumado a las principales realizaciones de ese nuevo espacio europeo:

- Adopción, desde el 1º de enero de 2002 de **la moneda única europea, el euro**, cuya realización es el resultado de 25 años de trabajo. Su aparición ha cambiado la vida y los sistemas económicos de referencia a más de 300 millones de europeos y ha modificado el sistema de funcionamiento de todos los bancos nacionales, porque la moneda única se gestiona desde una institución única: el Banco Central Europeo, con sede en Frankfurt, Alemania. Existen 8 monedas de euro que tienen una cara común en todos los países miembros de la Unión, y una cara diferente en cada uno de ellos y 7 billetes de euro de diferentes colores, tamaños y valores (500, 200, 100, 50, 20, 10, y 5), todos con el mismo diseño en los países de la zona euro.

- Participación en el **espacio Schengen**, creado en 1993 en el interior de los países que crean una zona única de libre circulación sin fronteras interiores.

- Creación del **Tribunal Europeo de Justicia de Luxemburgo**, al que puede apelar cualquier ciudadano europeo si tiene un problema en su país. El derecho europeo prevalece sobre los derechos nacionales.

- Firma del **Tratado de Lisboa**, en el año 2009, por el que se modifican el Tratado de la UE y el Tratado constitutivo de la Comunidad Europea.

La UE y sus símbolos

La **bandera** tiene doce estrellas amarillas sobre fondo azul. Es un diseño de 1986 y representa a los doce estados miembros de ese momento. Las sucesivas adhesiones no hacen variar el número de estrellas.

El **euro** que empezó siendo la moneda común de doce países de la UE es actualmente de 19. El símbolo que lo identifica – € – basa su diseño en la E del alfabeto griego (épsilon), en referencia a la cultura de Grecia como base de la civilización europea, y remite también a su nombre.

El **himno** de la UE se adoptó en 1986. Es el "Himno de la Alegría", basado en el último movimiento de la Novena Sinfonía de Beethoven con arreglos de Herbert von Karajan y no tiene letra.

El **Día de Europa** es el 9 de mayo, en homenaje a la declaración de Robert Schuman.

El **lema** de UE es "Unida en la diversidad". Se utiliza desde el año 2000 y se refiere al trabajo que hacen todos los países europeos por la paz y la prosperidad.

Cartel del Ministerio de Asuntos Exteriores y de Cooperación en 2018.

1. ¿En qué proyectos de la UE se ha integrado España?

_____

_____

_____

_____

_____.

2. ¿Cómo es la bandera de la UE? ¿Por qué tiene ese diseño?

_____

_____

_____

_____

_____.

3. En las monedas españolas, están representadas la imagen del rey, el retrato de Miguel de Cervantes y la fachada de la catedral de Santiago de Compostela (Galicia).

   • ¿Qué otros símbolos consideras que son representativos de España y podrían estar reproducidos en una moneda?

_____

_____

_____

_____

_____.

4. En las monedas de tu país, ¿qué imágenes están representadas? ¿Cuál es su significado histórico o político?

_____

_____

_____

_____

_____

_____.

España en las organizaciones internacionales

En la actualidad, España pertenece a numerosas organizaciones internacionales.

I. Organizaciones políticas y de interés general

Además de la UE, que es la organización de referencia más cercana para la vida política de España, hay otras tres organizaciones de las que es Estado miembro:

- **La Organización de las Naciones Unidas (ONU):** Organismo fundado en 1945 con sede en Nueva York que tiene como propósito principal mantener la paz y la seguridad internacionales.
- **El Consejo de Europa (CdE):** Organismo fundado en 1949 con sede en Estrasburgo para salvaguardar el desarrollo de los ideales comunes a la Europa democrática y favorecer el progreso económico y social.
- La **Organización de Estados Iberoamericanos (OEI)** fundada en 1957, con sede en Madrid.

II. Organizaciones económicas

- Organización para la Cooperación y el Desarrollo Económico **(OCDE)**, Organización Mundial del Comercio **(OMC)**, la Organización de Naciones Unidas para la Agricultura y la Alimentación **(FAO)** y el Fondo Monetario Internacional **(FMI)**, estos dos últimos, organismos especializados de la ONU.

III. Organizaciones de seguridad y defensa

- Organización del Tratado del Atlántico Norte **(OTAN)**, también conocida bajo el nombre de Pacto Atlántico, que se fundó en 1949 como consecuencia de la división en dos bloques producida tras la Segunda Guerra Mundial, y tiene su sede en Bruselas.
- UE Occidental **(UEO)**, organización europea de cooperación para la defensa y la seguridad, fundada en 1948 por medio del Tratado de Bruselas.

Sede del Parlamento Europeo en España en el Paseo de la Castellana de Madrid.

El Consejo de Europa tiene su sede en la ciudad francesa de Estrasburgo.

Organización Internacional	Fecha de entrada de España
Organización de las Naciones Unidas para la Educación, la Ciencia y la Cultura **(Unesco)**	1952
Organización de las Naciones Unidas **(ONU)**	1955
Organización Internacional del Trabajo **(OIT)**	1956
Organización de Cooperación y Desarrollo Económico **(OCDE)**	1961
Consejo de Europa **(CdE)**	1977
Organización del Tratado del Atlántico Norte **(OTAN)**	1982
Comunidad Europea (hoy **UE**)	1986
UE Occidental **(UEO)**	1988

1. Observa el cuadro y responde si las afirmaciones siguientes son verdaderas o falsas:

	V	F
• España forma parte de la OTAN desde 1982	☐	☐
• El Consejo de Europa cuenta con la presencia de España desde 1956	☐	☐
• La OCDE es la Organización para la Cooperación y el Desarrollo Económico	☐	☐
• España forma parte de la ONU desde hace más de cincuenta años	☐	☐

2. ¿Qué organizaciones deciden los temas siguientes?:

   – El envío de los "Cascos azules" para evitar enfrentamientos en una zona de conflictos.

   _____
   _____
   _____.

   – Las cantidades de productos que se importan de China.

   _____
   _____
   _____.

   – Los préstamos a países con dificultades económicas.

   _____
   _____
   _____.

3. ¿A qué organizaciones económicas internacionales pertenece España?

   _____
   _____
   _____
   _____
   _____
   _____.

10. España e Iberoamérica

Una lengua común

El descubrimiento y la colonización del continente americano explican la utilización del español y del portugués en estas tierras. A finales del siglo XV, los reinos de Castilla y de Portugal se repartieron el nuevo mundo conocido y por conocer, mediante el Tratado de Tordesillas.

Banderas de España y de Madrid junto a las de los países iberoamericanos en la fachada de la Casa de América (Madrid).

Gran parte del continente americano y España estamos unidos por la misma lengua: el español. Su expansión ha sido continua en el centro y el sur del continente. Todos nos entendemos en la misma lengua, pero también existen diferencias que no hacen más que demostrar que nos comunicamos en un idioma vivo y en continua evolución desde su nacimiento en la Edad Media. En Estados Unidos, es un idioma en alza a causa del aumento de la población hispana allí afincada.

El español: un idioma vivo

La Real Academia Española y las academias de los países iberoamericanos velan por el español. Los académicos mantienen el español como un idioma vivo y han facilitado la inclusión en el diccionario de palabras y expresiones muy modernas. La admisión de "blu yin", "yin" y "bluyín" como sinónimo de pantalones "vaqueros", y la de "chatear" para referirse a las charlas por escrito y en tiempo real que tienen lugar por Internet, son algunos ejemplos de ello, pero no los únicos.

La realización del "Diccionario Panhispánico de Dudas" es el resultado de la adaptación del español al mundo contemporáneo, y permite la interconexión entre los representantes de las 22 academias que componen la Asociación de Academias de la Lengua Española. Por vez primera, el español se adapta a su tiempo de una forma consensuada entre todos los hispanohablantes.

Fachada de la Real Academia Española (Madrid).

La lengua española refleja también el interés o la sorpresa que le producen a los españoles algunas actitudes o costumbres de los extranjeros. Prueba de ello son las siguientes expresiones que hacen referencia a otras nacionalidades:

- **Despedirse a la francesa:** marcharse sin decir "adiós", sin despedirse formalmente de una reunión. (Lo curioso es que a esta actitud, los franceses lo llaman "despedirse a la inglesa").

- **"Hablar en chino"** o **"me suena a chino"**: significa oír algo incomprensible. Para el español, los chinos han representado a un pueblo alejado y misterioso, difícil de entender.

- **"Cabeza de turco":** es alguien que recibe los ataques y acusaciones de las que son culpables otros. Su origen se remonta a la Edad Media, cuando los cristianos lucharon contra los turcos por la defensa de Jerusalén.

- **"Hacer las Américas":** es enriquecerse y, en su origen, se empleaba para los emigrantes que buscaban fortuna en el Nuevo Continente.

- **"Puntualidad británica":** Resalta la falta de preocupación del español por la puntualidad, sobre todo fuera del trabajo, frente a la idea de que los ingleses llegan a todos los sitios a la hora precisa.

Tratado de Tordesillas (1494)

El enfrentamiento entre el reino de Castilla y el de Portugal por la propiedad de las nuevas tierras americanas se terminó con la firma del **Tratado de Tordesillas.** En él se establece que pertenece a Castilla toda la zona marítimo-terrestre situada a más de 370 leguas (2 000 km) al oeste de las islas de Cabo Verde y que las tierras anteriores a esta distancia pertenecen a Portugal. Esta es la razón de que en Brasil no se hable castellano, sino portugués.

"...Qué buen idioma el mío, que buena lengua heredamos de los conquistadores torvos... Estos andaban a zancadas por las tremendas cordilleras, por las Américas encrespadas, buscando patatas, butifarras, frijolitos, tabaco negro, oro, maíz, huevos fritos, con aquel apetito voraz que nunca más se ha visto en el mundo... Todo se lo tragaban, con religiones, pirámides, tribus, idolatrías iguales a las que ellos traían en sus grandes bolsas... Por donde pasaban quedaba arrasada la tierra... Pero a los bárbaros se les caían a la tierra, de las barbas, de las herraduras, como piedrecitas, las palabras luminosas que se quedaron aquí resplandecientes... el idioma. Salimos perdiendo... Salimos ganando... Se llevaron el oro y nos dejaron el oro... Se lo llevaron todo y nos dejaron todo... Nos dejaron las palabras."

Fragmento de "La Palabra"
(*Confieso que he vivido*, Pablo Neruda)

1. Lee y resume este texto ¿Qué está describiendo Pablo Neruda en este párrafo?

2. ¿Cuál es la labor de la RAE? ¿Qué es el Diccionario Panhispánico de Dudas?

3. Mira un mapa de Suramérica y explica por qué Brasil es el único país donde no se habla español.

III. Política

La situación del español en el mundo

El castellano del siglo xv estaba bastante evolucionado y había conseguido imponerse al resto de lenguas romances que habían nacido en la península Ibérica en los siglos medievales. A partir de 1492, comenzó su viaje fuera de España por dos caminos diferentes:

- El primero de ellos comenzó en 1492, tras la salida de la península de los judíos a causa del decreto de expulsión publicado por los Reyes Católicos tras la toma de Granada. Se llevaron de aquí su idioma, el castellano, y lo trasmitieron a las generaciones futuras como un tesoro que mantenían las familias, generación tras generación. Gracias a ello, todavía hoy, en el siglo xxi, el **sefardí,** que nació del castellano del siglo xv, se habla en algunas partes del este de Europa e Israel.

- El segundo de los caminos se dirigió al continente americano tras los viajes de Cristóbal Colón. En América, el castellano empezó una nueva vida con la influencia de las lenguas indígenas y comenzó a llamarse **"español".** Las diferencias lingüísticas entre el castellano y el idioma de tierras americanas engrandecieron el lenguaje.

El castellano, que llegó a América a partir del siglo xv, no era una lengua unificada, como tampoco lo eran las personas que lo trasmitían. Las gentes que decidían dejar su tierra y embarcarse al continente americano procedían de distintas partes de los reinos de Castilla, Aragón o Navarra. Muchos de ellos, que eran del sur de la península, de lo que hoy es Andalucía y Extremadura, se reunían alrededor de los puertos andaluces y los barcos hacían una escala en Canarias. Por este motivo, el castellano llegó a América con el acento típico de esas tierras del sur. Este "andalucismo" se manifestó sobre todo en la pronunciación (se perdió la *d* al final de algunas palabras -*usté* por *usted-;* se cambiaron la *s,* la *c* y la *z* (*corasones* por *corazones,* los denominados "seseo" y "ceceo"). Nacía así el llamado **"español atlántico",** que se completó con términos de las lenguas indígenas del centro y sur de América en el siglo xviii. A partir de esta fecha, el rey Carlos III impuso el empleo del español en las colonias americanas.

No se habla el mismo español en Argentina, Chile, Venezuela, España o México, pero mantiene una unidad dentro de la diversidad. En la actualidad, en América, **el español es lengua oficial en 18 países** (Colombia, Ecuador, México, El Salvador, Venezuela, Chile, Perú, Guatemala, Costa Rica, Panamá, Cuba, Paraguay, República Dominicana, Bolivia, Nicaragua, Honduras, Argentina y Uruguay) y en el Estado Libre Asociado de Puerto Rico, mientras su estudio crece de una forma imparable en Brasil.

El español en los Estados Unidos de América, donde viven 57 millones de hispanos, se enfrenta a uno de sus retos: el mantenimiento de su personalidad frente a la influencia del inglés. Actualmente se da un curioso fenómeno: el **"spanglish"**, un lenguaje nacido en la calle que demuestra también un mestizaje cultural, que está compuesto por una mezcla de español e inglés. El "spanglish" es la tercera lengua de la ciudad de Nueva York, después del inglés y el español.

Numerosas telenovelas están grabadas en esta mezcla de español e inglés.

En el madrileño Palacio de Linares está la sede de la Casa de América. Su objetivo es estrechar los lazos culturales entre España e Iberoamérica y se inauguró en 1992 durante la celebración de la II Cumbre Iberoamericana.

**Fragmento del capítulo primero
de *Don Quijote de la Mancha*
(Miguel de Cervantes)**

Español

"En un lugar de la Mancha, de cuyo nombre no quiero acordarme, no ha mucho tiempo que vivía un hidalgo de los de lanza en astillero, adarga antigua, rocín flaco y galgo corredor..."

"Spanglish"

"In un placete de la Mancha of wich nombre no quiero remembrearme, vivía, not so long, uno de esos gentlemen who always tienen una lanza in the rack, una buckler antigua, a skinny caballo y un grayhound para el chase..."

Ilustración de Don Quijote de la Mancha.

1. *¿Cuándo sale el castellano de España y por qué caminos?*

   _____
   _____
   _____
   _____
   _____
   _____
   _____ .

2. *¿Qué es el "spanglish"? ¿Crees que puede influir en la evolución del castellano?*

   _____
   _____
   _____
   _____
   _____
   _____
   _____ .

3. *Cita algunas palabras que se pronuncien de forma distinta en España y en Hispanoamérica por influencia del "andalucismo".*

   _____
   _____
   _____
   _____
   _____
   _____ .

4. *Cita diez países en los que se habla español.*

   _____
   _____
   _____
   _____
   _____
   _____
   _____ .

III. Política

Tendiendo puentes: las cumbres iberoamericanas

Los procesos de democratización de algunos países iberoamericanos y la entrada de España y Portugal en la UE producen el ambiente necesario para la reunión de países con un pasado común. Así surge la primera **Cumbre Iberoamericana** que se celebró en Guadalajara (México) en 1991.

Estas cumbres tenían lugar todos los años hasta 2014, año en que pasaron a ser bianuales. En ellas se reúnen los jefes de estado y de gobierno. Se celebran alternativamente en alguna ciudad de los distintos países iberoamericanos o de la península ibérica (España, Portugal o Andorra).

En el 2020 es el turno de Andorra. Pero esta reunión, debido a la pandemia del COVID-19, se aplazó para ser celebrada el 21 y 22 de abril de 2021 de forma presencial en Andorra.

El compromiso de los países que acuden a las cumbres tiene un aspecto **político** y otro **económico**: en ellas se debaten temas de interés para las naciones allí representadas y se llevan a cabo acuerdos que dan lugar a **programas de cooperación.**

Lo que empezó siendo un diálogo entre gobiernos de una comunidad de ciudadanos a los que une la historia, la lengua y la cultura, se está abriendo a escala mundial. En las últimas cumbres, han estado presentes el Secretario General de las Naciones

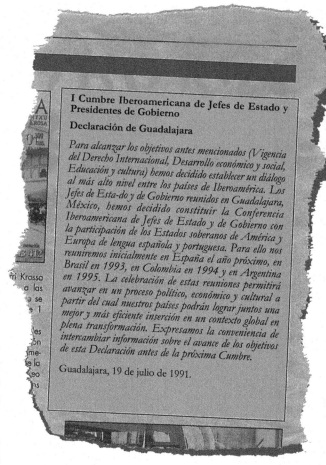

I Cumbre Iberoamericana de Jefes de Estado y Presidentes de Gobierno

Declaración de Guadalajara

Para alcanzar los objetivos antes mencionados (Vigencia del Derecho Internacional, Desarrollo económico y social, Educación y cultura) hemos decidido establecer un diálogo al más alto nivel entre los países de Iberoamérica. Los Jefes de Esta-do y de Gobierno reunidos en Guadalajara, México, hemos decidido constituir la Conferencia Iberoamericana de Jefes de Estado y de Gobierno con la participación de los Estados soberanos de América y Europa de lengua española y portuguesa. Para ello nos reuniremos inicialmente en España el año próximo, en Brasil en 1993, en Colombia en 1994 y en Argentina en 1995. La celebración de estas reuniones permitirá avanzar en un proceso político, económico y cultural a partir del cual nuestros países podrán lograr juntos una mejor y más eficiente inserción en un contexto global en plena transformación. Expresamos la conveniencia de intercambiar información sobre el avance de los objetivos de esta Declaración antes de la próxima Cumbre.

Guadalajara, 19 de julio de 1991.

Unidas y los máximos representantes de la UE.

En España, el organismo gubernamental encargado de la cooperación con Iberoamérica es la Agencia Española de Cooperación Internacional **(AECI),** dependiente del ministerio de Asuntos Exteriores. En el ámbito de la cooperación con Iberoamérica, la AECI apoya programas dirigidos a fortalecer los sectores productivos básicos (como el agrícola), a reforzar la pequeña y la mediana empresa, a modernizar los sistemas financieros y a promover y difundir la cultura.

Las cumbres iberoamericas trabajan en distintos campos

- **Político**: Con objeto de promover *la democracia,* el pluralismo político, los derechos humanos, el respeto a los principios de la soberanía y la integridad territorial, y el rechazo al uso de la fuerza en las relaciones internacionales. (Cumbre de Panamá, año 2000).

- **Económico**: Para fortalecer el sistema de *comercio libre* y no discriminatorio, así como fomentar las relaciones económicas entre países.

- **Educativo**: Para cooperar en materia cultural entre los países de habla hispana. En este campo, la AECI apoya la labor de dos organismos de cooperación con Hispanoamérica: la Casa de América y la Fundación Carolina. Las cumbres iberoamericanas desarrollan también el trabajo de la OEI (Organización de Estados Iberoamericanos para la Educación, la Ciencia y la Cultura), que tiene su sede central en Madrid.

En todos estos campos, se desarrollan programas de cooperación como el Programa Mutis para estudiantes iberoamericanos; el Programa IBERPYME, orientado a la Pequeña y Mediana Empresa (Cumbre de Oporto, 1998); el Programa Internacional para la Erradicación del Trabajo Infantil (IPEC) que se desarrolla en América Latina junto a la Organización Internacional del Trabajo (OIT) y el Plan Iberoamericano de Cooperación e Integración de la Juventud (Cumbre de El Salvador, 2008). En la XXVI Cumbre Iberoamericana (La Antigua, Guatemala, 2018), se aprobó el II Plan de Acción Cuatrienal de la Cooperación Iberoamericana (PACCI) 2019-2022, que tiene tres ejes principales de actuación: Espacio Iberoamericano de Conocimiento (EIC), Espacio Cultural Iberoamericano (ECI) y Espacio Iberoamericano de Cohesión Social (EICS).

1. ¿Dónde y cuándo se celebró la primera Cumbre iberoamericana?

2. ¿Por qué son importantes las cumbres iberoamericanas?

3. El desarrollo del gran continente suramericano despierta cada vez más interés a escala mundial. ¿Cuál es el papel de las cumbres iberoamericanas en este desarrollo?

4. ¿Qué es la AECI y cuál es su función? ¿Por qué crees que son necesarios este tipo de organismos?

IV. Economía

Desde principios de 2020, la pandemia de **Covid-19** en España y en el mundo ha provocado una crisis sanitaria sin precedentes en los últimos cien años. Esta crisis ha derivado en la paralización de ciertos sectores económicos, como el comercio, la hostelería, el transporte y el turismo, incrementando la tasa de paro y provocando la caída de varios indicadores económicos que alertan de una **gran recesión en los próximos años**.

El texto a continuación refleja la situación económica de los distintos sectores de la economía hasta finales de 2019.

Imagen económica de España

En solo unas décadas, la economía española ha pasado de estar basada en la agricultura, a estar diversificada y tener una industria desarrollada y un sector de servicios excelente.

Tras la transición política realizada entre 1976 y 1982, comienza una renovación económica que acerca la economía española al nivel de los países de la UE. El cambio definitivo en la política económica se inició en 1992 con el compromiso de

El Tratado de Maastricht

En el **Tratado de Maastricht** se fijaron cuatro criterios de convergencia: inflación, estabilidad monetaria, tipos de interés y finanzas públicas saneadas. Los países europeos que quisieran adherirse a la UE debían cumplir estos requisitos económicos.

cumplir los criterios de convergencia establecidos en **Maastricht**, y continuó en el año 2001 con la introducción del euro en la economía española.

Después de una década de fuerte crecimiento económico, la situación económica de España se degrada a partir de 2008, arrastrada por la crisis económica de todo el mundo occidental. Esta situación produce un gran aumento del paro, sobre todo en los jóvenes, lo que genera una falta de confianza en el futuro. Esta inseguridad es uno de los frenos al consumo doméstico. Sin embargo, la fuerte reducción del mercado interno se ve compensada por un aumento de las exportaciones y una mejora de la productividad.

Feria del libro 2020 en Punta Umbría (Huelva).

El campo

El campo ya no es la base de la economía española, pero algunos productos agrícolas, conocidos internacionalmente como típicamente españoles –las naranjas, el aceite de oliva, los vinos y el jamón ibérico de "pata negra", por ejemplo– tienen gran peso económico.

Gracias a la ayuda recibida de la UE a través de los Fondos Estructurales comunitarios, la agricultura se ha modernizado: sus trabajadores se han agrupado en cooperativas y se han especializado. Esto les ha permitido potenciar sus recursos y convertirse en uno de los principales proveedores de la UE.

La agricultura ecológica en España

La agricultura ecológica, también llamada orgánica o biológica según los países, no usa en la agricultura ni en la ganadería productos químicos (fertilizantes, pesticidas, antibióticos, etc.) con el objetivo de proteger el medio ambiente, mantener la fertilidad del suelo y proporcionar alimentos con todas sus propiedades naturales.

España es uno de los mayores productores europeos. Gracias al clima y a los sistemas de cultivo, este tipo de agricultura se ha desarrollado rápidamente y es el número uno en exportaciones de productos ecológicos en Europa.

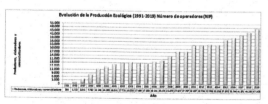

1. España, después de tener una economía de autosuficiencia basada en la agricultura, tiene hoy una economía moderna. ¿Cuáles son los elementos que muestran este cambio?

2. ¿Qué productos agrícolas son típicamente españoles?

3. Escribe dos ejemplos de la modernización del campo español.

4. ¿Qué caracteriza la agricultura ecológica?

La industria

Es el sector económico que más ha cambiado en los últimos años. Hasta los años ochenta, la economía española tenía una gran intervención del Estado. Después de su integración en la zona euro, la industria española se abre al mercado internacional. Ha recibido una importante inversión, tanto pública como privada, para dotar a las empresas españolas de infraestructuras industriales y conseguir que sean más competitivas y modernas. Ejemplos de esta política son la aparición de parques tecnológicos –donde se sitúan empresas de última generación, como las de telecomunicaciones, informática, etc.– y la ampliación del presupuesto destinado a I+D.

Las comunidades autónomas con mayor concentración industrial son Cataluña, Madrid y la Comunidad Valenciana. Los sectores industriales más activos en España son los de automóviles, textil, medicamentos y aparatos eléctricos, que junto con frutas y hortalizas concentran el 40% de las ventas al exterior. En el campo de la alimentación alcanzan un alto nivel las industrias de transformación de aceite de oliva, azú-car, vinos, conservas, vegetales, embutidos, cerveza y licores. La industria textil y la de calzado tienen también una gran importancia y son tradicionales en la economía española. La crisis mundial del año 2008, obliga a la industria española a un proceso de transformación e innovación para ser más competitiva en los mercados mundiales.

El sistema bancario español tiene gran peso en la economía. Los bancos Santander y Bilbao Vizcaya Argentaria (BBVA) son los que tienen una mayor presencia internacional.

Varias marcas españolas, de campos tan diversos como los caramelos, los automóviles, los vinos, las porcelanas decorativas, la moda o las comunicaciones tienen fama internacional. Destacan: Chupa-Chups, Freixenet, Lladró, Zara, Mango, Iberia o Telefónica.

El sector exterior

Se apoya en la integración de España en la UE, y las relaciones especiales con Iberoamérica que dan a España una ventaja como puerta de entrada a estos países. El principal mercado exterior es la zona de la

Fábrica de automóviles Ford en Almussafes (Valencia).

En el sector de la moda, Zara es una de las marcas con más renombre internacional.

UE, que supone más del 74% de las exportaciones y el 60% de las importaciones, seguido por los países latinoamericanos y EE. UU.

El equilibrio en el sector exterior (exportaciones e importaciones) es uno de los problemas a los que se enfrenta la economía española. Nuestras principales importaciones son maquinaria y equipos, petróleo y derivados, bienes semimanufacturados y productos de alimentación. Las exportaciones son productos industriales y automóviles –vehículos, tractores y ciclomotores–, alimentos, bebidas, tabaco y productos energéticos. La exportación de automóviles se basa en unos costes de producción que han sido inferiores a los de otros países del entorno europeo. Esto ha influido en el asentamiento en España de empresas extranjeras de fabricación: Renault, Volkswagen, Nissan, Ford, etc. La crisis mundial del año 2008, provocó cambios en el sector industrial. Como en el resto de Europa occidental muchas fábricas se han desplazado a otros países con mano de obra más barata.

Puntos fuertes de la economía española

Para favorecer el lento crecimiento de la economía en el momento actual, España destaca en algunos terrenos de innovación, como son el transporte, el sector farmacéutico, la **biotecnología** y sobre todo las **energías renovables.**

ACTIVIDADES

1. ¿En qué zonas se concentra la industria en España?

_____
_____
_____
_____
_____

2. ¿Cuál es la diferencia entre una economía nacional centralizada, donde el Estado dirige, y una economía liberal?

   • ¿Cómo se cataloga la economía española actual?

_____
_____
_____
_____
_____

3. Dos industrias importantes españolas, la del calzado y la textil se enfrentan hoy a una dura competencia. ¿Por qué motivo?

_____
_____
_____
_____
_____

4. ¿Cuáles son las dos zonas más importantes para el desarrollo del comercio exterior de la economía española?

_____
_____
_____
_____
_____

5. Gran parte de la instalación de industrias internacionales en España se ha trasladado a otros países. ¿Por qué motivo?

_____
_____
_____
_____
_____

12. Modernización

Renovación de los transportes

Las autovías y las autopistas están conociendo una profunda transformación. Además de renovar todas las infraestructuras, se quiere aumentar la red de carreteras para acabar con la centralización en Madrid y lograr una mejor comunicación entre todos los puntos del país. Basado en el Plan Estratégico de Infraestructuras y Transportes (PEIT), el Ministerio de Fomento está realizando una gran inversión pública en infraestructuras terrestres –construcción de autopistas y autovías–, ferroviarias –desarrollo de las líneas de alta velocidad, AVE–, aéreas –aeropuertos Adolfo Suárez Madrid-Barajas y el Prat de Barcelona– y marítimas.

Hasta el año 2005, la Red Nacional de los Ferrocarriles Españoles (RENFE) organizaba el transporte ferroviario español. A partir de aquel año se crearon dos empresas: Administrador de Infraestructuras Ferroviarias (ADIF) y Renfe Operadora, que dependen del Ministerio de Fomento. La red ferroviaria estatal española tiene más de 16 000 kilómetros de vías que recorren buena parte del país.

Estas líneas dan servicio a distintos niveles. Están las grandes líneas interprovinciales, en general de forma radial, porque casi todas ellas conectan con Madrid, y también las regionales y las internas de cercanías, que facilitan la movilidad alrededor de las grandes ciudades

España cuenta con la segunda mayor red de trenes de alta velocidad del mundo, después de China. La modernización de los trenes españoles ha significado un enorme avance para España y se incluye dentro del proyecto de un servicio ferroviario europeo unificado. Entre los nuevos trenes de alta velocidad que a través de Madrid conectan las principales ciudades españolas, destaca el **AVE** (Alta Velocidad Española), que alcanza los 300 km/hora y el Alaris, que circula a unos 200 km/hora. Otros trenes son el **Talgo** y los expresos nocturnos, más baratos pero más lentos y con más paradas. Algunas zonas de Extremadura y Andalucía fronterizas con Portugal

El AVE es un tren de alta velocidad que circula a más de 300 km/h.

La Estación de Atocha (Madrid) se reformó y modernizó en 1992. En algunos de sus antiguos andenes se instaló un jardín tropical.

son las regiones que cuentan con una menor densidad de red ferroviaria a causa de lo montañoso del terreno

Iberia es la compañía aérea más representativa de España y es líder en transporte aéreo entre Europa y América Latina. Forma parte de la alianza **Oneworld** junto con las aerolíneas British Airways y American Airlines entre otras.

Hay un importante número de viajeros que diariamente utilizan el avión entre Madrid y Barcelona, los dos centros económicos más importantes de España. Ahora existe, entre ellos, una comunicación especial: el "Puente aéreo", al que se suma el tren de Alta Velocidad (AVE) entre estas dos ciudades.

La compañía Trasmediterránea es la principal naviera española y una de las mayores de Europa, enlaza por vía marítima los principales puertos de la península (Barcelona, Valencia, Málaga, Cádiz y Almería) con los archipiélagos de Baleares y de Canarias, con las ciudades autónomas de Ceuta y Melilla y con el norte de África.

¿Sabes que…?

La red de Alta Velocidad en España tiene alrededor de 3400 km. Es la más extensa de Europa y la segunda del mundo, después de China.

1. Para poder vender un producto, hay que llevarlo desde el sitio de producción hasta el lugar de venta.

   Explica por qué medio llevarías:

   – las naranjas de Valencia a Madrid.

   – los coches producidos en Cataluña a Andalucía.

   – el aceite de oliva de Jaén a Palma de Mallorca.

   _____

   _____

   _____

   _____

   _____ .

2. El logo de los trenes más rápidos en España es

   – y se llaman AVE. ¿Sabes por qué?

   _____

   _____ .

   – La primera línea del AVE unió en 1992 Madrid y Sevilla. ¿Sabes por qué se inauguró en ese año?

   _____

   _____

   _____ .

3. Encuentra los nombres de cinco ciudades españolas que tienen puertos comerciales.

V	E	F	T	E	N	E	R	I	F	E	H	Y	G	T	F	R	I
A	L	M	E	R	Í	A	K	O	J	I	N	J	M	J	H	Y	G
L	H	Y	G	B	N	I	T	C	A	D	I	Z	Ñ	P	M	N	H
E	B	G	Y	H	I	J	U	F	V	C	D	E	S	X	F	V	G
N	H	U	J	N	G	V	F	C	D	R	E	S	D	X	Z	A	P
C	L	O	Ñ	P	J	U	H	Y	G	T	F	R	C	D	F	V	N
I	S	W	B	A	R	C	E	L	O	N	A	I	Q	D	E	F	R
A	N	H	B	G	V	F	C	D	X	S	Z	A	J	I	H	U	G

IV. Economía

Las compañías de telefonía móvil están fuertemente implantadas en España.

La tecnología de las comunicaciones

El aumento de las inversiones en las tecnologías de la información y en la comunicación por cable ha convertido a este sector en el más importante dentro del campo de las comunicaciones.

Con la liberalización del sector de la **telefonía** se ha dado entrada a varios operadores en España. La Compañía Telefónica Nacional, con más de 80 años de antigüedad, ha sido privatizada, transformándose en el **Grupo Telefónica**, actualmente una de las empresas líderes en el sector de las comunicaciones. Tiene presencia en Europa, Asia y Latinoamérica, y en los últimos quince años, se ha convertido en el operador de referencia en el mercado de habla hispana y portuguesa.

En telefonía móvil, España ocupa uno de los primeros lugares de Europa, tanto en número de usuarios como en tecnología. Desde el año 2006, hay más teléfonos móviles en España que habitantes.

El impacto social, político y económico de **Internet** es cada vez mayor en España: ha aumentado la penetración de la red en la sociedad, cada vez más gente se informa por Internet y se ha incrementado la movilidad en la conexión. El 85% de los teléfonos móviles utilizados en nuestro país es inteligente, lo que sitúa a España a la cabeza de Europa en cuanto a la posesión de smartphone. El uso de Internet y el comercio electrónico es de un 99 % en el caso de los jóvenes. Este aumento en el número de usuarios ha convertido al español en la tercera lengua más utilizada en la red, detrás del inglés y el chino.

Desde las instituciones españolas se fomentar el uso de Internet en las escuelas y entre las personas de la tercera edad. la **administración electrónica** se desarrolla en España a través de diversas plataformas, como la @firma, el eDNI o la Red060, que permiten a los ciudadanos realizar gestiones a través de la oficina virtual que cada ministerio posee.

España también está presente en las **telecomunicaciones vía satélite** y participa en la Agencia Espacial Europea (ESA) desde su fundación en 1975. Interviene en todos los programas de la agencia y en diferentes proyectos conjuntos, como en la lanzadera europea Ariane 6, plataforma europea de telecomunicaciones vía satélite. Hasta 2019 España ha liderado dos misiones europeas: el satélite de observación de la Tierra SMOS, que desde 2009 analiza la humedad en los continentes y la salinidad en los océanos; y el del telescopio Cheops, cuya misión es la búsqueda de exoplanetas.

Las nuevas tecnologías de la comunicación están cada día más presentes en la vida cotidiana de los españoles.

1. Telefónica ha pasado de ser una compañía estatal de teléfonos de España a ser una empresa internacional líder en el sector de las comunicaciones. ¿Hasta dónde se ha expandido?

_____
_____
_____
_____
_____.

2. ¿Qué hacen las instituciones españolas para fomentar el uso de Internet?

_____
_____
_____
_____
_____
_____.

3. Cita tres proyectos en los que intervenga España a través de la Agencia Espacial Europea (ESA).

_____
_____
_____
_____
_____
_____.

4. ¿Qué lugar ocupa la lengua española en Internet? Busca información en la red.

_____
_____
_____
_____
_____.

IV. Economía

La energía

Con la liberalización, las empresas energéticas españolas se han fusionado con empresas internacionales y trabajan en el ámbito mundial, especialmente en Iberoamérica.

El abandono del carbón como fuente de energía industrial y la falta de petróleo obligan a España a depender de las importaciones de energía y a realizar fuertes inversiones en otras fuentes, como la hidráulica y la nuclear.

Como alternativa al petróleo, España importa **gas natural**, básicamente de Argelia. Este gas es distribuido por una multinacional de servicios energéticos (Gas Natural). Esta compañía nació de la fusión de varias empresas energéticas españolas y actualmente trabaja también en Latinoamérica e Italia.

También la Empresa Nacional de Petróleos se ha convertido en la empresa internacional de **petróleo y gas** (Repsol-YPF), que actualmente tiene una importante presencia en Europa, África y América del Sur.

Para no depender exclusivamente de las reservas de gas y petróleo, se consideran otras fuentes, entre ellas la energía nuclear, aunque el accidente en la central nuclear de Fukushima en Japón en 2011 intensificó la preocupación por la seguridad de este tipo de energía en todo el mundo.

España cuenta con siete reactores nucleares, distribuidos en ocho centrales de **energía nuclear** y con varios centros de almacenamiento de residuos radiactivos de baja y media intensidad, que funcionan a pleno rendimiento. Pero la utilización de esa fuente de energía cuenta con un fuerte rechazo social. La mayoría de los españoles prefiere una mayor inversión en **energías alternativas** menos peligrosas y contaminantes. Pero estas, de momento, no cubren el total de las necesidades de energía.

En los últimos años, la investigación se dirige hacia las fuentes de energía menos contaminantes como la eólica o la solar.

La **energía eólica** ha tenido un desarrollo espectacular en España, dando lugar a una industria de componentes que exporta a otros países. El uso de la potencia eólica en la red eléctrica en España es muy alto. Los parques eólicos más importantes están en Galicia, Navarra, Aragón, Castilla-La Mancha, Castilla y León y Andalucía, en donde destaca el parque de Tarifa (Cádiz). En el año 2016 la isla canaria de El Hierro demostró que podía abastecer de energía a toda su población utilizando solo fuentes de energía renovables.

Paneles fotovoltaicos para la producción de energía en La Calahorra (Granada).

La importancia del desarrollo de la **energía eólica** en España fue destacada recientemente por el rey Felipe VI ante la Asamblea General de Naciones Unidas en Nueva York:

"Me permito destacar con orgullo que España se ha convertido en el primer país del mundo en el que la energía eólica se ha situado como la primera fuente de generación de electricidad a lo largo de un año completo".

Esta política está motivada por las exigencias de la UE en materia de medio ambiente.

El potencial de España en aprovechamiento de la **energía solar** es el más alto de Europa debido a su privilegiada situación geográfica y a su clima. La política oficial sobre medio ambiente aporta ayudas y subvenciones para la instalación de paneles solares en las viviendas particulares. Para el mejor aprovechamiento de la energía solar, se está centrando la investigación en la energía termosolar. El CIEMAT (Centro de Investigaciones Energéticas, Medioambientales y Tecnológicas) tiene en Almería una plataforma experimental donde un mar de espejos capta la energía del sol: es la Plataforma Solar de Almería (PSA), la central de energía solar térmica más moderna del mundo.

El predominio de España en el desarrollo de la energía solar ha llevado a sus empresas a instalar un campo solar en Jordania o abrir varias delegaciones en EE. UU. para atender a una demanda que va en aumento.

Parque eólico.

1. ¿Cómo soluciona España su carencia de productos energéticos?

2. ¿Qué empresa española de petróleo y gas actúa en el mercado internacional?

3. ¿Cuál es la situación de la energía nuclear en España? ¿Qué piensan los españoles de ese tipo de energía?

4. Para proteger el medio ambiente, España se ha comprometido, al firmar el Protocolo de Kioto (1997) y su ratificación en el Acuerdo de París (2015), a aumentar la investigación y la inversión en energías alternativas.

   • ¿Cuáles son estas energías?

   • ¿Cuál crees tú que es la menos contaminante?

Complejo monumental de La Alhambra (Granada).

El turismo

Dentro de la economía española, el turismo es uno de los sectores más rentables y con mayor proyección de futuro. Se trata de una industria muy asentada con más de 100 años de antigüedad.

España, con unos 80 millones de turistas cada año, se consolida como un importante destino turístico mundial, el tercero del mundo después de Francia y China.

Desde mediados del siglo XX, la imagen publicitaria de España se ha ido ampliando. En los años 60, ofrecía un turismo cultural de alto nivel con el lema *"España es diferente"*. El sol, las playas y las fiestas fueron el enfoque para un turismo de masas en la década de los 70. *"Sonríe, estás en España"* presenta la estancia en España como una cura **antiestrés**, gracias al carácter franco y amistoso de los españoles. Las campañas siguientes, como *"I need Spain"* ("Necesito España"), *"Spain Addicts"* ("Adictos a España"), en Internet, o *"Back to Spain"* (Vuelve a España"), son campañas digitales que se dirigen al turista europeo.

Por su situación geográfica, España goza de un clima excepcional y de una gran extensión de costa con más de 2 000 playas. El **sol y la playa** siguen siendo lo que atrae a más turistas y por ello las comunidades autónomas más visitadas son Cataluña, las islas Baleares y Canarias, Andalucía y la Comunidad Valenciana. Pero España ofrece también al visitante otros atractivos.

El **turismo cultural**: Las ciudades Patrimonio de la Humanidad, los museos y los monumentos de todas las épocas históricas son destinos que atraen cada vez a más turistas. En estos viajes se combinan los intereses más diversos. Se pueden visitar castillos, catedrales y palacios en el Camino de Santiago o en la Ruta de la Lengua Castellana. También se puede hacer una ruta gastronómica y visitar además de monumentos, algunas bodegas de vinos de renombre internacional; o seguir la Ruta del Quijote y enfrentarse a los molinos de viento. Las posibilidades son infinitas.

Turistas frente al Palacio Real de Madrid.

Los Paradores de Turismo

Son hoteles instalados en edificios especiales: castillos, palacios, monasterios y casas señoriales que han sido, desde principios del siglo XX, restaurados y habilitados para alojar al turista más exigente. Actualmente hay casi 100 paradores en toda España, con una capacidad de más de 10000 plazas hoteleras. Más de la mitad de ellos se encuentran en un entorno monumental y nueve de ellos están en ciudades declaradas Patrimonio de la Humanidad por la Unesco.

La evolución del **turismo rural** en España ha modificado la imagen de nuestro país para el turista extranjero y es también una nueva forma de viajar para los españoles. Las viviendas rurales tradicionales y las posadas se han modernizado y hoy ofrecen al visitante un turismo diferente, alejado de las grandes ciudades y en contacto con la naturaleza.

El crecimiento de las cifras en el **turismo de ocio** demuestra el mayor poder adquisitivo de las familias españolas y el creciente peso del ocio en la vida económica de España. Modernos restaurantes y hoteles combinan su oferta con otras actividades como el senderismo, el golf o la navegación. El fenómeno de los **parques temáticos** completa la oferta de los tradicionales zoos, acuarios y parques de atracciones.

Parques con atracciones: Port Aventura (Tarragona, Cataluña), Isla Mágica (Sevilla, Andalucía) y Warner Bross Madrid Park (Comunidad de Madrid).

Parques temáticos: dedicados a un tema especial, pero que no tienen atracciones, como Dinópolis, que nos muestra el mundo de los dinosaurios, en Teruel (Aragón).

Parques acuáticos: con piscinas de olas, toboganes y diversas atracciones sobre agua. Los hay en todo el territorio nacional pero sobre todo en Andalucía, Madrid y Cataluña.

1. Te han contratado para hacer un folleto turístico sobre España. ¿Qué frase escogerías? ¿Crees que las campañas turísticas que se han realizado hasta ahora reflejan la realidad?

2. ¿Qué son los Paradores de Turismo? ¿Existen en tu país hoteles de esta clase?

3. Busca el motivo por el que una ruta turística se llama "El Camino de Santiago".

4. Explica los motivos del éxito de los parques acuáticos en España. ¿En qué zonas son más numerosos y por qué?

5. Cuál de las frases siguientes crees tú que define a la España actual. ¿Por qué?
   – En España solo hay toros y flamenco.
   – Si quieres conocer un país con historia, playas, bellos paisajes y buena gastronomía, visita España.
   – Si vas a las playas de Levante y Andalucía ya has conocido toda España.
   – España es un país europeo donde puedes hacer muchas clases de turismo: rural, cultural, de ocio, etc.

IV. Economía

Desfile en la Pasarela Cibeles durante la Mercedes-Benz Fashion Week Madrid (MBFWM).

La moda española

Desde el punto de vista de la economía, la moda y la industria textil españolas son muy importantes y, además, contribuyen a crear la imagen de España en el extranjero.

El grupo textil español con mayor proyección internacional es **Inditex** (Zara, Massimo Dutti, Pull&Bear, Bershka, Zara Home, Oysho, Uterqüe y Stradivarius) con más de 7 000 tiendas en más de 96 países distintos. Otras sociedades, como El Corte Inglés, Loewe, Camper, Mango o Pronovias cuentan también con establecimientos en distintos países europeos, americanos y asiáticos.

Entre los creadores españoles más internacionales destacan: Paco Rabanne, Pedro del Hierro, Balenciaga, Pertegaz, Ágatha Ruiz de la Prada, Antonio Miró, Victorio & Lucchino y el diseñador de zapatos Manolo Blahnik. Es indudable el eco internacional de las pasarelas de moda en España –Cibeles, en Madrid, 080 Barcelona Fashion–, donde desfilan las modelos profesionales que más han contribuido a la expansión de la moda española, como Inés Sastre o Laura Ponte.

La gastronomía

Es un sector económico de gran importancia no solo en el ámbito interno sino también de cara al exterior. Los productos *Made in Spain* alcanzan fama internacional y son altamente valorados.

El **aceite de oliva**: La superficie de olivar en España es de más de dos millones de hectáreas que dan como resultado la mitad de la producción de la UE. España cuenta con varias denominaciones de origen (**DO**), sobre todo de localidades de Andalucía, Castilla-La Mancha y Cataluña.

La calidad del **vino español** es también conocida en el mundo entero. España cuenta con la superficie de viñedos más extensa del mundo –un 60% más que Francia– y se sitúa en la cuarta posición en recolección de uvas para la elaboración del vino y tercero en su producción. Las denominaciones de origen más importantes son: la de Ribera del Duero y Valdepeñas, en las dos Castillas; Jerez y Montilla, en Andalucía; Ribeiro y Rias Baixas, en Galicia; y la de Rioja en la comunidad autónoma del mismo nombre. En Cataluña, además del cava, están las denominaciones de los vinos de Priorato Penedés.

Los productos derivados del **cerdo ibérico** ocupan un lugar fundamental en la gastronomía española y son conocidos internacionalmente. El jamón es el producto más importante y las denominaciones de origen más conocidas son: la de Jabugo (Huelva, Andalucía), de Guijuelo (Castilla y León y la Dehesa de Extremadura) y Teruel (Aragón).

Existen otros productos con denominación de origen que se exportan a todo el mundo, como el **queso manchego** (Castilla-La Mancha), los melocotones de Calanda (Aragón), las uvas de Alicante y las naranjas de la huerta valenciana, siendo la variedad de "Valencia" la más importante del mundo por su calidad.

Denominación de Origen, DO, designa el nombre de un producto agrícola o de alimentación cuya producción, transformación y elaboración se realiza en una zona geográfica determinada, con una calidad y unas características especiales reconocidas y comprobadas.

En España se fabrica una gran variedad de quesos con denominación de origen.

ACTIVIDADES

1. Existen tiendas de moda española por todo el mundo. ¿Conoces alguna de ellas?¿En qué crees que se diferencian de las tiendas de moda de otros países?

_____
_____
_____
_____.

2. Responde si son verdaderas o falsas las frases siguientes.

	V	F
• Inés Sastre es una modelo española	☐	☐
• Paco Rabanne nació en Francia	☐	☐
• Los diseños de Balenciaga y Pertegaz son conocidos internacionalmente	☐	☐
• Zara y Bershka son tiendas de moda española	☐	☐

3. Estás viajando por España y quieres probar lo más especial de su gastronomía. ¿Qué pedirías en los siguientes lugares? (puede haber más de un producto)

LUGARES	PRODUCTOS	¿Por qué?
Huelva (Andalucía)		
Cataluña		
Castilla-León y Castilla-La Mancha		
Aragón		
La Rioja		

4. ¿Has probado algún producto típico de la gastronomía española? ¿Se vende alguno de estos productos en tu país?

_____
_____
_____
_____.

V. Sociedad

Día del Orgullo 2019 (Madrid).

Los españoles, hoy

La antigua imagen del español conservador, austero, con imposiciones religiosas, ha desaparecido. Se han modernizado las condiciones de vida y ha cambiado el sistema de valores de referencia. La influencia de la religión ha disminuido y esto ha producido la liberalización de las costumbres sexuales, el aumento de la autonomía personal y la aspiración a la igualdad de sexos.

La mayoría de los estudios sociológicos realizados señalan que el paro, la corrupción y el alejamiento de la clase política de la sociedad son los problemas que más preocupan a los españoles.

A diferencia de otras sociedades, en España es legal el consumo de alcohol y tabaco para los mayores de edad, aunque con determinadas restricciones.

Los españoles suelen ser bastante sociables: se caracterizan por su simpatía y trato directo. Les encanta estar en la calle y salir con los amigos. Esto atrae a los estudiantes extranjeros. Las universidades españolas son el destino favorito de los estudiantes de Erasmus.

Como en todos los países, en España también hay estereotipos regionales. Tradicionalmente se ha pensado que los andaluces son los más amables y simpáticos; los gallegos y los vascos, los más amantes de su tierra; los castellanos y los aragoneses, los más directos, un poco bruscos pero buena gente; los catalanes, los más trabajadores, y junto con los gallegos, los más ahorradores; los madrileños los más acogedores y presumidos...

Primeras impresiones

– ¡Viva la siesta! Dicen que se está perdiendo la tradición pero yo aprendí a "echar la siesta" sin problema. *Danesa*

– Me encantó la belleza del país, la gente tan alegre y siempre por las calles. Hay una mezcla de lo antiguo con lo nuevo. *Australiano*

– Los españoles son personas abiertas y divertidas. Los bares son lugares de encuentro y también están siempre llenos. Me gusta mucho la vida que se hace en la calle. *Sueca*

– La comida es muy variada. Aquí comen muchas cosas que en mi país no comemos nunca. Mi plato favorito es la paella. En las casas comen muy poco por la mañana pero hay mucha comida al mediodía. *Americana*

– Es muy fácil hacer amigos. La gente es muy simpática y acogedora. ¡Me da mucha pena irme! *Alemán*

Estructura demográfica española

España tiene unos 47 millones de habitantes, la mayoría de los cuales se agrupan en la periferia de la Península y en Madrid. Cada vez se vive más en las ciudades y se abandona el campo.

Hasta 1981 el nivel de crecimiento de la población fue importante. A partir de esta fecha, la natalidad empezó a bajar y la longevidad a aumentar. Actualmente, con nuestras condiciones sociales y sanitarias, se estima que la **esperanza de vida** para las niñas nacidas en 2019 es de 86 años, y para los varones de 80 años. Estas cifras están entre las más altas del mundo, después de Japón y Suiza

España es uno de los países de la UE con mayor proporción de mayores. Si se mantiene esta tendencia, la población española disminuirá. En los últimos años esta situación empieza a corregirse por el aumento de la natalidad entre la población inmigrante en España.

La pirámide de población

La estructura de la población española por edades ha cambiado, y su representación gráfica ya no es una pirámide, sino un rombo: la base de la pirámide de población se estrecha al disminuir el número de nacimientos, mientras que su zona superior se hace mayor al aumentar el número de personas de edad avanzada.

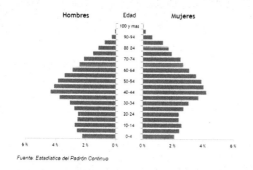

Fuente: Estadística del Padrón Continuo

Pirámide de la población española en 2019.

1. ¿Qué problemas preocupan más a los españoles? ¿Y en tu país?

   _____
   _____
   _____
   _____
   _____.

2. ¿Cuáles son las causas de la disminución de la influencia de la religión en la sociedad española?

   _____
   _____
   _____
   _____.

3. Las diferencias de carácter entre las distintas regiones españolas no son reglas exactas, pero sirven de orientación:

   • ¿A qué crees que se refieren cuando dicen que gallegos y vascos son "amantes de su tierra"?

   • Comenta el refrán: "Los catalanes, de las piedras sacan panes".

   _____
   _____
   _____
   _____
   _____.

4. Explica el comentario de una estudiante de Erasmus:

   "Mis primeros meses fueron un poco 'locos', pero luego aprendí a divertirme y a estudiar".

   • ¿Qué idea tienes tú de la vida en España?

   _____
   _____
   _____
   _____.

5. En España hay muchas más viudas que viudos. ¿A qué crees que se debe?

   _____
   _____
   _____
   _____.

V. Sociedad

Relaciones sociales

Fórmulas de cortesía

Tú o usted (Vd.) En España es importante distinguir entre estas dos formas de **tratamiento**. El **tú** se suele emplear entre iguales y el **usted** reconoce una jerarquía, aunque en los últimos años el lenguaje se ha democratizado y el **tuteo** ha ganado terreno. Los alumnos ya no suelen hablar de usted a sus profesores y en los comercios es bastante normal el utilizar el **tú**. Se sigue usando el **usted** con las personas mayores y cuando hay una clara superioridad personal. También es común el uso generalizado de "ustedes" en vez de "vosotros/as" en algunas zonas de Canarias y Andalucía.

Por favor y **Gracias.** Para pedir algo se usa el "por favor" y para agradecer el "gracias" o "muchas gracias". Pero estas fórmulas no se utilizan tanto como en otros idiomas. Ante la duda de si usarlas o no, es mejor utilizarlas bastante, para no pasar por un maleducado.

Los saludos

Hay saludos **formales**: "Buenos días, Buenas tardes, Buenas noches", que se usan al encontrarse o al despedirse de alguien.

"Buenas, hola, ¿qué tal?": son saludos **neutros**. Según el tono y el contexto, pueden ser formales o informales.

Entre amigos, saludos **informales** pueden ser: ¿Qué pasa?, ¿Qué hay? ¿Qué es de tu vida?

Para despedirse se puede usar "Adiós", en cualquier ocasión y "Hasta luego", "Nos vemos" o "Chao" en situaciones más informales.

Cuando te presentan a alguien o hace días que no ves a tus amigos, entre chico y chica o entre dos mujeres, es muy corriente acompañar el saludo con dos besos, uno en cada mejilla. Los besos son en general al aire, un roce de mejillas, de derecha a izquierda, mientras te apoyas levemente en la mano o en el hombro. En estos casos informales los hombres en vez de besos se dan palmadas en la espalda.

En situaciones formales, tanto los hombres como las mujeres se dan la mano. Las mujeres, cuando están en su trabajo (en una oficina, un despacho, discutiendo un proyecto…) saludan tendiendo la mano para marcar su posición.

En las zonas rurales, la gente está acostumbrada a saludar a todo el mundo y saludan también a los desconocidos, esperando que estos respondan a su gesto. Esta costumbre ha desaparecido en las grandes ciudades, pero, por su carácter abierto, el español suele mantener la costumbre de entablar conversación con los demás para comentar algún acontecimiento o pedir alguna información.

La conversación

Para hacer feliz a un español hay que dejarle hablar, tiene que expresar sus opiniones y discutirlas con

POR TELÉFONO	
INFORMAL	**FORMAL**
– ¿Sí? – Hola, ¿está María? – Sí, ¿quién eres? – Soy Luis. – Espera un momento.	– Comercial Pepe, buenos días, dígame. – Querría hablar con el Sr. Domínguez. – ¿De parte de quién? – De Luis Fernández, de Cofisa. – Un momento, por favor.

sus amigos. La conversación puede tener varias formas: las **tertulias**, las sobremesas, la charla en el paseo o en el bar, o el uso, cada vez mayor, del teléfono.

Hablar por teléfono

En la mayor parte de los países, al coger el teléfono se suele utilizar una palabra a modo de saludo para establecer el contacto (Allô, Hello, Pronto…)

Cuando reciben una llamada telefónica, los españoles dicen simplemente **"Diga"**, **"Dígame"** o **"Sí"**.

Esta "orden" en el imperativo o esa única palabra, suele chocar a los extranjeros.

La forma de hablar de los españoles es heterogénea, pero no hay mucha diferencia entre las clases sociales o la procedencia urbana. Lo más característico es su procedencia regional, los acentos de las distintas regiones de España.

El carácter abierto y directo de los españoles también influye en cuestiones culturales como el humor y en el lenguaje no verbal. Por eso es posible que un español te mire directamente aunque no te conozca, se solapen las conversaciones, haya proximidad física entre los hablantes o incluso contacto físico en una conversación.

1. *Completa las frases siguientes, utilizando tú o usted, con el verbo adecuado:*

   *(Recuerda que con **tú** se utiliza el verbo en la 2ª persona del singular y con **usted** se utiliza el verbo en la 3ª persona del singular)*

   No tengo mi libro, déjamelo _____.

   ¿Me _____ (DAR) usted una entrada, por favor?

   Tome _____ estas pastillas para la tos.

   Siempre lo (HACER) _____ tú

   ¿Me hace _____ el favor?

2. *Explica cómo saludarías en España:*

   – A una amiga: _____.

   – A tu jefe: _____.

   – A un desconocido en una ciudad: _____

   _____.

   – A un amigo: _____.

   – A un desconocido en un camino de un pueblo: _____

   _____.

3. *Tacha lo que no es igual y explica la razón:*

   – Conversación - charla - información - tertulia

   – ¿Qué pasa? - ¿Qué es de tu vida? - Nos vemos - Buenas tardes

   _____

   _____

   _____.

4. *Comenta la expresión "Hablar por los codos".*

   _____

   _____.

5. *¿Qué aspectos te llaman más la atención de cómo hablan las personas españolas? ¿En qué se diferencia, en tu opinión, de otras culturas?*

   _____

   _____

   _____.

V. Sociedad

El estado civil

El matrimonio ha sido una de las instituciones de la sociedad que más ha cambiado en España en los últimos años.

Durante la época de Franco, el matrimonio solo podía ser religioso. Desde 1978 hasta hoy se ha avanzado tanto que en este momento España está a la cabeza de la libertad de uniones y adopciones para formar una familia.

El **matrimonio** ya no es la única opción de vivir en pareja, y está experimentando grandes cambios. El número de bodas disminuye cada año: en unos cinco años ha pasado de 200 000 a 120 000. Al contrario de hace algunos años, las bodas civiles son mucho más frecuentes que las bodas religiosas: actualmente siete de cada diez bodas son civiles. También es cada vez mayor la edad para casarse: unos 37 años para los varones y 34 para las mujeres.

La boda tradicional en España

La novia lleva traje blanco con velo y el novio traje oscuro, chaqué o uniforme. Hasta hace unos años, los novios hacían una "**lista de boda**" en varias tiendas para orientar a los invitados respecto a los regalos, pero en la actualidad la mayoría de los invitados regalan dinero. Normalmente la pareja ofrece un banquete a familiares y amigos después de la ceremonia.

Todos estos preparativos (los trajes, las fotos, el restaurante, el viaje de luna de miel...) exigen varios meses de preparación y hay muchas empresas que ofrecen a los novios la solución de todos los servicios y trámites.

La Iglesia admite solo bodas entre parejas de distinto sexo. El **matrimonio civil** puede unir a parejas de sexo distinto o del mismo sexo. La ley reconoce los mismos derechos a las parejas heterosexuales y a las homosexuales.

En España se siguen celebrando muchas bodas tradicionales en donde la novia luce un traje largo blanco y con un velo del mismo color.

La **pareja de hecho** –personas que viven juntas sin casarse– es una opción muy común y cada vez más aceptada. En muchas ocasiones es un periodo de prueba: si la convivencia funciona, muchas parejas se casan, y otras prefieren seguir solteros. Como la falta de una inscripción oficial ha causado problemas de reconocimiento al faltar uno de los miembros de la pareja –herencia, pensiones, seguros– los ayuntamientos han establecido un Registro Municipal de Uniones de Hecho, donde se pueden inscribir las parejas que conviven, de distinto o mismo sexo.

El matrimonio civil entre personas del mismo sexo fue legalizado en el año 2005.

El grupo de los **solteros**, los adultos que eligen no vivir en pareja, está creciendo considerablemente. Esto se debe a que cada vez los jóvenes se independizan más tarde –un 75% sigue viviendo en la casa de los padres hasta los 30 años– y a que las mujeres también trabajan. También las preferencias han cambiado siendo en muchas ocasiones la prioridad el desarrollo profesional.

1. *Observa la invitación de boda y responde: ¿Quién invita a la boda, los novios o sus padres?*

   • *¿Cuáles son los aspectos positivos y los negativos de que aparezcan los padres?*

   Familia Sánchez Abellán

   Familia Arias Robledo

   Javier y María Esther

   Junto con nuestros padres nos complace invitaros a nuestra boda que tendrá lugar

   _____

   _____

   _____

   _____

   _____.

2.

   • *¿De qué tipo de boda se trata?*

   • *¿Es esto posible en tu país? ¿Por qué?*

   _____

   _____

   _____.

3. *Hasta mediados del siglo XX, las mujeres que se quedaban solteras tenían como misión cuidar de sus padres cuando envejecieran. ¿Qué vida hacen las solteras en la actualidad?*

   _____

   _____

   _____.

V. Sociedad

Poco a poco, los matrimonios españoles van compartiendo las labores de la casa.

La nueva estructura familiar

Una de las mayores transformaciones que ha vivido la sociedad española en los últimos años se ha producido en la familia, en su formación, en su composición y en el papel que tiene cada uno de sus miembros.

La **familia tradicional** abarcaba una unidad familiar extensa: padres, tres o cuatro hijos y abuelos. El hombre era la fuente de ingresos. La mujer se dedicaba a las tareas domésticas, era **ama de casa**, y cuidaba no solo de su familia, sino también de uno o dos de los abuelos. Esta imagen ha cambiado radicalmente debido a varios factores: la mayor preparación de la mujer, la evolución de sus creencias religiosas y su independencia económica a través de la incorporación al mundo laboral.

Se ha producido la transición a un **modelo nuclear** –pareja casada con uno o dos hijos– en la que ambos cónyuges tienen empleo.

Ha aumentado el número de familias **monoparentales**, que incluye no solo a los separados, sino también a las personas solteras que inician procesos de adopción.

Por su parte, los jóvenes, debido a la dificultad de encontrar empleo permanecen en la casa familiar durante más tiempo, alargando el periodo de los estudios.

A pesar de los cambios que ha sufrido, la familia sigue siendo en España el núcleo básico de la sociedad y es la institución más valorada.

Reparto de papeles

Las mujeres trabajan fuera de casa tantas horas como los hombres. El trabajo de media jornada no está muy extendido y sobre todo es un freno para la valoración profesional en las empresas. Aún con esta situación, la responsabilidad de la limpieza, las compras, las comidas, los niños, etc., muchas veces sigue recayendo en la mujer. La sociedad española va avanzando poco a poco, pero la **igualdad en el reparto** de estas tareas está todavía muy lejos.

El divorcio en España

Existe desde 1981. Su número se mantiene estable desde hace varios años y coincide con el de otros países europeos.

Nueve de cada diez hogares monoparentales dependen de la madre.

Política de conciliación

En los ultimos años, distintos gobiernos trabajan en una política de conciliación entre la vida familiar y laboral que afecta a hombres y mujeres.

En España, existe un permiso de descanso, llamado **prestación de nacimiento y cuidado del menor**. Dura 16 semanas desde el nacimiento del bebé o la adopción, tutela o acogimiento familiar. Actualmente, existe la opción de que ese permiso de descanso pueda ser también disfrutado por el padre. La madre puede cederle hasta un máximo de 10 semanas de su permiso. Cuando se acaba el permiso solicitado, se confían los niños a los abuelos o se los lleva a una guardería.

Al ser la **esperanza de vida** media de los españoles la más alta de los países de Europa, nuestros mayores se enfrentan a distintas situaciones: más del 80 % reside en una vivienda de su propiedad, y algunos ayudan a sus hijos cuidando de los nietos para colaborar en la economía familiar. Cuando van perdiendo autonomía y empiezan a no poder valerse por sí mismos, suelen acudir a **residencias**, porque sus familias no tienen ni el tiempo ni las infraestructuras necesarias en casa. Cada vez hay más demanda de residencias y centros especializados para ancianos, pero la mayoría de ellos son privados y suponen un aumento importante del gasto familiar.

La esperanza de vida media de los españoles es la más alta de Europa.

1. *Relaciona las frases de la primera columna con su equivalente en la segunda:*

Antonio vive solo con su madre	Familia tradicional
María y Juan tienen dos hijos	Matrimonio civil
En mi casa los domingos comemos 8 personas	Familia monoparental
Antonio y José se casan el sábado	Familia nuclear

2. *¿Cuáles son los distintos roles del hombre y la mujer en una pareja de la sociedad española actual?*

   • *¿Crees que si ambos cónyuges trabajan fuera han de repartirse las tareas de la casa?*

   • *Comenta con tus compañeros las diferencias que existen entre España y tu país con relación al papel de la mujer en el trabajo y en el hogar.*

   _____
   _____
   _____
   _____
   _____
   _____
   _____.

3. *¿Qué cambios ha traído a la sociedad española el aumento de la esperanza de vida?*

   _____
   _____
   _____
   _____.

4. *Las bodas en España han cambiado mucho en las últimas décadas, ¿ha pasado lo mismo en tu país?*

   _____
   _____
   _____
   _____.

V. Sociedad

Consumo

El español aspira a ser propietario de su vivienda. Hay una expresión que dice *"alquilar es tirar el dinero"*.

- **La compra y equipamiento de la vivienda habitual** es el gasto principal, sobre todo porque la meta de la mayoría de los ciudadanos es tener una casa en propiedad. Por lo general, los españoles viven en pisos. Como los precios de las viviendas son muy altos, los jóvenes deben contar con algunas ayudas familiares y con hipotecas a muy largo plazo –30 y hasta 50 años– para llegar a adquirir su casa, por lo que hay una tendencia a prolongar el tiempo de residencia en la vivienda familiar con los padres.

- **Equipamiento de la vivienda:** Las casas suelen tener frigorífico, lavadora, televisión y microondas. La utilización del ordenador en casa es muy corriente. Hay más de 31 millones de internautas. Los jóvenes entre 16 y 24 años consideran Internet como una necesidad básica, el 99% de ellos son usuarios habituales.

- La **alimentación** se basa en alimentos de primera necesidad: frutas, hortalizas y patatas frescas, carne y productos lácteos. Es, con el **transporte**, otro de los gastos principales.

- El gasto en **ocio**, restaurantes, viajes y entretenimiento, se adapta al poder adquisitivo.

• **Otros gastos**: El gasto en transporte, sobre todo en coches, ha aumentado en los últimos años de una manera espectacular. Se ha renovado casi totalmente el parque automovilístico español y se ven en las calles y en las carreteras muchos coches de alta gama, tanto de fabricación nacional como de importación. También ha tenido un crecimiento enorme el gasto en ordenadores y teléfonos móviles. El gasto en vestido y calzado varía en función de la situación económica general.

El **gasto de los jóvenes** depende mucho de si están o no emancipados. En el primer caso dedican la mayor parte de sus ingresos a vivienda y comida, mientras que si viven con sus padres lo emplean en ocio, viajes y transportes. Su tiempo libre lo dedican a escuchar música, a salir con los amigos y a ver la televisión. También pasan mucho tiempo navegando en Internet o en plataformas de redes sociales como Twitter, YouTube o WhatsApp.

Los hábitos de consumo y la precariedad laboral han llevado a la **disminución del tradicional ahorro familiar**, sobre todo en los jóvenes. La mitad de los menores de 36 años vive al día.

Expresiones que reflejan los "equilibrios económicos" de los españoles con su dinero:

Apretarse el cinturón

Estar por las nubes

La cuesta de enero

Época de vacas flacas / gordas

Estar forrado

Estar en la cuerda floja

Andar con pies de plomo

Viéndolas venir

Pagar en efectivo o pagar al contado

Pagar a plazos

Llegar a final de mes

1. *¿Cuál es el gasto más importante de la familia española?*

2. *En las sociedades poco desarrolladas, el primer problema es poder comer.*
   • *¿Qué lugar ocupa la alimentación en el consumo de los españoles?*
   • *¿Qué significa esto?*

3. *Explica las ventajas y los inconvenientes de los casos siguientes:*
   – *En España los jóvenes viven con sus padres hasta los 30 años.*
   – *En Estados Unidos los jóvenes se emancipan a los 18 años.*

4. *¿En qué gastan su dinero los jóvenes en España?*

5. *Comenta cuatro expresiones de las utilizadas en español para reflejar el estado de la economía personal.*

El sistema educativo

La Constitución de 1978 establece que la educación es un derecho básico que se apoya en tres principios:

1. El **derecho a la educación**: la enseñanza es obligatoria y gratuita hasta los dieciséis años.

2. Los **derechos básicos** relacionados con la libertad de cátedra, las ideas, la religión, los derechos humanos y los derechos de los niños.

3. La **descentralización** de la enseñanza: el gobierno establece una serie de principios generales y las comunidades autónomas tienen libertad para adaptarlos.

El sistema educativo se divide en **fases** (Infantil, Primaria, Secundaria y Superior). Los centros de enseñanza son de dos tipos: los **públicos**, en los que la enseñanza en gratuita, que dependen de las comunidades autónomas, y los **privados**, en los que la enseñanza es de pago, que son en gran parte religiosos. Algunos de estos centros privados reciben dinero del gobierno para la educación obligatoria (desde primaria hasta los dieciséis años). Se llaman entonces **centros concertados**.

El sistema educativo en España posee un sistema de **becas** y prestaciones para ayudar a las familias numerosas o con menos ingresos económicos.

Formación Profesional

Muchos jóvenes españoles no van a la universidad y orientan sus estudios directamente a una profesión. La Formación Profesional tiene como finalidad el proporcionar a los alumnos unos conocimientos teóricos y prácticos que les permitan incorporarse al mundo laboral en distintos campos. En la actualidad ofrece 150 títulos oficiales.

En las comunidades autónomas en las que se habla otra lengua además del castellano (catalán, euskera, gallego), los colegios ofrecen distintas posibilidades que los padres de los alumnos deben elegir.

En los últimos años la educación obligatoria española se enfrenta a tres grandes retos:

– La **integración** de los hijos de los inmigrantes en las escuelas españolas, especialmente en las públicas. Las escuelas y colegios de las grandes ciudades de Cataluña y Madrid son las que acogen a un mayor número de inmigrantes, sobre todo africanos e hispanoamericanos.

– La enseñanza de la **religión católica** como asignatura obligatoria o de libre elección.

– Las **nuevas tecnologías** en el aula como herramienta útil de enseñanza.

SISTEMA EDUCATIVO ESPAÑOL			
Post obligatoria	Superior	Universidad: Posgrado: Doctorado Máster Grado	Formación Profesional Grado Superior
	Secundaria	16-18 años: Bachillerato	Formación Profesional Grado Medio
Obligatoria (Educación Básica)	Secundaria	12-16 años: Educación Secundaria Obligatoria (ESO)	
	Primaria	6-12 años	
	Infantil	3-6 años	

A la búsqueda de un trabajo

Para llegar a ejercer un empleo, el estudiante español, después de los años de educación obligatoria tiene dos caminos:

— El camino académico, en el que dos años de bachillerato y unos cuatro de estudios universitarios le permitirán llegar a ser abogado, ingeniero, médico, profesor, arquitecto, químico...

— El camino de la Formación Profesional, que permite que el alumno adquiera en un tiempo más corto la formación necesaria para empezar a trabajar como técnico en un gran número de campos: agricultura, comercio, informática, construcción, hostelería, turismo, mecánica, sanidad...

La formación profesional se ha convertido en los últimos años en España en una interesante alternativa a la universidad.

1. ¿Hasta qué edad es obligatoria la educación en España?
   _____.

2. ¿Qué tipos de centros educativos existen en España?
   _____
   _____
   _____
   _____
   _____
   _____.

3. ¿A qué retos se enfrenta la educación española actualmente?
   _____
   _____
   _____
   _____
   _____.

4. Si una familia de Madrid se va a vivir a...
   ...Bilbao, sus hijos en el colegio tendrán algunas clases en
   _____.

   ...Barcelona, sus hijos en el colegio tendrán algunas clases en
   _____.

   ...Salamanca, sus hijos en el colegio tendrán todas sus clases en
   _____.

5. Explica qué estudios debe seguir un estudiante en España para llegar a ser:

   — abogado

   _____.

   — instalador electricista

   _____.

   — agente de viajes

   _____.

   — médico

   _____.

V. Sociedad

La universidad española y la Unión Europea

Las primeras universidades españolas se fundaron en la Edad Media: Salamanca (1255), Valladolid (1346) y Alcalá de Henares (1499).

El sistema universitario español, al igual que la enseñanza obligatoria, está descentralizado y depende de la gestión educativa de las comunidades autónomas. Las universidades tienen una gran autonomía en su gestión. En España hay **universidades públicas** –que dependen del Ministerio de Educación o de la Consejería de Educación de cada comunidad autónoma– y **universidades privadas** que funcionan con fondos propios. Existe también una universidad pública de educación a distancia: la **UNED.**

Fachada de la Universidad de Salamanca.

Para acceder a la universidad hay que realizar una prueba de acceso. Los estudiantes que terminan el bachillerato deben presentarse a un examen de "**selectividad**", llamado EvAU (Evaluación de acceso a la Universidad).Las personas mayores de 25 años cuentan con una prueba especial de acceso a los estudios universitarios.

España participa activamente en la política de intercambio de estudiantes entre distintas instituciones europeas, a través de programas como Erasmus (educación universitaria), Leonardo da Vinci (formación profesional) o Sócrates (educación general).

El sistema universitario español está integrado en el **Espacio Europeo de Educación Superior** (EEES) desde 2010. Más de 45 países se han sumado a este proyecto que unifica los créditos universitarios y facilita la movilidad de estudiantes y profesores. Las universidades españolas han adoptado el "Plan Bolonia" y el sistema de créditos europeos ECTS (Sistema de Transferencia de Créditos Europeos).

El nuevo modelo universitario europeo tiene dos ciclos, el Grado y el Posgrado, este último dividido a su vez en Máster y Doctorado.

Grado: Carrera universitaria de tres o cuatro años.

Máster: Programa de posgrado de dos años de duración, para cuya matriculación es necesario tener previamente el título de Grado.

Doctorado: Programa de **posgrado** para cuya matriculación es necesario tener previamente el título de Máster.

Campus de la Universidad Autónoma de Madrid (UAM).

1. *Cada vez más estudiantes españoles acceden a la universidad, en una proporción mayor que la de otros países europeos. Indica las ventajas e inconvenientes de ambos sistemas.*

   _____
   _____
   _____
   _____
   _____
   _____
   _____.

2. *¿Qué tipos de universidades hay en España?*

   _____
   _____
   _____
   _____
   _____
   _____
   _____.

3. *¿Qué es la UNED?*
   - *¿Existe algo similar en tu país?*
   - *¿Crees que es útil esta forma de estudiar en la universidad?*
   - *¿Qué ventajas crees que aporta con relación al estudio en las universidades tradicionales?*

   _____
   _____
   _____
   _____
   _____
   _____
   _____
   _____
   _____.

4. *¿Cómo está integrado el sistema universitario español en la UE?*

   _____
   _____
   _____
   _____
   _____
   _____.

V. Sociedad

La vida profesional

En general los españoles consideran el trabajo como un medio de ganarse la vida, pero también valoran el empleo como una forma de realización personal.

Nueve de cada diez españoles reconocen que la incorporación de la mujer al mundo laboral supone un esfuerzo, una doble jornada laboral. Por ello, la Ley de Igualdad para hombres y mujeres persigue la conciliación de la vida laboral, familiar y personal.

Durante el periodo de modernización económica y social de los últimos años, los porcentajes de hombres y mujeres que trabajan han evolucionado de manera diferente. La participación masculina en la población activa aumentó hasta los años 70, para disminuir después, en parte debido a que dedican más años a los estudios.

La participación femenina ha experimentado un aumento considerable y constante. Mientras que en 1950 alrededor de un 10% de las mujeres formaba parte de la población activa esta proporción es casi el 50% en la actualidad.

Al valorar un empleo, lo más importante es que sea **estable.** Otro punto considerado como muy importante es que permita seguir viviendo en el mismo sitio. Muchos trabajadores se resisten a cambiar de ciudad o comunidad autónoma, aunque ello signifique mejorar en su profesión.

La media de trabajo semanal es de 40 horas. Además de ese tiempo, alrededor de un 40% de los trabajadores hace **"horas extra",** la mitad de ellos con una compensación económica, la otra mitad sin compensación, forzados por la competitividad dentro de las empresas.

La estabilidad en el empleo y el aumento de los contratos temporales son problemas que preocupan cada vez más al trabajador español.

El paro

Casi un 60% de los españoles considera el trabajo como lo más importante de su vida. De él dependen su valoración personal, su modo de vida, la vivienda, el ocio... Por ello, la cuestión que más preocupa a los españoles es el **desempleo**. Consideran que controlar el paro es uno de los retos del país, independientemente de la orientación del Gobierno.

No afecta igual a hombres y a mujeres, ni tampoco a los diferentes grupos de edad. Las mujeres entre los 25 y los 54 años y los jóvenes de 16 a 25 años son los grupos en los que hay más desempleo o las condiciones de trabajo son peores.

Manifestación de trabajadores el 1 de mayo.

Los jóvenes españoles y el trabajo

Uno de los rasgos que definen el empleo juvenil es la falta de seguridad. Los jóvenes tienen la mitad de los contratos temporales de España y representan más del 56% de los parados. Normalmente consiguen su primer empleo a los 18 años, aunque solo en un 20% de los casos este está relacionado con sus estudios. No suelen ser trabajos estables y un 60% lo abandona antes de acabar el primer año.

En estas condiciones, solo una cuarta parte de los jóvenes puede pagar todos sus gastos.

1. Cita ventajas e inconvenientes de que la mujer no trabaje fuera de casa cuando tiene hijos pequeños.

   _____

   _____

   _____

   _____

   _____.

2. Desde el comienzo de la democracia, los sindicatos españoles más importantes (Comisiones Obreras y la Unión General de Trabajadores) han luchado por mejorar las condiciones de trabajo y salario de los trabajadores, reivindicando sus propuestas en las manifestaciones del día 1 de mayo (Día del Trabajo).

   Entre las siguientes propuestas, comenta la que te parezca más importante:

   • La mejora de las condiciones de seguridad en el trabajo para evitar accidentes.

   • Más flexibilidad en el horario laboral para las mujeres con hijos.

   • Construcción de guarderías en los centros de trabajo más importantes.

   • Una jornada laboral más corta que permitiera una mejor vida familiar.

   • Pago de los transportes por cuenta de la empresa en los días laborables.

   _____

   _____

   _____

   _____

   _____

   _____

   _____

   _____.

3. Los españoles no quieren ir a trabajar al extranjero. Indica si los motivos siguientes son verdaderos o falsos:

	V	F
• No hablan lenguas extranjeras	☐	☐
• Quieren vivir en un país con mar	☐	☐
• No quieren cambiar de lugar de residencia	☐	☐
• Quieren bailar flamenco	☐	☐
• El horario de trabajo les obligaría a volver a casa muy tarde	☐	☐

V. Sociedad

Son muchas las ciudades españolas que han prohibido la circulación de coches por las calles comerciales, convirtiéndolas en calles peatonales. Calle Preciados (Madrid).

Los horarios

Horarios laborales

El horario de trabajo en las oficinas y despachos puede ser intensivo (de 8:00 a 15:00 horas) o dividido en dos partes (de 9:00 a 14:00 y de 16:00 a 19:00), de lunes a viernes con una jornada laboral de 8 horas (40 horas semanales) Una gran mayoría de los trabajadores (casi un 70%) está a favor de una jornada continua.

Los horarios establecidos respetan las horas de las comidas y tienen en cuenta el mayor tiempo que los españoles están en la calle por las horas de luz y el buen clima. Normalmente, las comidas durante la semana, tienen lugar entre las 2 y las 3 de la tarde y las cenas entre las 9 y las 11 de la noche. Los fines de semana pueden ser más tarde, lo mismo que los meses de verano a causa de las jornadas intensivas en los trabajos o las vacaciones.

Horarios comerciales

Aunque depende de cada ciudad, en los comercios el horario normalmente está dividido de 10:00 a 14:00 y de 17:00 a 20:00 horas, de lunes a sábado. Los grandes centros comerciales pueden abrir todo el día por el trabajo a turnos de sus empleados, e incluso los domingos cuando son autorizados.

No hay una norma única que regule la hora de abrir y cerrar cada tipo de establecimiento. Las leyes dan cada vez más libertad a los comerciantes para que puedan abrir, si lo desean, más horas cada día, e incluso los domingos y días de fiesta. Esta mayor libertad está enfrentando a los pequeños comerciantes con las grandes superficies. Los centros comerciales y las grandes superficies están pidiendo libertad total con el argumento de favorecer las condiciones de compra de una sociedad cada vez más ocupada. Los pequeños negocios se mantienen en los barrios, pero se sienten perjudicados por las facilidades de poder hacer una gran compra en los centros comerciales los fines de semana.

En los meses de verano puede haber un horario especial, sobre todo en zonas de mucho calor. Pueden cerrar a mediodía de 14:00 a 17:00 y estar abiertos hasta las 20:30 o 21:00 horas.

Comercio electrónico

En España, igual que en el resto del mundo, el comercio electrónico (e-commerce) ha aumentado considerablemente. Es un comercio sin horarios que utilizan más de un 20% de españoles de forma habitual.

Los bancos y las farmacias

Los principales bancos abren de 8:30 a 14:00 horas de lunes a sábado. Durante los meses de verano y con ocasión de las fiestas locales pueden variar su horario.

Las farmacias suelen abrir de 9:45 a 14:00 en horario de mañana y de 5:00 a 8:00 por la tarde. Hay un turno de "farmacias de guardia", que, según los días, les obliga a estar abiertas las 24 horas del día. Actualmente, algunas farmacias han tomado la libertad de horario de estar siempre abiertas.

1. Ventajas e inconvenientes de los dos tipos de horario:

   Intensivo (de 8:00 a 15:00):

   ventajas: _____
   _____.

   inconvenientes: _____
   _____.

   Partido (de 9:00 a 14:00 y de 16:00 a 19:00):

   ventajas: _____
   _____.

   inconvenientes: _____
   _____.

2. A la pregunta de "¿Prefiere mantener los horarios de comida como hasta ahora, o cambiarlos por el horario habitual de otros países europeos?", los españoles contestan:

   – El 86% los mantendría
   – El 8% los cambiaría

   • Explica las ventajas e inconvenientes del horario actual.

   • ¿Qué opinas tú?

   _____
   _____
   _____.

3. El paro es un grave problema en España, sobre todo entre las mujeres y los jóvenes. Los empresarios dan una serie de motivos:

   Falta de experiencia
   Interrupciones en la carrera profesional
   No querer cambiar de lugar de residencia
   Poca preparación
   Más ausencias en el trabajo

   Clasifica esas causas según esos dos grupos (algunos motivos pueden estar en ambos grupos).

Mujeres	
Jóvenes	

   • ¿Crees tú que esas causas son verdaderas? Escoge una que creas que es falsa y coméntala.

   _____
   _____
   _____.

V. Sociedad

Los intentos de salto en las fronteras de Marruecos con Melilla son noticia habitual.

Inmigración: en busca de un futuro

La inmigración es un fenómeno que se produce en la actualidad en muchos países europeos. El número de inmigrantes en los países de la UE crece cada día. Proceden en su mayoría de los países del Magreb (norte de África), de Turquía, India, África subsahariana, América Latina y los Balcanes. La ONU advierte de la necesidad de aceptar la inmigración para mantener el crecimiento y proteger las pensiones dentro de esos países. Sin embargo, el aumento de inmigrantes en los países de la UE se está convirtiendo en un problema social y humanitario.

Para España la situación es especial porque es la puerta Sur de Europa, punto de entrada al continente. El número de inmigrantes que llegan a sus fronteras ha crecido espectacularmente. Las costas del sur de la Península y de Canarias reciben el mayor número de inmigrantes, sobre todo en los meses de primavera y verano, cuando las condiciones del mar permiten las peligrosas travesías. Algunos inmigrantes huyen de la guerra o del hambre de sus países y viajan en condiciones muy duras, por lo que llegan a las fronteras españolas en un estado de salud terrible (enfermedades, agotamiento, desnutrición, etc.). La Cruz Roja y diversas ONG (Organizaciones No Gubernamentales) se ocupan de la labor humanitaria de ayudar a estos inmigrantes, especialmente en lugares fronterizos, como Ceuta y Melilla, o las costas de Canarias y Andalucía.

Las pateras y la frontera de Ceuta y Melilla

La escasa distancia entre la península ibérica y las costas de África —poco más de 10 kilómetros—, hace que los inmigrantes intenten la travesía de noche y con unos medios muy rudimentarios. Se amontonan en **pateras** y **cayucos** embarcaciones pequeñas de fondo plano para entrar hasta las playas. La mayoría de los inmigrantes que llegan por el Estrecho de Gibraltar o a las costas de las islas Canarias proceden del África subsahariana (Nigeria, Ghana y Sierra Leona) y del Magreb.

Otro de los medios que intentan es el **salto de las vallas** que separan la frontera entre las ciudades españolas de Ceuta y Melilla y del territorio marroquí.

La ley de inmigración española se ha modificado varias veces en los últimos años para adaptarse a la nueva realidad y para regularizar la situación de la gran cantidad de inmigrantes que residían en España de forma ilegal.

España impulsa en la UE la creación de organismos que regulen el problema de la inmigración.

Cambios en la sociedad española

Durante muchos años, el único grupo de etnia distinta en España fueron los **gitanos**. Con el desarrollo económico de principios del siglo XXI, muchos inmigrantes vinieron a España a trabajar en el sector primario (agricultura y ganadería) y los sectores hostelero, doméstico y de la construcción. Su regularización laboral favoreció su integración en la sociedad española que empezó a ser más multiétnica. Hoy en día muchos españoles no son de raza blanca: son asiáticos, negros o suramericanos nacidos en España.

Después de una década de fuerte crecimiento económico, España se ve afectada por la crisis económica de todo el mundo occidental. Su economía se deteriora, y esto provoca un aumento del desempleo que tiene varios efectos: muchos emigrantes regresan a sus países; profesionales españoles con muy buena formación (en ingeniería, medicina, enfermería...) emigran a Europa y a América. En España surge un grupo numeroso de jóvenes de 18 a 24 años que ni estudian ni trabajan, son los llamados "ninis".

Los gitanos llegaron a España en el siglo XV procedentes de la Europa del Este, India y Persia. Tradicionalmente era un pueblo nómada y los grupos más numerosos viven en las grandes ciudades de Andalucía, Extremadura y Cataluña, donde tienen sus propias asociaciones. Por defender su cultura, mantienen un equilibrio entre sus antiguas tradiciones y la sociedad moderna española. Poseen un idioma propio, el "romaní", y dividen a la sociedad en dos grupos los "calés" -gitanos- y los "payos" -no gitanos-. De sus bailes familiares nació el flamenco.
El proyecto "Gitanos con Palabra" pretende cambiar la imagen que habitualmente se tiene de las personas de etnia gitana.

1. ¿Por qué España es uno de los países europeos con mayores problemas de inmigración?

2. ¿Por qué crees que se ha convertido en un problema humanitario la inmigración en España?

3. ¿Qué nacionalidades son más numerosas entre los inmigrantes que entran en España?
   - Imagina por qué medios llegaron cada uno de estos grupos a España.

4. Actualmente más de un millón de españoles viven y trabajan en el extranjero, sobre todo en el continente americano donde a veces son conocidos genéricamente por el nombre de "gallegos" o "vascos".
   - ¿Cuándo se produjo la emigración de los españoles?
   - ¿Por qué se les llama "gallegos" a los españoles en Argentina?

5. ¿Cuáles son las características más importantes del pueblo gitano y qué han aportado a la cultura española?

V. Sociedad

De fiestas por España

España es un país de fiestas. Hay fiestas **nacionales**, que celebran algún acontecimiento histórico general para todo el país, y también están las fiestas de cada comunidad autónoma y las fiestas **locales**, en las que cada ciudad o pueblo celebra su día o su patrón.

ENERO	FEBRERO	MARZO
El 1 de enero se celebra **Año Nuevo**. El 6 de enero es la festividad de los **Reyes Magos.**	Son los **Carnavales**. En España los más famosos son los de Cádiz y Tenerife.	El 19 se celebra San José, y desde una semana antes son las **Fallas** de Valencia.

ABRIL	MAYO	JUNIO
Jueves y Viernes Santos de la **Semana Santa**. **Feria de Sevilla**, con los paseos a caballo, los trajes de sevillanas y las casetas donde se bailan "sevillanas" y se toma manzanilla (típico vino blanco).	El 1 de mayo es el **Día del Trabajo.**	El 24 de junio se encienden las **Hogueras de San Juan.**

JULIO	AGOSTO	SEPTIEMBRE
El 7 de julio empiezan las fiestas de **San Fermín en Pamplona**, con las carreras de los "mozos" delante de los toros.	El 15 de agosto se celebra en toda España la **Asunción** de la Virgen.	**Fiestas de la vendimia** (Valdepeñas, Castilla-La Mancha). El primer domingo de mes, se celebran **fiestas marineras** en muchos puertos de pescadores.

OCTUBRE	NOVIEMBRE	DICIEMBRE
El 12 de octubre es el día de la **Fiesta Nacional**, día de la **Virgen del Pilar**. En este día se celebra también la **Fiesta de la Hispanidad.**	El 1 de noviembre es el **Día de Todos los Santos.**	El 6 de diciembre es el Día de la **Constitución** y el 8 de diciembre se celebra la **Inmaculada Concepción**. El 25 de diciembre, se celebra la **Navidad**. El 31 de diciembre se despide el año en la **Nochevieja**, tomando 12 uvas al ritmo de las 12 campanadas del reloj.

En general estas fiestas están acompañadas del cese de la actividad: se cierran los colegios, los comercios, las oficinas y los establecimientos públicos.

Muchas veces las fiestas populares de los oficios se han convertido en grandes fiestas locales. Así, las fiestas de los marineros han dado lugar a grandes celebraciones en distintos pueblos, con actos religiosos –misas y procesiones– y paseos de barcas engalanadas por la bahía, generalmente durante los meses de agosto y septiembre. La fiesta de los carpinteros en la Comunidad Valenciana es el origen de las **Fallas**. Las fiestas de las ferias de ganado de Navarra se transformaron en los conocidos **Sanfermines**. Otras veces son antiguas fiestas paganas que se han mantenido hasta hoy, como las **Hogueras de San Juan** o llamada también la Noche de San Juan, para agradecer a la naturaleza la vuelta del verano y, renaciendo de las cenizas, purificar la vida año tras año.

Diablo de las fiestas de Olot (Girona).

1. *Relaciona las frases de la 1ª columna con las fiestas de la 2ª columna:*

Te tomas las 12 uvas de la buena suerte	Sanfermines
Te pones unas buenas zapatillas para correr delante de los toros	Feria de Sevilla
Vas a esa isla para ver las mejores carrozas	Nochevieja
Te compras un traje de sevillana para ir a pasearte	Carnaval de Tenerife

2. *¿Cuáles crees que son las fiestas españolas más importantes que se celebran en primavera y verano? Explica los motivos.*

_____
_____
_____
_____
_____
_____
_____
_____
_____.

3. *¿Cómo se celebra el Fin de Año en tu país? Compara las tradiciones que conoces con las costumbres españolas de la Nochevieja.*

_____
_____
_____
_____
_____
_____
_____
_____.

V. Sociedad

Las celebraciones más tradicionales en España son: la Semana Santa en primavera, las Hogueras de San Juan en verano, y las Navidades en invierno.

La Semana Santa

Es una fiesta de origen religioso, donde se va perdiendo la religiosidad pero se mantienen las manifestaciones externas que atraen a miles de turistas nacionales y extranjeros. Las más importantes son las **procesiones**, donde los miembros de los grupos llamados "cofradías", acompañan por las calles de las ciudades a un grupo escultórico llamado "paso" que representa alguna escena de la vida o de la pasión de Cristo. Al paso de las imágenes hay personas que cantan "saetas", cantos flamencos dirigidos a la Virgen o a Cristo. Las procesiones más famosas son las de Andalucía (Sevilla y Málaga); Castilla y León (Valladolid y Zamora) y la Región de Murcia.

Las procesiones de Semana Santa son una manifestación cultural y popular de gran atractivo turístico.

La fiesta de las Hogueras de San Juan es una de las celebraciones más populares en las poblaciones mediterráneas.

Las Hogueras de San Juan

Fueron, en su origen, una fiesta agrícola. Se encienden los fuegos para celebrar el día más largo del año para las cosechas y la noche más corta para la destrucción de los males (el solsticio de verano).

La tradición es hacer una hoguera al aire libre con madera de muebles viejos. Cuando las llamas pierden fuerza, los jóvenes saltan sobre el fuego para demostrar su valor. Se celebra en muchas localidades de España: en Alicante, San Juan (Mallorca), Segovia y Soria. En San Pedro Manrique (Soria) se celebra el "paso del fuego", cuando algunos pasan andando por una alfombra de brasas sin quemarse los pies.

Las **Navidades** empiezan en España el 22 de diciembre con el sorteo de la Lotería y acaban el 6 de enero, día de los **Reyes Magos**. Son tiempo de estar en familia y es costumbre cenar juntos la noche del día 24 de diciembre –Nochebuena– y tomar las uvas a las 12 de la noche del día 31 de diciembre –Nochevieja– para tener suerte todo el año. En Madrid hay una gran fiesta popular en la Puerta del Sol para tomar esas doce uvas al son de las campanadas del reloj de la plaza.

Costumbres navideñas en España

La lotería de Navidad: El sorteo más famoso de la Lotería Nacional en España se celebra el 22 de diciembre. Se venden "décimos" en todo el país y se reparten grandes premios.

El belén y el árbol de Navidad: Tradicionalmente se colocaba en las casas españolas el "belén" –conjunto de figurillas de barro que representa el nacimiento de Jesús–, aunque la costumbre anglosajona de decorar un árbol en Navidad es más frecuente ahora.

La carta a los "Reyes Magos": Los niños españoles escriben en una carta la lista de juguetes que piden a los Reyes Magos. La tarde del 5 de enero, se celebra en muchas ciudades españolas **la cabalgata de Reyes**. Estos traen los regalos a los niños la noche del 5 de enero, aunque a causa de la influencia extranjera, aumenta el número de familias que intercambia los regalos el día 25 de diciembre.

El **turrón**, los **polvorones** y el **mazapán** son dulces navideños elaborados con almendra, miel y azúcar. La fiesta del 6 de enero se celebra en familia tomando el **roscón de Reyes**, bollo con forma de anillo y cubierto de azúcar y frutas que contiene una pequeña sorpresa en su interior.

1. ¿Cuáles son las "fiestas del fuego" más tradicionales en España?

_____

_____.

2. ¿Cuáles son las costumbres más típicas de la Navidad en España? Compara con las costumbres de tu país.

Costumbres de la Navidad en España	Costumbres en tu país
1.	1.
2.	2.
3.	3.
4.	4.
5.	5.

3. ¿Por qué crees que las procesiones de Semana Santa en España son más una atracción turística que una práctica religiosa?

_____

_____

_____

_____

_____

_____

_____.

V. Sociedad

Tiempo para las vacaciones

Los trabajadores en España tienen derecho a 14 días festivos pagados: nueve fechas son comunes a toda España, tres son determinadas por las distintas comunidades autónomas y dos son locales. Estas últimas pueden ser "móviles". A estas fiestas se añaden los 30 días de vacaciones anuales que los trabajadores disfrutan normalmente en agosto. Los estudiantes tienen más de dos meses de vacaciones en verano. Otros periodos de vacaciones para los españoles son la Navidad y la Semana Santa y, durante ese periodo, algunas personas participan en la conmemoración religiosa y otros aprovechan esos cuatro o cinco días para descansar o viajar.

Con el aumento del nivel de vida han cambiado los hábitos de las vacaciones y se viaja más, sobre todo a los distintos lugares de las costas españolas y al extranjero. Los jóvenes, que cada vez se quedan hasta una edad más avanzada en casa de sus padres, aprovechan las vacaciones para viajar independientemente con sus amigos.

Las fiestas "móviles" son un fenómeno muy especial. Si una fiesta local cae en domingo, se puede pasar la fiesta a otro día "relacionado" con la primera. Por ejemplo: en Madrid la fiesta local es el 15 de mayo, día de San Isidro Labrador. Si esta fiesta es un domingo, se puede pasar el día no laborable al 9 de septiembre, festividad de Santa María de la Cabeza, que fue la esposa de San Isidro.

Por este motivo es muy importante consultar el calendario laboral local antes de programar un viaje de negocios o de turismo.

Cuando empiezan o terminan las vacaciones es normal que en las carreteras españolas españoles haya atascos a la entrada y salida de las grandes ciudades.

Un **"puente"** es un fin de semana largo, formado por una fiesta que cae cerca del principio o del final de la semana, en martes o jueves, y que se une, tomando un día libre, al fin de semana. Esas pequeñas vacaciones de cuatro o cinco días son la ilusión de los trabajadores y el gran negocio de las agencias de viajes.

Desde el año 2013, el gobierno puede trasladar a los lunes fiestas de celebración nacional que se caen entre semana. Así se evitan "puentes" de varios días que pueden afectar a la economía.

1. ¿Qué son los "puentes"?

_____

_____

_____

_____

_____.

2. ¿Existen también en tu país? Razona tus respuestas.

_____

_____

_____

_____

_____.

3. ¿Cómo explicas que si tú estás en Madrid y es un día de fiesta, un amigo tuyo que estudia en Barcelona tenga que ir a sus clases?

_____

_____

_____

_____.

4. ¿Qué tipo de calendario debes consultar antes de organizar una reunión de tu empresa en Madrid?

_____

_____

_____

_____.

5. • Escribe un anuncio de una agencia de viajes de tu país para ofrecer la Semana Santa en España.

   • Escribe un anuncio de una agencia de viajes de tu país para ofrecer a un grupo de españoles lo que pueden ver en tu país durante una semana de vacaciones.

_____

_____

_____

_____.

_____

_____

_____

_____.

19. Las manifestaciones literarias

La literatura medieval

La literatura en lengua castellana nació en la Edad Media, cuando aparecen las lenguas romances. Las obras más antiguas son canciones y poemas que los "juglares" representaban en las plazas de los pueblos y en los castillos. Se transmitían por vía oral y algunas no se han conservado en forma escrita. Algunos poemas describían las aventuras de los héroes medievales (poesía épica, cantares de gesta) y otros eran de tema religioso.

Obras de la literatura medieval castellana

- El *Cantar de Mío Cid* (s. XII). Es un poema que narra las hazañas de Rodrigo Díaz de Vivar, conocido como el Cid Campeador.

- *Milagros de Nuestra Señora* (s. XIII), poesías cultas y religiosas escritas por Gonzalo de Berceo, monje de San Millán de la Cogolla (La Rioja) , y primer autor del que tenemos noticias ciertas.

- Los escritos científicos e históricos del rey Alfonso X el Sabio (s. XIII).

- El *Libro de buen amor*, del Arcipreste de Hita (s. XIV).

- Los poemas del Marqués de Santillana y *La Celestina* de Francisco de Rojas en el siglo XV.

- *Los Romanceros*: recopilación de poemas populares de los siglos XIV y XV.

Cantigas de Santa María, Alfonso X el Sabio. Biblioteca del Monasterio de San Lorenzo de El Escorial (Madrid).

Don Quijote y Sancho Panza son personajes conocidos en todo el mundo y en ocasiones han sido un símbolo de España y del carácter de sus gentes.

Siglo de Oro (siglos XVI y XVII)

Son llamados así el siglo XVI (**Renacimiento**) y el siglo XVII (**Barroco**), pues en ellos **florece la cultura española**, sobre todo en el campo de la literatura, que se hace universal.

En el **siglo XVI** las obras más importantes pueden dividirse en: **Literatura religiosa** –Fray Luis de León, San Juan de la Cruz y Santa Teresa de Jesús son sus máximos representantes– y **Literatura profana**. Dentro de ésta nace un género típicamente español: **la novela picaresca**, cuyo ejemplo más importante es *La vida de Lazarillo de Tormes y de sus fortunas y adversidades*, protagonizada por un niño, un **"pícaro"** que utiliza su ingenio para salir de todas situaciones. Pero en el campo de la novela, la obra cumbre es *El ingenioso hidalgo Don Quijote de la Mancha*, de Miguel de Cervantes.

El **siglo XVII** es la época de mayor influencia de la literatura española en Europa, tanto en prosa como en poesía y teatro. Los grandes autores son: Lope de Vega, Luis de Góngora, Francisco de Quevedo y Pedro Calderón de la Barca.

1. ¿Por qué las obras de los juglares no se han conservado? ¿Qué temas trataban?

   _____

   _____

   _____.

2. Cita tres obras y dos autores importantes de la literatura medieval española.

   _____

   _____

   _____.

3. ¿Quién escribió La Celestina? ¿Cómo se llama también esta obra? ¿Sabes lo que significa ahora esta palabra? Si tienes dudas, consulta el diccionario.

   _____

   _____

   _____.

4. El Lazarillo de Tormes

   "Agora quiero yo usar contigo de una liberalidad, y es que ambos comamos este racimo de uvas y que hayas de él tanta parte como yo. Partillo hemos de esta manera: tú picarás una vez y yo otra, con tal que me prometas no tomar cada vez más de una uva. Yo haré lo mismo hasta que lo acabemos, y de esta suerte no habrá engaño.

   Hecho así el concierto, comenzamos; mas luego al segundo lance, el traidor mudó propósito, y comenzó a tomar de dos en dos, considerando que yo debería hacer lo mismo. Como vi que él quebraba la postura, no me contenté ir a la par con él, mas aún pasaba adelante: dos a dos y tres a tres y como podía las comía. Acabado el racimo, estuvo un poco con el escobajo en la mano, y, meneando la cabeza, dijo:

   – *Lázaro, engañado me has. Juraré yo a Dios que has tú comido las uvas tres a tres".*

   – *No comí –dije yo–; mas ¿por qué sospecháis eso?*

   Respondió el sagacísimo ciego:

   – *¿Sabes en qué veo que las comiste tres a tres? En que comía yo dos a dos y callabas.*

   • Sabiendo que el amo del Lazarillo era ciego, lee despacio este párrafo de El Lazarillo de Tormes y resume su contenido.

   _____

   _____

   _____

   _____.

VI. Cultura

Neoclasicismo, Romanticismo y Realismo (siglos XVIII y XIX)

El **siglo XVIII** (**Neoclasicismo**) es el siglo de la Ilustración y en España se fundan instituciones culturales como la Biblioteca Nacional y la Real Academia Española de la Lengua.

En el **siglo XIX**: Existen dos grandes movimientos literarios:

- **El Romanticismo**: que proclama la libertad del hombre a expresar sus sentimientos. Los grandes románticos españoles son los poetas (Gustavo Adolfo Bécquer, Rosalía de Castro), los escritores dramáticos (José Zorrilla, con *Don Juan Tenorio*) y los costumbristas (Mariano José de Larra).

- **El Realismo**: que se inspira en la vida y en las tierras de España. Destacan autores como Benito Pérez Galdós (*Fortunata y Jacinta*), Leopoldo Alas, *Clarín* (*La Regenta*), y Vicente Blasco Ibáñez (*Cañas y Barro*, *La Barraca*).

Literatura moderna del siglo XX

En la primera mitad del siglo XX, la literatura es de gran riqueza y muy variada. Tras la pérdida del Imperio español a finales del siglo XIX, nace la **Generación del 98** (*ver tema II*) en un ambiente de pesimismo. En novela destacan Miguel de Unamuno, Pío Baroja, José Martínez Ruiz, *Azorín*, Ramón María del Valle-Inclán y en poesía Antonio Machado. Más adelante aparece la **Generación de 1914** o **Novecentismo** que tiene una orientación filosófica. Líder de este movimiento es el filósofo José Ortega y Gasset. Finalmente, la **Generación del 27** se compone de un importante grupo de poetas que unen la vanguardia con la tradición y con los clásicos. Esta época se considera una nueva Edad de Oro de la poesía española con autores como Federico García Lorca, Rafael Alberti, Vicente Aleixandre, Dámaso Alonso, Gerardo Diego, Josefina de la Torre, Rosa Chacel y Miguel Hernández. Este impulso lo cortará la guerra civil.

En la primera mitad del siglo, los grandes autores de teatro son Jacinto Benavente (Premio Nobel), Ramón María del Valle-Inclán y Federico García Lorca.

Los años de la posguerra son de silencio literario, aunque sobresalen, en 1942, *La familia de Pascual Duarte*, de Camilo José Cela, y en 1944, *Nada*, de Carmen Laforet. En 1955 nace el realismo social, que denuncia la realidad concreta de España. Las dos novelas fundamentales de este periodo son *La colmena* (1951), de Camilo José Cela y *El camino* (1950), de Miguel Delibes. A partir de 1975, sobre todo desde los años 80, hay un retorno a fórmulas tradicionales y de interés por lo humano. En novela destacan Eduardo Mendoza, Javier Marías, Antonio Gala y José Luís Sampedro. La novela histórica en España cada día cuenta con más lectores y dos autores destacados son Almudena Grandes y Arturo Pérez-Reverte.

En teatro, la obra *Historia de una escalera*, de Antonio Buero Vallejo, tiene un gran éxito e introduce en la escena española el realismo y los problemas humanos.

Literatura española y los premios Nobel

Cinco españoles han conseguido un Premio Nobel de Literatura: **José Echegaray** (1901), **Jacinto Benavente** (1922), **Juan Ramón Jiménez** (1956), **Vicente Aleixandre** (1977) y **Camilo José Cela** (1989).

Otros autores de lengua española lo han conseguido como: **Gabriela Mistral** (1945), **Miguel Ángel Asturias** (1967), **Pablo Neruda** (1971), **Gabriel García Mázquez** (1982) y **Octavio Paz** (1990).

En el 2010 recibió este premio el escritor peruano **Mario Vargas Llosa**, que tiene también la nacionalidad española desde el año 1993.

El escritor Mario Vargas Llosa en la presentación de su último libro en Madrid en 2019.

En la actualidad, destacan los montajes de algunas compañías de teatro como Animalario o El Teatro del Duende, así como los **monólogos** de actores y actrices populares.

Los **Premios Miguel de Cervantes** se crearon en 1976 y son los premios literarios más importantes en lengua castellana.

Premian a un autor, español o iberoamericano, cuya obra contribuya especialmente al patrimonio cultural hispánico. El premio se entrega en la Universidad de Alcalá de Henares (Madrid) el 23 de abril de cada año, fecha en la que se conmemora la muerte de Cervantes.

El Rey de España preside su entrega. Algunos galardonados han sido: Jorge Luis Borges (1979), Mario Vargas Llosa (1994), Francisco Umbral (2000), Rafael Sánchez Ferlosio (2004), Ana María Matute (2010), Elena Poniatowska (2013), Juan Goytisolo (2014), Eduardo Mendoza (2016), Ida Vltale (2018), Joan Margarit (2019) y Francisco Brines (2020).

El rey Felipe VI entrega a Ida Vitale el Premio Cervantes 2018.

1. ¿Qué es lo que caracteriza al Romanticismo¿ ¿Y al Realismo?

   _____

   _____

   _____ .

   • *Cita tres autores románticos españoles.*

   _____

   _____ .

   • *Cita tres obras fundamentales del Realismo.*

   _____

   _____ .

2. ¿Qué es la Generación del 98? ¿Qué piensa de la España de finales del siglo XIX y quiénes fueron sus protagonistas?

   _____

   _____

   _____ .

3. ¿Qué es lo que caracteriza a la Generación del 27? ¿Cuáles son sus autores más importantes?

   _____

   _____

   _____ .

4. ¿Cómo influyó la guerra civil en la literatura española? ¿Qué autores nacieron después de este conflicto?

   _____

   _____

   _____ .

5. Entre los nombres de escritores hispanohablantes de la tabla siguiente hay tres que han sido premiados con el Nobel de Literatura. Pon una X junto a ellos.

   Antonio Machado ☐

   Juan Ramón Jiménez ☐

   Miguel Delibes ☐

   Camilo José Cela ☐

   Jacinto Benavente ☐

   Ida Vitale ☐

20. Las artes plásticas

Arquitectura

Es uno de los campos del arte en donde se aprecia mejor la larga historia de España. Su arquitectura **romana** es la más importante de Europa después de Italia. Los monumentos de las ciudades como **Segovia, Mérida o Tarragona** son algunos ejemplos de la huella que Roma dejó.

El **arte medieval** en España es el resultado de su historia. Con la llegada de los visigodos en el siglo v, de los musulmanes en el VIII, y la apertura del Camino de Santiago en el x, se utilizan nuevos elementos artísticos. Ello hace de España un lugar distinto al resto de países europeos, pues cuenta con influencias mediterráneas, centroeuropeas y orientales a la vez.

En la arquitectura medieval española se distinguen dos áreas: la cristiana, al norte de la península y la musulmana al sur.

Arte cristiano: La arquitectura es casi toda religiosa y defensiva. Se construyeron iglesias, monasterios, catedrales y castillos. La pintura y la escultura están integradas en los edificios y tienen un carácter didáctico: las representaciones religiosas enseñan a los fieles a entender la religión cristiana.

La zona cristiana desarrolló, a partir del arte visigodo, un nuevo estilo llamado prerrománico. Sus edificios son robustos, de muros de gruesos y poca decoración. Su evolución natural da origen al arte románico (siglos XI-XII), con influencia de los peregrinos franceses que hacían el Camino de Santiago. Ejemplos de ello son el **monasterio de Silos** (Burgos) y el de **Santa María de Ripoll** (Gerona).

Con el arte gótico (siglos XIII-XV) los edificios se estilizan y los muros se hacen más delgados, permitiendo así la colocación de vidrieras (ventanas de cristales de colores). Estas dejaban entrar más luz, símbolo de la gracia de Dios, y sustituían a las pinturas que decoraban las iglesias románicas. El edificio más característico es la catedral. A finales de la edad Media, en España nace el plateresco, que debe su nombre a la decoración que recibían los edificios que recordaba el trabajo de los plateros. Un bello ejemplo es la fachada de la **Universidad de Salamanca**.

La catedral de Toledo se construyó en el siglo XIII sobre una mezquita de época anterior. Es de estilo gótico.

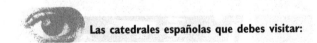

Las catedrales españolas que debes visitar:

Las más significativas son las de **León** (con sus hermosas vidrieras); la de **Burgos** (la obra cumbre del gótico español); y las de **Toledo**, **Sevilla**, **Gerona**, **Salamanca** y **Santiago de Compostela**.

Cúpula interior de la mezquita de Córdoba.

Arte musulmán: La llegada de los musulmanes en el siglo VIII generalizó el uso del arco de herradura así como la decoración geométrica y vegetal en las paredes de los edificios.

España conserva hermosos ejemplos de arte islámico en castillos, edificios religiosos –mezquitas– y palacios, como la Aljafería de Zaragoza. Muestras del arte hispano-musulmán son la **mezquita de Córdoba** –con su impresionante bosque de columnas y arcos–, la de Sevilla –de la que solo queda una torre: **la Giralda**, integrada hoy en la catedral cristiana de la ciudad– y la **Alhambra de Granada,** bello conjunto de palacios, residencias de funcionarios y jardines que domina la ciudad andaluza.

1. Responde si las frases siguientes son verdaderas o falsas:

	V	F
• En Segovia construyeron los romanos un acueducto	☐	☐
• La arquitectura medieval cristiana es sobre todo religiosa y defensiva	☐	☐
• La arquitectura romana en España no es importante	☐	☐
• Las vidrieras son típicas del arte musulmán	☐	☐

2. ¿Cuáles son los dos tipos de arte medieval en España?

   Cita las características generales de cada uno de ellos y pon un ejemplo.

   _____
   _____
   _____.

3. Observa las fotografías e identifica a qué tipo de estilo artístico representan.

   _____ _____

4. Cita algún edificio de época islámica en España. Si has visitado alguno: ¿Qué es lo que más te ha gustado: los azulejos de las paredes, los arcos, las fuentes o los jardines?

   _____
   _____
   _____.

5. ¿Cuáles son las catedrales más importantes de España? ¿Conoces alguna catedral? ¿Qué es lo que más te ha llamado la atención?

   _____
   _____
   _____.

VI. Cultura

Renacimiento (siglo XVI): Es un estilo que viene de Italia y pone de moda elementos de construcción de la arquitectura clásica de Grecia y Roma. Sus características principales son la simetría de las formas y el uso de capiteles clásicos (dórico, jónico y corintio).

El Renacimiento llegó a España a través de artistas italianos que trabajaron en las cortes de Carlos V y Felipe II. El edificio más característico de este período es el **Monasterio de El Escorial,** realizado por Juan de Herrera. Fue construido por orden del rey Felipe II para albergar la tumba de su padre, el emperador Carlos V, y para celebrar la victoria de San Quintín sobre los franceses. En su interior se encuentran las tumbas de algunos reyes y reinas de España desde el siglo XVI hasta el XX.

Barroco (siglo XVII y XVIII): Nació como reacción al Renacimiento y tiene formas redondeadas y curvas, como podemos contemplar en la iglesia de **Santa Isabel en Zaragoza**. De la excesiva decoración arquitectónica con complicadas formas nace el **"churrigueresco",** estilo propio del barroco español, que toma el nombre del arquitecto y escultor José de Churriguera.

Neoclásico (último tercio siglo XVIII): Los descubrimientos realizados en las excavaciones de Pompeya y Herculano (Nápoles, Italia) traen el retorno a las formas del arte clásico.

El estilo Neoclásico llegó a España con el rey Carlos III, que venía de Nápoles y se rodeó de arquitectos franceses e italianos. Realizó obras de gran importancia en Madrid, donde ordenó la construcción de la **Puerta de Alcalá,** el **Hospital General** (hoy Museo Nacional Centro de Arte Reina Sofía), el **Museo Nacional del Prado** y el **Jardín Botánico.**

La Puerta de Alcalá se encuentra en el centro de Madrid, junto al parque de El Retiro. Aunque ahora está considerada como un monumento, cuando se inauguró era una verdadera puerta de entrada a la ciudad y bajo sus arcos pasaban hombres y carruajes.

Siglo XIX: El Romanticismo europeo no llega a España hasta fin de siglo. El arte español de esta etapa se caracteriza por su eclecticismo (la mezcla de diversos estilos).

Al final del siglo se realiza una arquitectura en hierro, sobre todo en puentes (**Puente de Vizcaya** o Puente de Portugalete, de Alberto Palacios, en Bilbao) y estaciones de ferrocarril.

España conserva muchos e interesantes edificios religiosos de arte barroco. Fachada del Obradoiro de la catedral de Santiago de Compostela.

1. ¿Cómo influye Italia en el Renacimiento español?

_____
_____
_____
_____
_____
_____
_____
_____.

2. ¿Cuál es el edificio más característico del Renacimiento español?

   • ¿Qué rey lo hizo construir y por qué motivo?

_____
_____
_____
_____
_____
_____.

3. Relaciona con una flecha los conceptos y nombres siguientes:

Monasterio de El Escorial (Madrid)	Arquitectura en hierro	Siglo XIX
Iglesia de Sta. Isabel (Zaragoza)	Juan de Herrera	Siglo XVI
Museo Nacional del Prado	Neoclásico	Finales siglo XVIII
Puente de Vizcaya (Bilbao)	Barroco	Siglo XVII

4. Busca en Internet fotos de las obras mencionadas y, entre todos, elegid la favorita de la clase

_____
_____
_____.

137

VI. Cultura

Siglo xx: En los primeros años, el arquitecto más importante es Antonio Gaudí, que introdujo en España el **Modernismo:** un estilo nuevo –que en Francia se denominó *Art Nouveau* y en Inglaterra, *Liberty*– en el que dominan las líneas curvas de inspiración en la naturaleza y los materiales nuevos como el hierro y el cristal. Pero Gaudí logró un estilo propio con el uso en la construcción de sus edificios de la cerámica y el esmalte de vivos colores. Algunas de sus obras más famosas son el parque Güell y la iglesia de la **Sagrada Familia** en Barcelona.

Después de la **guerra civil** (1936-1939), España queda aislada del resto de Europa y se realiza una arquitectura de reconstrucción que no sigue ningún estilo artístico concreto. A partir de 1950, los arquitectos españoles traen nuevas tendencias de Europa y Estados Unidos.

En los últimos años del siglo, algunos arquitectos españoles adquieren reconocimiento internacional. Este es el caso de Rafael Moneo (Museo de Arte Romano de Mérida), Santiago Calatrava (Museo de las Artes y las Ciencias de Valencia y Turning Torso) –el edificio residencial más alto de Suecia– o Ricardo Bofill (Teatro Nacional de Cataluña).

El conjunto arqueológico de Tarragona conserva interesantes edificios de época romana, entre los que destacan las murallas, el acueducto y el anfiteatro que fue construido junto al mar.

Patrimonio de la Humanidad en España

España posee un rico patrimonio cultural. Es el segundo con mayor número de bienes culturales y naturales declarados Patrimonio de la Humanidad por la Unesco en el mundo, por detrás de Italia. Tiene más de cincuenta entre los que se encuentran las ciudades de **Alcalá de Henares**, **Ávila**, **Baeza**, **Cáceres**, **Córdoba**, **Cuenca**, **Ibiza**, **Mérida**, **Salamanca**, **San Cristóbal de la Laguna**, **Santiago de Compostela**, **Segovia**, **Tarragona**, **Toledo** y **Úbeda**. En los últimos años han entrado a formar parte de esta lista el **sitio arqueológico de Atapuerca** (Castilla y León), la **muralla romana de Lugo** (Galicia), el **conjunto arqueológico de Tarragona** (Cataluña), el **paisaje cultural de Aranjuez** (Madrid), el **Puente de Vizcaya** o Puente de Portugalete (Bilbao), la **ciudad califal de Medina Azahara** (Córdoba) y el **Flamenco**.

El Templo de la Sagrada Familia fue proyectado por Antonio Gaudí. Su construcción comenzó en 1883 y aún hoy no se ha terminado (Barcelona).

1. ¿Quién es el máximo representante del Modernismo en España? Cita algunas de sus obras más importantes.

   _____
   _____
   _____
   _____
   _____
   _____
   _____ .

2. Busca en la página www.barcelonaturisme.com la "ruta Gaudí" y describe los materiales que utilizó en la construcción de sus obras el arquitecto catalán.

   • De la obra de Gaudí se han hecho muchas interpretaciones. ¿Qué opinas tú de sus obras? ¿Te parece original?

   _____
   _____
   _____
   _____
   _____ .

3. ¿Cómo influyó la Guerra Civil en la arquitectura española?

   _____
   _____
   _____
   _____
   _____ .

4. Busca en esta sopa de letras los nombres de ocho ciudades españolas que son Patrimonio de la Humanidad (Unesco).

```
Z S E X D R C F T S E G O V I A V G Y B
P A I U Y T T O L E D O R E W Q A S C T
G L F R E D S W Q A P A M K T J U N Q H
Y A T F R C D W S Q A Y V U J I U Y R E
D M F T G U N H J I E A A I P Ñ M N D G
C A C E R E S H B G V F C D L E S A O T
E N O L C N B G F R D E S W A A I J B G
G C F C D C S E R T U O L K J L O G A K
S A N T I A G O D E C O M P O S T E L A
```

VI. Cultura

Pintura. Pintura española del Siglo de Oro: los grandes maestros

La pintura española del XVII alcanzó fama universal. En el Siglo de Oro, los grandes maestros españoles crearon una escuela que fue admirada en todo el mundo.

El Greco (1541-1614): Domenico Theotocopulos, más conocido por el nombre de El Greco (el Griego), nació en la isla de Creta y llegó llega a España en 1576, para colaborar en la decoración del monasterio de El Escorial, pero su estilo no gustó a Felipe II y se trasladó a Toledo, donde vivió hasta su muerte. Sus cuadros son de tema religioso aunque también pinta retratos para los nobles de la corte. Su obra es muy personal: mezcla colores oscuros y brillantes y alarga el contorno de las figuras para hacerlas más espirituales. Su estilo es el **manierismo**. Su pintura más famosa es *El Entierro del conde de Orgaz* (Iglesia de Santo Tomé, Toledo).

El Greco. El entierro del conde de Orgaz, Iglesia de Santo Tomé (Toledo).

Murillo (1617-1682): Bartolomé Esteban Murillo nació y trabajó en Sevilla. En su pintura destacan los cuadros de tema religioso (*La Inmaculada, El Buen Pastor*) y sus retratos de niños de la calle (*Niños comiendo uvas y melón*). El tratamiento de la luz y el detalle de las telas son rasgos especiales de su obra. Su estilo pertenece al **barroco**.

Murillo. Sagrada Familia del pajarillo, Museo Nacional del Prado (Madrid).

Velázquez (1599-1660): Diego de Silva y Velázquez nació en Sevilla y fue **pintor de la corte** con Felipe IV. Su pintura realista y el análisis de los personajes lo convierten en uno de los pintores españoles más universales. Su estilo es el **barroco**. Sus principales obras son: *Las Hilanderas*, *Las Lanzas* o *La rendición de Breda*, *Cristo crucificado* y *Las Meninas*, llamado también *La familia de Felipe IV*, que se ha convertido en una de las más importantes de la pintura española

Velázquez. Las Meninas, Museo Nacional del Prado (Madrid).

ACTIVIDADES

VI. Cultura

La pintura española en los siglos XVIII y XIX

Goya (1786-1828): Francisco de Goya nació en Fuendetodos (Zaragoza). Su obra se divide en varias etapas: los **cartones para la elaboración de tapices** de la Real Fábrica de Tapices; los **retratos de corte** (*La maja vestida, La maja desnuda, La familia de Carlos IV*); los cuadros que reflejan **los horrores de la guerra** de la Independencia (*El 2 de Mayo* o *La carga contra los mamelucos y Los fusilamientos del 3 de mayo de 1808*) y **las pinturas negras**.

Con su personal estilo y una pincelada suelta, supo expresar en sus obras el espíritu de su época. Se le considera el padre del arte moderno en España. Trabajó como pintor de la corte de los reyes Carlos IV y Fernando VII.

Goya. *Detalle de La familia de Carlos IV, Museo Nacional del Prado (Madrid).*

1. Apunta una característica del estilo de los pintores siguientes y alguna de sus pinturas más conocidas:

   El Greco: _____
   _____
   _____.

   Murillo: _____
   _____
   _____.

   Velázquez: _____
   _____
   _____.

   Goya: _____
   _____
   _____.

2. Los reyes de España son mecenas de los artistas de su época y eligen a un pintor para ser el "fotógrafo" oficial de las personas de la familia real y del espíritu de la época: son los pintores de cámara o pintores de la corte.

   • Cita dos pintores de la corte y algunas de sus obras más famosas.
   _____
   _____
   _____
   _____.

3. ¿Qué ciudad castellana está íntimamente ligada a El Greco?
   _____
   _____
   _____
   _____.

4. Francisco de Goya retrató los acontecimientos de su época como un periodista gráfico. ¿Puedes describir qué acontecimientos históricos influyeron en su pintura y citar los más importantes?
   _____
   _____
   _____
   _____.

5. ¿Por qué las "pinturas negras" de Goya se llaman así? Busca información

Pablo Picasso (1881-1973): nació en Málaga, empezó su formación en Barcelona y se trasladó muy joven a París. Su estilo es el **cubismo**, que rompe con la perspectiva de la pintura tradicional y presenta ante el espectador todos los puntos de vista de la obra.

Picasso. Guernica (1937), Museo Nacional Centro de Arte Reina Sofía (Madrid).

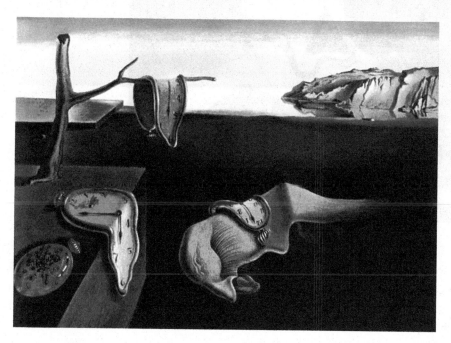

Salvador Dalí (1904-1989): nació en Barcelona y se formó en la escuela de Bellas Artes de Madrid antes de trasladarse a París. Es una de las figuras más importantes del movimiento **surrealista**. Fue un personaje excéntrico y su obra es una mezcla de genio artístico y una depurada técnica.

Dalí. La persistencia de la memoria (1931). Museo de Arte Moderno (Nueva York).

VI. Cultura

Joan Miró (1893-1983): nació en Barcelona y en los años veinte se unió al **surrealismo** en París. Además de cuadros, también realizó grandes murales para el edificio de la Unesco en París y el mural del Palacio de Congresos y Exposiciones de Madrid.

Miró. Interior holandés (1928), Museo Sorolla (Madrid).

La pintura **abstracta** española cuenta con artistas excepcionales como **Tàpies**, Manuel Viola, María Blanchard o Antonio Saura. Dentro del llamado **"realismo mágico,"** **Antonio López** es el artista más importante. Por último, las nuevas tecnologías y el diseño están protagonizados por **Javier Mariscal**.

Otro de los pintores más universales es Miquel Barceló, autor de la cúpula de la Sala de los Derechos Humanos del Palacio de las Naciones Unidas en Ginebra.

Escultura del siglo XX

Destacan: **Mariano Benlliure**, famoso por sus escenas taurinas y **Pablo Gargallo**, que realiza esculturas en hierro y logra dar al cubismo una expresión tridimensional. Continúa su obra **Eduardo Chillida**, escultor **abstracto** de reconocimiento internacional, al igual que **Jorge Oteiza**. Por sus obras de gran formato, sobresale también **Manolo Valdés**.

Chillida. El Peine del Viento XV (1977), en la playa de Ondarreta, en San Sebastián (Guipúzcoa).

Oteiza. Un visitante en el Museo Jorge Oteiza.

1. Cita tres pintores importantes del siglo XX en España y di a qué estilo pertenecen.

_____

_____

_____.

2. La pintura impresionista en España está representada por **Joaquín Sorolla (1863-1923)**. Son famosos sus paisajes del Levante español. El tratamiento de la luz y el color son los protagonistas de su pintura, por lo que su estilo se denominó "luminismo".

Sorolla. Paseo a orillas del mar (1909). Museo Sorolla (Madrid).

Observa la pintura y comenta qué te sugiere las diferencias que adviertes con otros pintores españoles de la misma época.

_____

_____

_____

_____.

3. Observa el Guernica de Picasso y contesta las siguientes preguntas.

- ¿Qué ocurría en España en esos años?

- ¿Qué denuncia el pintor en esta obra?

- Observa este cuadro de Picasso y describe en pocas líneas su estilo.

- ¿Cuál es la figura que más te llama la atención?

_____

_____

_____

_____

_____.

4. Busca en internet obras surrealistas de Miró y Dalí (www.fmirobcn.org y www.salvador-dali.org) y señala las diferencias entre ambos pintores.

_____

_____

_____.

5. ¿Quién es el representante del "realismo mágico" en España?

_____.

Los grandes museos

Museo Nacional del Prado (Madrid)

Es el gran museo del arte español y guarda la mejor colección del mundo de pintura española (El Greco, Velázquez, Goya, Ribera, Zurbarán y Murillo), junto con obras de la pintura flamenca, italiana, alemana, francesa e inglesa.

El origen de sus valiosos fondos está en la colección de pintura de los reyes españoles que la reina Isabel de Braganza, esposa de Fernando VII, reunió en el edificio del Paseo del Prado que ahora es museo. En la I República, el museo fue nacionalizado y pasó a llamarse Museo Nacional del Prado.

Su colección de pinturas ha ido aumentando con los fondos del Museo de la Trinidad y nuevas adquisiciones que se realizaron desde el siglo XIX a través de compras del Estado, donaciones o suscripciones públicas.

Puerta de Velázquez del Museo Nacional del Prado.

Museo Nacional Centro de Arte Reina Sofía (Madrid)

Está situado en el edificio del antiguo Hospital General del siglo XVIII. Después de una gran remodelación se inaugura como museo en 1992 y abre al público nuevas salas en 2005. Alberga la colección nacional de arte español del siglo XX, principalmente de pintura y escultura española. Guarda obras de Dalí, Miró, Juan Gris, Chillida, Antonio López, Tàpies y diversos artistas internacionales. En su colección permanente se encuentra el **Guernica de Picasso**.

Museo Guggenheim (Bilbao)

Construido junto a la ría de Bilbao y el Puente de la Salve, se ha convertido en uno de los edificios más emblemáticos de la ciudad. Fue diseñado por el arquitecto norteamericano Frank O. Gehry, que ideó un complejo edificio de varios volúmenes, cubierto de cristal, piedra y titanio. Está gestionado por instituciones culturales del País Vasco y la Fundación Solomon R. Guggenheim y alberga una importante colección internacional de arte moderno y contemporáneo, tanto americano como europeo, del siglo XX.

1. Eres un guía especializado en arte y viene un grupo de turistas a España pero solamente tienen tiempo para visitar un museo. Prepara una visita a uno de los museos más importantes y argumenta por qué se debería visitar ese museo.

Museo	En qué ciudad se encuentra	Qué tipo de arte contiene	Sus obras más importantes son...

_____
_____
_____.

2. ¿Dónde se encuentra la mejor colección de pintura española del mundo?

_____
_____.

3. ¿Cómo nació la colección de pintura del Museo Nacional del Prado?

_____
_____
_____
_____.

4. Para contemplar obras de Dalí, Miró o Tàpies, ¿qué museo visitarías?

_____
_____.

5. ¿Por qué se ha convertido el museo Guggenheim de Bilbao en referencia de los museos de arte moderno del mundo?

_____
_____
_____
_____.

21. La música y el folclore

La Tabernera del Puerto. Del éxito de la ópera italiana en todas las cortes europeas, nació en España un espectáculo mucho más popular: la zarzuela, llamada "el género chico".

La música española

Una parte muy especial de la cultura española es su música y un género típicamente español es la **zarzuela:** comedia dramática con bailes y escenas habladas y cantadas. Vivió su época dorada en el siglo XIX con obras como *La verbena de la Paloma* de Tomás Bretón, *Agua, azucarillos y aguardiente*, de Federico Chueca y *La Revoltosa* de Ruperto Chapí.

Hoy día se organizan ciclos de zarzuela en las fiestas, sobre todo en el verano, y ha recuperado su dimensión popular, mientras que la ópera está mejor considerada por las altas clases sociales.

En el siglo XX, la música española alcanza fama internacional con Enrique Granados (*Danzas españolas, Goyescas*); Manuel de Falla (*El sombrero de tres picos, Noches en los jardines de España*) y Joaquín Rodrigo, compositor del *Concierto de Aranjuez*, obra para guitarra y orquesta.

Folclore español: guitarra y flamenco

El folclore español es fruto de su historia, de la mezcla de culturas y de las tradiciones populares regionales. Las danzas de las primitivas civilizaciones íberas, celtas y griegas dieron lugar a bailes populares españoles como la **muñeira** (de origen celta y típica de Galicia) o la **sardana** (de origen griego, baile tradicional en Cataluña).

Todas las provincias poseen un folclore específico: los bailes regionales. El más destacado es la **jota,** que se baila entre chicos y chicas y varía según las regiones. La más conocida es la jota aragonesa.

Dentro de los instrumentos típicos del folclore español destacan la guitarra y las castañuelas.

La guitarra española: Es un instrumento de madera con seis cuerdas que tiene su origen en la cítara griega y el *ud arábico*, que trajeron los musulmanes a España en el siglo VIII. Se utilizó desde la época medieval, pero en los siglos XIX y XX alcanzó fama internacional, sobre todo con Andrés Segovia y Narciso Yepes.

Las castañuelas: Son dos piezas cóncavas que, juntas, recuerdan la forma de una castaña. De origen fenicio, están fabricadas con madera dura o marfil. Están presentes en el folclore de varias regiones de España, pero son más populares en Aragón y Andalucía.

El flamenco: Es una de las expresiones del folclore español más conocidas en el mundo. En 2010, la Unesco declaró al flamenco Patrimonio Cultural Inmaterial de la Humanidad. Nació en Andalucía a finales de la Edad Media, de la unión de las culturas morisca, judía, cristiana y gitana.

Durante los siglos XIX y XX se extendió por toda España, y Madrid es hoy uno de sus núcleos más importantes.

El llamado **cante jondo** nació en grupos familiares andaluces o gitanos. Se hizo público en el siglo XIX a través de la expresión de sus penas y de sus alegrías, ya sea en las minas de Andalucía y de Levante o en los cafés, donde nace el **tablao flamenco.**

En el siglo XX se crea un mestizaje entre la música moderna y el flamenco tradicional: es la **rumba** o la música de grupos como Ketama o Pata Negra. El gran **cantaor** flamenco del siglo XX fue Camarón de la Isla y en el siglo XXI destacan Enrique Morente (1942-2010), José Mercé, Diego, el *Cigala* o Carmen Linares y Niña Pastori.

El **baile flamenco** tiene en la actualidad grandes estrellas de prestigio internacional, como Joaquín Cortés, Antonio Canales o Cristina Hoyos y Sara Baras.

Las castañuelas están tan integradas en nuestro folclore que algunos las consideran el instrumento nacional de España, junto a la guitarra.

1. ¿Por qué se dice que la zarzuela es la ópera de las clases populares?

   _____

   _____

   _____

   _____ .

2. Cita el título de alguna de las zarzuelas más conocidas y sus autores.

   _____

   _____

   _____

   _____ .

3. ¿Cuáles son los instrumentos más representativos de la música española? Descríbelos y comenta si te gustan o no.

   _____

   _____

   _____

   _____ .

4. Resume en pocas líneas los orígenes del baile flamenco y cita algunos de sus intérpretes más famosos.

   _____

   _____

   _____

   _____

   _____ .

5. ¿Qué es un tablao flamenco? ¿Has acudido a algún espectáculo de flamenco?

   _____

   _____

   _____

   _____ .

VI. Cultura

Javier Bardem y Penélope Cruz son dos de los actores españoles más conocidos internacionalmente. Bardem ganó un Óscar en el año 2007 y Penélope Cruz en el año 2009.

Actualidad en las artes escénicas

Cine: Los contratos de las distribuidoras de las salas de cine hacen que en España se vea sobre todo cine de Estados Unidos, aunque el cine español aumenta su público. La aparición de los minicines junto a los centros comerciales multiplicó el número de salas de cine en toda España. Madrid y Barcelona son las ciudades que siguen conservando más salas en el centro de la ciudad. El auge de las plataformas digitales, que permiten ver cine en televisión, ha disminuido el público en las salas de cine.

La evolución del cine español fue distinta a la del resto de Europa y ha estado ligada a los acontecimientos políticos. La guerra civil de 1936 y la posterior dictadura de Franco (*ver tema II*) dejaron poco margen a la libertad de expresión cinematográfica.

El gran maestro del cine español es el director **Luis Buñuel**, que en 1928 rodó *El perro andaluz*, de estética surrealista, con la colaboración de Salvador Dalí. Con este filme, Buñuel se convierte en referencia del cine nacional e internacional.

Después de la Guerra Civil, se rodaron películas de folclore español y de tema bélico, pero el cine de la

La censura

La censura de la época franquista actuaba sobre todo el proceso cinematográfico, revisando el guion, las imágenes, los sonidos, el título y la publicidad. Era normal que el público contemplara las películas con escenas enteras recortadas y frases cambiadas en el doblaje. Estaban prohibidos los documentales extranjeros y antes de cada proyección era obligatoria la proyección del NODO, noticiario en el que el régimen de Franco hacía propaganda de su gestión. La censura era ejercida por miembros del Ejército y de la Iglesia, las dos bases del régimen franquista.

dictadura estaba controlado por la **censura**, lo que reducía la calidad de sus películas.

En los años 50 hay un cambio y se rueda un cine más crítico y con más calidad, con directores como **Luis García Berlanga** o **Juan Antonio Bardem**. El triunfo, en 1961, en el Festival de Cannes, de la película de Luis Buñuel *Viridiana*, inicia una renovación del cine español con obras de directores de la Escuela Oficial de Cine como **Carlos Saura** o **Antonio Mercero**.

Con la democracia, el cine español se normaliza y puede competir con otros países. Directores como Pilar Miró, José Luis Garci o Mario Camus empiezan a ser conocidos en el extranjero. La mayor calidad de las películas atrae a figuras internacionales a los certámenes de cine, entre ellos el de mayor tradición en España: el **Festival de Cine de San Sebastián**.

Actualmente, el cine español tiene reconocimiento internacional. Los directores **Pedro Almodóvar** (*Todo sobre mi madre*, *La mala educación*, *Volver*, *Dolor y gloria*) y **Alejandro Amenábar** (*Los Otros*, *Mar adentro*), ambos galardonados por los Óscar de Hollywood, son los más representativos.

Entre los actores españoles que destacan el el panorama internacional están Antonio Banderas, la cubano-española Ana de Armas, Paz Vega, Javier Bardem y Penélope Cruz. Estos dos últimos han recibido un Premio Óscar de la Academia de Hollywood.

La intérprete cubano-española Ana de Armas es una de las artistas actuales con mayor proyección en Hollywood.

Los premios Goya

Cada año, desde 1987, la Academia de las Artes y las Ciencias Cinematográficas de España (AACC) premia a los mejores profesionales de las diferentes categorías del cine español de ese año con el Premio Goya correspondiente. En la ceremonia de entrega, se da también el *Goya de Honor* a un profesional por toda su carrera en el mundo del cine.

1. *¿Cuál es el equivalente español a los Premios Óscar de Hollywood?*

   • *Mira en la página web de los Premios Goya (www.premiosgoya. com) los últimos premios otorgados y comenta la información y si conoces a alguno de los protagonistas.*

   • *¿Conoces otros premios equivalentes en otros países?*

   _____

   _____

   _____

   _____

   _____

   _____.

2. *¿Qué es la censura? Comenta en breves líneas el caso español.*

   _____

   _____

   _____

   _____

   _____.

3. *Cita los nombres de dos directores de mediados del siglo XX que dieron a conocer el cine español en el mundo y otros dos que ahora, en el siglo XXI, se han hecho famosos por los premios recibidos en Hollywood. ¿Conoces algunas de sus películas?*

   _____

   _____

   _____

   _____

   _____

   _____.

4. *El Festival Internacional de Cine de San Sebastián se celebra en esta ciudad del País Vasco desde el año 1953 y ha sido un importante escaparate para el cine más actual. Desde el año 1986, además de los premios tradicionales, se da el Premio Donostia a aquellos directores y actores que han contribuido con su trabajo a la historia del cine.*

   ¿Puedes citar el nombre de alguno que haya recibido este galardón? Si necesitas ayuda, visita la web oficial del festival: www.sansebastianfestival.com

   _____

   _____

   _____

   _____.

VI. Cultura

Teatro: La larga tradición teatral que nació en el Siglo de Oro se prolonga hasta nuestros días. Actualmente el teatro sigue vivo. Se representan obras del teatro clásico, espectáculos de revista y musicales, junto con obras de diversos autores contemporáneos que alternan el drama de realismo

El Teatro Español es la sala de espectáculos más antigua de Madrid.

El mito de Don Juan

El personaje de Don Juan fue creado por Tirso de Molina (*El burlador de Sevilla*, s. XVII). Este mito del hombre egoísta, seductor, apuesto, pecador y con un gran sentido del honor, se convertirá en una leyenda universal y es una importante aportación del teatro español a la cultura europea: el *Don Juan* de Molière o el de Lord Byron; la ópera *Don Giovanni*, de Mozart o el poema sinfónico de Richard Strauss son ejemplos de la influencia de este personaje a lo largo de los siglos. En España, Zorrilla, en el s. XIX, nos lo presenta en su *Don Juan Tenorio*. Esta obra es una referencia en la escena teatral española y tradicionalmente se representa el día 1 de noviembre, Día de Todos los Santos.

¿No es cierto, ángel de amor,
que en esta apartada orilla
más pura la luna brilla
y se respira mejor?

El Siglo de Oro

El XVII fue el Siglo de Oro del teatro español. Obras escritas en verso como *La dama boba* y *El perro del hortelano*, de Lope de Vega o *La vida es sueño*, de Calderón de la Barca se siguen representando hoy en día y son objeto de ciclos teatrales y festivales que recorren toda la geografía española.

social, la comedia surrealista o de enredo y las obras de éxito comercial.

Las compañías de teatro más conocidas son la Compañía Nacional de Teatro Clásico, que depende del Ministerio de Cultura y las compañías de Els Joglars, La Fura dels Baus o Tricicle, en Cataluña.

En los últimos años, han llegado los **musicales** a la cartelera teatral española. *Los Miserables, El Rey León* o *Billy Elliott* han sido algunos de estos espectáculos de mayor éxito en Madrid y Barcelona. Otros como *La llamada* o *El médico* de producción y creación española, han tenido también gran éxito.

Cartel del musical El rey León.

1. ¿Quién fue el creador del personaje de Don Juan?

   _____.

2. ¿Qué significa ser un "donjuán"?

   _____
   _____
   _____
   _____.

3. ¿Qué compañías de teatro son las que tienen más fama en España?

   _____
   _____
   _____
   _____
   _____.

4. A pesar de la tradición del teatro musical en España, los modernos musicales son una novedad en la escena española.

   • ¿Por qué crees que han logrado tanto éxito entre el público joven?

   _____
   _____
   _____
   _____
   _____
   _____.

5. ¿Te gusta el teatro? ¿Has ido alguna vez? ¿Qué tipo de obras son tus favoritas?

   _____
   _____
   _____
   _____
   _____.

VI. Cultura

La cantante Rosalía es la artista española que más galardones ha recibido de Academia Latina de la Grabación y en el año 2020 obtuvo el Premio Grammy al mejor albúm latino de rock urbano.

La música actual

España es un pueblo que canta. Desde siempre ha habido una gran tradición de bandas de música en los pueblos, que acompañan los acontecimientos populares, sobre todo en la zona del Mediterráneo, y los gitanos han expresado sus penas y sus alegrías a través del cante jondo.

En los años 60 aparecen los **cantautores,** que escriben y cantan sus propias letras con temas de política y sociedad, y a veces convierten sus obras en **canciones protesta**, sobre todo cuando las interpretan en las lenguas de las distintas regiones. Joan Manuel Serrat canta en catalán; Amancio Prada en gallego; Joaquín Sabina canta en castellano; y en lengua vasca, Gorka Knorr.

En la **música moderna,** lo más característico es la variedad de estilos y tendencias en el panorama musical español, que cada vez es más abierto a la influencia internacional: Funk, rock latino, pop retro, indie, punk…

Hay excelentes cantantes y grupos en diversidad de géneros. Entre los más conocidos destacan: Vetusta Morla, Fito& Fitipaldis, Los Planetas, Niños Mutantes, Alejandro Sanz, David Bisbal, Rosalía…

En la **música clásica española** hay importantes directores de orquesta; violonchelistas como Pau Casals (1876-1973); pianistas como Alicia de Larrocha (1923-2009) o Joaquín Achúcarro, y sobre todo cantantes de ópera excepcionales: Teresa Berganza, Ainhoa Arteta, Plácido Domingo, José Carreras y los ya fallecidos Alfredo Kraus, Victoria de los Ángeles y Monserrat Caballé.

La Compañía Nacional de Danza, el Ballet Nacional de España, la Orquesta Nacional de España, junto con la Orquesta y Coros de Radiotelevisión Española, son algunas de las instituciones públicas más relevantes.

La gastronomía es cultura

La cocina española está reconocida como unas de las mejores del mundo. Los nombres de *gazpacho, paella* o *tapas* son ya internacionales y la gastronomía es **Marca España**, forma parte de un proyecto para dar a conocer mejor a España en el extranjero. A través de su promoción en Congresos y ferias de alimentación internacionales, se busca dar una visión de país tradicional y moderno al mismo tiempo, diverso, creativo y abierto al cambio.

Como ejemplos de cambio y excelencia, surgen movimientos de gastronomía responsable y aumentan las ecogranjas en las regiones españolas. Varios cocineros españoles son conocidos mundialmente y sus restaurantes cuentan con las prestigiosas estrellas Michelin.

El cocinero **Ferrán Adrià**, varias veces elegido como el mejor del mundo por la revista inglesa *Restaurant,* es un ejemplo de esa creatividad. En pleno éxito, ha dejado su restaurante para dedicarse a investigar. Tiene un acuerdo de cinco años con la universidad de Harvard (EE. UU.) para trabajos de investigación en Ciencia y Cocina. También, para fomentar la comida sana, ha escrito con el cardiólogo Valentín Fuster, el manual pedagógico *La cocina de la salud.*

Ferrán Adriá.

1. Algunos cantautores de los años 60 y 70 pusieron música a poemas de épocas anteriores. Esto permitió a muchos jóvenes conocer obras de autores como Antonio Machado, Miguel Hernández o Federico García Lorca y que se hicieran más populares algunas poesías que habían estado prohibidas en época de Franco. Lee estos versos de la canción Para la libertad, del poeta Miguel Hernández, interpretados por el cantautor español Joan Manuel Serrat en 1972, con música del argentino Alberto Cortez.

> Para la libertad sangro, lucho, pervivo.
> Para la libertad, mis ojos y mis manos,
> como un árbol carnal, generoso y cautivo,
> doy a los cirujanos.
> Para la libertad siento más corazones
> que arenas en mi pecho: dan espuma mis venas,
> y entro en los hospitales, y entro en los algodones
> como en las azucenas.

(Para la libertad , Miguel Hernández, 1939)

• ¿A qué se refiere la canción? Recuerda los hechos que ocurrieron en España durante la fecha en que Miguel Hernández escribió este poema.

• ¿Por qué tiene tanta importancia conocer estos versos casi 40 años después?

_____

_____

_____

_____

_____ .

2. Ferrán Adriá ha creado una fundación llamada ALICIA, de Alimento y Ciencia. Con la idea de que "todo el mundo coma mejor" ¿qué te sugiere a ti esto?

_____

_____ .

3. Rosalía es una de las cantantes españolas con mayor proyección internacional siendo la primera artista en estar nominada a un Grammy al Mejor Nuevo Artista con un álbum en español.

• ¿Conoces alguna de sus canciones?

• ¿En qué ritmos españoles se basan sus canciones?

_____

_____

_____

_____

_____ .

La plaza de toros de Las Ventas (Madrid) comenzó a construirse en 1931 y actualmente sirve de escenario no sólo a corridas de toros sino también a espectáculos musicales.

Toros

Los toros son un espectáculo típicamente español con una larga tradición histórica. Nacieron como un entretenimiento y se celebraban en la plaza mayor de las ciudades y pueblos.

La corrida se divide en tres partes o "tercios" y, por lo general, tres toreros lidian seis toros. Tradicionalmente, el festejo taurino empieza con el paseíllo, en el que desfilan los toreros con el "traje de luces" seguidos de sus cuadrillas y del personal de la plaza. Existe otra modalidad de corrida que se realiza a caballo: el rejoneo.

Hay plazas de toros en casi todas las ciudades de España e incluso se montan **cosos** taurinos portátiles durante las celebraciones de algunas fiestas locales. Pero sin duda es la plaza de toros de Las Ventas, en Madrid, la que tiene una mayor categoría y son muchos los toreros que opinan que "salir por la puerta grande" de esta plaza es el mayor triunfo de su carrera. La ganadería de toros de lidia más conocida es la de Miura.

Aunque durante mucho tiempo las corridas de toros han sido la **fiesta nacional** por excelencia, en la actualidad una parte de la sociedad piensa que deberían prohibirse. En algunas comunidades autónomas, como Cataluña, han prohibido su celebración y tampoco hay corridas en Canarias.

La Comunidad Autónoma que más espectadores recibe cada año en sus plazas es Andalucía y allí, la entrada a las corridas de toros está permitida para todas las edades.

El estadio del Club de Fútbol Real Madrid, el Santiago Bernabéu, se inauguró en 1947 y desde entonces ha conocido varias reformas para ampliar la zona destinada a los espectadores.

Deportes

El fútbol es, sin lugar a dudas, el **deporte nacional,** aunque no son muchos los que lo practican. Gran cantidad de aficionados acude cada domingo a los partidos, lo siguen a través de la radio y la televisión y leen las crónicas de los partidos en dos de los periódicos más vendidos en España, *As* y *Marca*.

El fútbol aparece en España en los últimos años del siglo XIX y fue introducido por los ingleses de las explotaciones mineras de Huelva y Vizcaya. Los equipos más destacados internacionalmente son el Real Madrid y el Fútbol Club Barcelona; pero otros equipos como el Atlético de Madrid o el Sevilla Fútbol Club son referentes en el ámbito europeo, tanto en las competiciones femeninas como en las masculinas.

Existen dos grandes competiciones nacionales: el Campeonato de Liga y la Copa del Rey. Los ganadores de ambas competiciones y los mejores clasificados de la Liga compiten en la Copa de Europa (*Champions League*) y en la Copa de la UEFA.

La victoria de España, en la Copa del Mundo del año 2010, ha aumentado la pasión por este deporte en todo el país.

Otros deportes

Baloncesto: Los partidos de la Liga **ACB** (Asociación de Clubes de Baloncesto) tienen cada vez más seguidores. Algunos de sus jugadores han sido seleccionados por los grandes equipos de baloncesto de Estados Unidos, como los hermanos Pau y Marc Gasol, Ricky Rubio, Rudy Fernández o Calderón.

Ciclismo: Desde su primera edición en 1935, la Vuelta Ciclista a España siempre ha tenido muchos seguidores, pero fue en los años 90 cuando se convirtió en un deporte de masas gracias a las victorias de Miguel Induráin en España y, sobre todo, en el Tour de Francia, que ganó cinco veces consecutivas. En tiempos más recientes, destaca Alberto Contador, quien tiene un total de 69 victorias como profesional.

Tenis: España destaca especialmente en este deporte, siendo Rafa Nadal un referente (el mayor ganador de Roland Garros de la historia y medalla de oro en Pekín 2008), así como las tenistas Carla Suárez y Garbiñe Muguruza.

Los deportes del motor: La **Fórmula 1** ha aumentado sus seguidores gracias a las victorias de Fernando Alonso (Campeón del Mundo 2005 y 2006). El **motociclismo** agrupa a sus aficionados alrededor de Jorge Lorenzo, Marc y Álex Márquez, Dani Pedrosa y Ana Carrasco.

1. España, como otros países mediterráneos, desarrolló en la antigüedad el culto al toro, como animal mágico en el que residía la fuerza. Han sido muchos los artistas españoles que han tomado el mundo del toro como motivo de su arte, y han realizado series de **tauromaquia**. Las más famosas son las de Goya y Picasso.

   La geografía española está salpicada de grandes imágenes de un toro negro que antes fue el distintivo de una conocida marca de licores y hoy se ha convertido en un "símbolo nacional" impreso en camisetas y gorras.

   Da argumentos a favor y en contra de esta imagen:

   A favor: _____
   _____
   _____
   _____.

   En contra: _____
   _____
   _____
   _____.

2. ¿Cuál es deporte nacional en España? ¿Por qué?

   _____
   _____
   _____
   _____.

3. Cita el nombre de algún deportista español según su especialidad:

   Un/a tenista: _____.

   Un/a ciclista: _____.

   Un/a piloto: _____.

   Un jugador de fútbol: _____.

   Un jugador de baloncesto: _____.

VI. Cultura

El reparto de prensa gratuita en las paradas del transporte público y su presencia en Internet han hecho descender la venta de periódicos en los quioscos.

Para estar al día...

Prensa

Este medio de comunicación ha cambiado mucho en los últimos años, a causa, sobre todo, de su presencia en Internet. La censura que sufrió durante la dictadura dio paso a la **libertad de expresión** a partir del año 1975 y actualmente en España hay casi cien diarios diferentes que se distribuyen a nivel nacional, autonómico, provincial o local. Periódicos con gran tradición, como *ABC* o *La Vanguardia*, compiten con periódicos más "recientes" como *El País*, *El Mundo* o *La Razón*. Aparecen también publicaciones locales y otras de ámbito autonómico en las lenguas de cada región, como *Avui* en Cataluña o *Deia* en el País Vasco.

Desde los años 90 también hay una gran difusión de periódicos y revistas gratuitos que han logrado un gran número de lectores en los transportes públicos, donde se reparten cada mañana.

En un **quiosco** de periódicos, se puede encontrar casi de todo: además de periódicos y revistas, las editoriales aprovechan la red de quioscos para vender cursos variados, DVD de películas de cine, libros de arte o de historia, diccionarios, libros de cocina, colecciones de juguetes en miniatura… En la actualidad, el auge de la prensa digital en Internet y la rápidez de la divulgación de las noticias en redes sociales, afecta a los quioskos y muchos de ellos han desaparecido. Entre los diarios exclusivamente digitales más leídos están: *elDiario.es*, *elplural.es*, *Confidencial Digital*, *El Español* y *Publico.es*.

Radio

La primera emisora con un programa regular fue Radio Ibérica, en 1924. Actualmente hay estaciones de ámbito nacional, regional y local. Las emisoras con mayor audiencia son la estatal **RNE** (Radio Nacional de España) y las privadas **SER** (Sociedad Española de Radiodifusión), **Onda Cero** y **COPE** (Cadena de Ondas Populares Españolas), propiedad de la Iglesia Católica.

Hoy la radio tiene una considerable presencia en Internet y es posible escuchar la radio digital en línea de casi todas las emisoras. Las más solicitadas son la Cadena Ser, Cadena Cope, Radio Nacional de España, Onda Cero, BBC en español, Europa FM y Cadena 100.

Interior de una emisora de radio.

Televisión

Las primeras emisiones tuvieron lugar en 1956 desde los estudios del paseo de la Habana, en Madrid, con muy pocos medios y bajo el control del régimen de Franco. Actualmente existen varias cadenas de televisión de carácter nacional. Dos de ellas son públicas: TVE-1 (con todo tipo de programas incluyendo las series españolas más famosas) y TVE-2, que junto con Radio Nacional forman **RTVE** (Radio Televisión Española), organismo autónomo del Estado y controlado por el Parlamento español. Las demás pertenecen a grupos privados. Entre éstos destacan el grupo que incluye **Tele 5** y **Cuatro**, cadenas conocidas por sus programas de entretenimiento y otro grupo que incluye **Antena 3** y **La Sexta**, cadenas conocidas por sus programas dedicados a la política, actualidad y entretenimiento. Las cadenas con mayor audiencia son TVE-1, Antena 3 y Tele 5. En las distintas comunidades autónomas existen las televisiones locales que tratan de los problemas más próximos. Algunas de estas televisiones emiten en la lengua autonómica local: *Euskal Televista* (País Vasco), *Televisió de Catalunya, Canal Nou* (Valencia) o *Televisión Galega*.

1. En el año 1975 se reconoce en España la libertad de expresión en los medios de comunicación. Así se acaba la censura que el régimen de Franco había impuesto.

   - Explica qué significa para ti la "libertad de expresión" en los medios de comunicación.

   - ¿Cuáles son los aspectos positivos y los negativos de poder expresarse con "entera libertad".

   _____
   _____
   _____
   _____.

2. Según el texto, ¿qué opciones existen en España para estar al día de la actualidad?

   _____
   _____
   _____.

3. Para proteger las lenguas locales de algunas autonomías hay televisiones en las distintas lenguas españolas. ¿Cuáles son?

   - A veces se acusa a esas televisiones de ser parciales. ¿Qué quiere decir esto? Explica los posibles motivos.

   _____
   _____
   _____.

4. Radio Televisión Española tiene un Canal Internacional que emite a todo el mundo a través de los satélites Hispasat y que cuenta con una programación muy diversa. ¿Cuáles pueden ser los motivos para verla? (verdadero o falso).

	V	F
Escuchar las noticias en tu propia lengua	☐	☐
Seguir los partidos de fútbol	☐	☐
Diseñar modelos para televisión	☐	☐
La televisión española es la mejor	☐	☐
Es muy útil para los estudiantes de lengua española	☐	☐

   Elige el que te parezca más adecuado y coméntalo.

   _____
   _____.

VI. Cultura

Es bastante común encontrar prensa escrita en los bares españoles. En la imagen de la derecha, un ciudadano se informa de las noticias a través de Internet.

Para estar al día

¿Qué leen los españoles?

Los **periódicos deportivos,** como *As* y *Marca,* son los que tienen el mayor número de lectores.

También, más de la mitad de los españoles lee habitualmente algún tipo de revista. Entre las publicaciones semanales de mayor difusión están las revistas de sociedad, llamadas **"del corazón"** *(Hola, Semana,* etc.) y los suplementos dominicales que se venden con los periódicos durante los fines de semana.

La aparición de las ediciones digitales de los periódicos ha cambiado el hábito de las personas que disponen de Internet, de forma que se puede consultar la prensa a través de cualquier dispositivo electrónico y estar al día de las novedades a través de las publicaciones que estos medios hacen diariamente en las redes sociales

¿Qué escuchan los españoles?

Durante el franquismo y antes de la aparición de la televisión, las familias españolas se reunían junto a la radio para escuchar música, noticias o las "radionovelas". Hoy en día los programas más escuchados son las **noticias**, los debates y las **retransmisiones deportivas**. Los españoles escuchan la radio en casa y sobre todo en el coche.

Hay programas que deben su éxito a los profesionales que trabajan en ellas y que han conseguido la fidelidad de los oyentes. Entre los programas más seguidos por los españoles están los musicales, como *Los 40 principales* y *Kiss FM,* o los que mezclan humor, noticias de actualidad y música.

Los jóvenes prefieren escuchar música a través de los aparatos de tecnología MP3, o por medio del ordenador gracias a nuevas aplicaciones como Spotify.

El mundo del pódcast en español ha avanzado a paso

de gigante en los últimos años. *Todopoderosos*, *Nadie Sabe Nada* o *Los ilusionistas*, son algunos de los más populares.

¿Qué ven los españoles?

La televisión es el medio de comunicación más popular en España: hay al menos un aparato en cada domicilio y aumenta el número de los que tienen otro en las habitaciones de los niños. Las personas que ven más la televisión son los jóvenes menores de 19 años y los mayores de 65 años, de clases sociales bajas y con pocos estudios. Algunas series españolas se han convertido en iconos mundiales, como *La casa de papel*.

Los programas de más audiencia son las **películas**, seguidas por los **informativos**, las series, los programas del corazón y los **espacios deportivos.**

El aumento de horas que los niños pasan frente al televisor ha provocado cambios en la programación diaria y la creación de la figura del "Defensor del Telespectador y del Radioyente" para acabar con la llamada "**telebasura**" en la franja horaria entre las 6:00 y las 22:00 horas.

En la actualidad, un amplio sector de la población española consume películas, scrics y programas a través de plataformas como Netflix, HBO, Disney+ o Amazon Prime Video.

La televisión está muy presente en la vida de los españoles y es muy frecuente verla en los bares y restaurantes.

1. Cita el nombre de tres periódicos españoles ¿Conoces alguno de los que se publican por Internet?

2. ¿Por qué crees que los periódicos más vendidos en España son los deportivos o las "revistas del corazón"?

3. La presencia en Internet de gran cantidad de periódicos y agencias de noticias ha hecho bajar la venta de los diarios en papel en los quioscos ¿Crees que es lo mismo leer un diario en Internet que en papel? Comenta cuales son las ventajas de uno y otro soporte.

4. A través de lo que leen, oyen y ven los españoles, deduce cuál es el tema que más les interesa.

La mayoría de los jóvenes españoles valoran mucho su tiempo de ocio con otras personas de su edad y cada vez se interesan más por la labor social de las Organizaciones No Gubernamentales. Su actitud ante los problemas de la sociedad ha cambiado después de las manifestaciones del 15-M y por la influencia de las redes sociales.

El lenguaje coloquial

La lengua española es una de las más dinámicas y el conjunto de academias que cuidan su unidad y su pureza admite con bastante rapidez los cambios que propone el lenguaje hablado. Una de las mayores fuentes de novedades es el argot juvenil.

La lengua coloquial es la que se utiliza en la conversación habitual. Se usa en situaciones informales y familiares. Es espontánea y relajada, tanto en la pronunciación como en la corrección gramatical: la terminación de los participios pasados en –**ado** pasa a –**ao**: *cansao, chupao*.

Es una lengua muy expresiva que utiliza muchas interjecciones *¡Qué fuerte!*, *¡Guay!* También usa elementos aumentativos: es **super***interesante, es un plan **genial**, es un **planazo**. Otras veces se cambia el final de las palabras, por **acortamiento** (*profe,*

tranqui, mates, filo), o cambiando la terminación, generalmente en **-ota, -ata** (*bocata, pasota*).

Otra de sus características, sobre todo entre los jóvenes, es la utilización del argot o jerga juvenil. Es una forma de diferenciarse de las demás generaciones y así reforzar el sentimiento de ser un grupo distinto. Tiene términos inventados, como *guay* y palabras que han cambiado completamente su significado: *bola* = mentira; *ciego* = borracho. Otras palabras son de origen gitano, como *"molar"* por gustar.

Los nuevos soportes de comunicación escrita como los ordenadores y teléfonos móviles, han creado un nuevo lenguaje entre los jóvenes. Las abreviaturas, la falta de puntuación, la eliminación de vocales e incluso la mezcla de idiomas son los más habituales.

Palabras para "estar al loro" entre los jóvenes

Bocata = bocadillo

Bola = mentira / **ir a su bola** = ocuparse de sus cosas

Colgao = Chiflado /solo, aislado

Comerse el tarro = estar preocupado

Chungo = difícil, desagradable: *lo veo chungo* / un mareo = *le ha dado un chungo*

Chupao = muy fácil: *eso está chupao*

Empanado/a = estar despistado

Enrollarse = hablar mucho / tener un *"affaire"* / *Un tío enrollao* = un chico simpático.

Fliparlo = sorprenderse mucho / estar encantado

Friki = raro, extravagante/ obsesionado con un tema, especialmente ciencia ficción, videojuegos, comics, ordenadores…

Guay = muy bueno, muy bien

Loro = la radio/ *estar al loro*: estar atento, estar en la onda

Marrón = Situación desagradable o molesta: *El que se comió el marrón fue Juan*

Molar = gustar mucho.

Mogollón = mucho / lío / montón de gente o de cosas.

Pasar = no hacer caso: *Juan pasa de todo //* ¿*Qué pasa, tío?*: ¿Qué es de tu vida?

Pasta = dinero

Pasota = que no se interesa por nada ni por nadie

Petarlo = tener mucho éxito

Piños = dientes

Pirarse = irse: *Me las piro* / **Pirao** = loco

Postureo = comportamiento poco natural para dar una imagen pública que guste: *Todas las fotos que sube son de postureo*

Rollo = algo muy aburrido / Un **buen rollo** = un plan estupendo

Tío/ tía = hombre o mujer de cualquier edad, niño, chico, hombre/niña, chica, mujer

Vale = de acuerdo, es el OK español: ¿*Quedamos esta tarde? Vale*

1. Explica las siguientes frases:

— Ese es un pasota.

_____
_____
_____
_____.

— Mis hermanos están enfadados y Antonio me ha pedido que hable con ellos, pero yo paso.

_____
_____
_____
_____.

— Ir de vacaciones con mis padres es un rollo.

_____
_____
_____
_____.

2. Para indicar que alguien está borracho hay muchas expresiones. Intenta explicar la razón.

_____
_____
_____
_____
_____
_____.

3. Busca la palabra adecuada del argot juvenil para completar las siguientes frases:

— En la discoteca había _____ de gente.

— ¿De dónde saco yo la _____ para comprarle un regalo a María?

— ¿Te has comprado esa chaqueta en las rebajas? ¡Es _____!

— El sábado hemos quedado a las diez en la plaza de Colón, vente con nosotros de _____.

— No sé qué hacer, el _____ es muy antipático.

VII. El día a día

Un día con María y Juan

El trabajo, el colegio, las obligaciones familiares, el ocio… organizan el horario de los españoles, pero no se puede pensar en un horario fijo, ya que un factor decisivo es el tráfico y las distancias en las grandes ciudades. Una pregunta que suelen hacerse los extranjeros al ver mucha gente en la calle por las noches, incluso en días de diario, es ¿Esta gente trabaja al día siguiente?

Los españoles son los europeos que menos horas duermen. Ya desde pequeños los niños suelen dormir una hora menos que en otros países.

Sobrevivir en Madrid

María y Juan son jóvenes y tienen un bebé de un año. Al nacer el niño, se han ido a vivir a una urbanización en la zona norte de Madrid. Ella es abogada y trabaja en un despacho en el centro de la ciudad. Empieza a trabajar a las 9 h. Juan es ingeniero y trabaja en las afueras, hacia el oeste. Debe estar en su oficina a las 8:30 h.

7:00 Suena el despertador. Lo primero del día: una ducha y un café.

7:30 Juan sale de casa con tiempo, porque no tiene comunicación fácil desde su casa al trabajo y debe ir en coche con mucho tráfico.
María se arregla, le da un biberón al bebé, y después prepara la bolsa para la guardería.

8:00 María sale de la urbanización en su pequeño coche. Deja al niño en la guardería. Aparca el coche en la estación de cercanías de Renfe y coge el tren hasta la estación de Atocha. Al salir toma un autobús hasta su despacho.

14:00 María come en una cafetería al lado del trabajo con dos compañeros.

15:00 María vuelve a su despacho.

14:30 Juan come con unos clientes en un restaurante.

16:30 Juan vuelve al trabajo.

18:00 María sale de su trabajo. Corre para alcanzar el autobús y poder tomar el tren. Coge su coche y recoge al niño antes de las 19:00. Pasa por el supermercado del barrio para hacer unas pequeñas compras.

19:30 María llega a casa con el niño y "la compra".

Juan sale de su trabajo y toma una cerveza con unos compañeros.

20:30 Juan llega a casa.

20:30 María hace la cena mientras Juan baña al niño. Luego ambos le dan la cena.

21:00 Juan y María cenan después de acostar al niño.

22:00 Ambos ven la tele.

24:00 Se acuestan.

1. Haz otro horario para Juan y María, imaginando que viven en una ciudad pequeña y pueden ir a trabajar andando.

_____
_____
_____
_____
_____
_____.

2. María deja al bebé en la guardería. Imagina otras posibilidades para su niño.

_____
_____
_____
_____
_____.

3. Juan y María trabajan los dos fuera de casa. ¿Está equilibrado el trabajo de las obligaciones familiares? Imagina un reparto más equilibrado.

_____
_____
_____
_____
_____.

4. Existe la idea de que en España se trabaja menos que en otros países. Demuestra que esto no es cierto.

_____
_____
_____
_____
_____
_____.

El ocio diario

En oposición a los horarios rígidos del trabajo de la semana, el tiempo de ocio suele estar muy poco planificado. La gente queda con los amigos "sobre las diez", "a eso de las once… y luego ya veremos", porque lo importante es hablar y compartir con los amigos o con la familia.

Los domingos y días de fiesta es muy corriente que la familia entera salga a un bar a tomar el aperitivo.

Tiempo en el bar

Los extranjeros que vienen a España se sorprenden siempre de la cantidad de gente y de bares que hay en las calles de los pueblos y ciudades españolas. Los bares no son solo lugares donde se sirven bebidas, sino también comidas, tapas, cafés y otras cosas. Al bar se va para comer, beber, hablar de negocios, ver la televisión, jugar a las cartas o al dominó, leer el periódico o tomar un café con los amigos. Casi un tercio de los españoles acude a un bar o a una cafetería todos los días. Los consumidores en los bares son en su mayoría jóvenes y varones.

Cada vez más españoles comen en restaurantes cerca del trabajo, con sus compañeros, debido a la mayor distancia entre la casa y el trabajo y al aumento del número de mujeres que trabajan fuera de casa.

Tiempo en casa

Muchos españoles pasan parte del tiempo libre en casa, con la familia o los amigos. En las casas españolas hay dos grandes centros de reunión: la cocina y el salón.

Ver la televisión, escuchar la radio, leer o navegar por Internet son algunas de las actividades que se realizan en la casa durante el tiempo de ocio y los fines de semana, aunque cada vez son más los que se dedican a tareas más activas, como el bricolaje, la decoración o la jardinería.

En casa se celebran las fiestas familiares, como los **cumpleaños** y los **"santos"**.

La siesta

El dormir un rato después de la comida del mediodía era una costumbre muy corriente en España y se explica por el calor de las horas centrales del día, sobre todo en verano. Ya los romanos descansaban a "la hora sexta", de ahí el nombre de siesta actual. El ritmo de la vida moderna y los horarios continuos en algunos lugares de trabajo impiden que muchos españoles puedan dormir la siesta durante la semana, pero lo hacen a veces durante los fines de semana y sobre todo en las vacaciones de verano. A pesar de que es uno de los típicos más conocidos, los estudios señalan que menos de la mitad de las personas españolas se echan la siesta.

La siesta es uno de los tópicos más conocidos de la sociedad española, aunque no es tan habitual como se cree.

1. La casa es el sitio de las reuniones familiares. ¿Dónde se reúnen los españoles con sus conocidos y amigos?

   _____
   _____
   _____
   _____.

2. Los bares no son solo un sitio para beber. Imagina tres situaciones distintas para quedar con un amigo/a en un bar y escribe los mensajes correspondientes.

   _____
   _____
   _____
   _____.

3. Muchas veces se piensa que la siesta simboliza la pereza de los españoles. Escribe una carta a un amigo extranjero explicándole que esa idea es falsa y defendiendo la siesta.

VII. El día a día

Los fines de semana

Los fines de semana la gente quiere relajarse y **"desconectar",** hacer algo distinto del resto de los días y no tener prisa.

Hay mucha gente que los fines de semana huye de las grandes ciudades para ir al campo, a la playa o la casa familiar del pueblo. El problema de estas salidas es el atasco de vuelta a la ciudad el domingo.

Los que se quedan en la ciudad van de compras, salen con los amigos, van al cine y muchos salen de noche. Para los jóvenes, lo normal en fin de semana es "ir de marcha" , aunque esto ha cambiado por el impacto de las redes sociales y el tiempo que pasamos en Internet.

Los españoles están mucho tiempo fuera de casa. Jóvenes y mayores se reúnen con sus amigos en las terrazas de los cafés para disfrutar del buen tiempo y poder fumar porque en el interior de bares y restaurantes está prohibido. Las grandes ciudades españolas tienen una variada oferta de cines, teatros, espectáculos, discotecas y restaurantes a los que acuden gentes de todas las edades.

El aperitivo

Los domingos, y días de fiesta, a mediodía, antes de comer, se suele ir a un bar con los amigos o con la familia y se toma el aperitivo: una bebida y unas tapas. Es una costumbre social que antes se hacía después de la misa de los domingos.

Las tapas

Son pequeñas raciones de comida que acompañan a un vino o una cerveza. Se toman de pie, junto a la barra y son típicas en todos los bares y tabernas. Es una manera de relajarse antes de la comida o después del trabajo. Al hecho de realizar esta acción se le llama tapeo, o ir de tapas.

En España cada vez es más corriente comer o cenar de "tapas" con los amigos.

Las **salidas nocturnas** son la ilusión de muchos jóvenes, el reconocimiento de ser "mayor". Empiezan a salir desde los 13 o , pero a esa edad salen por las tardes con sus amigos. Al cumplir los 18 años, cuando se alcanza la mayoría de edad legal y con la incorporación al trabajo o al empezar la universidad, se suele obtener mayor libertad de horarios y ya no tienen que dar tantas explicaciones. La hora de la vuelta a casa depende de los amigos y del horario del lugar elegido para la salida. En estas salidas de grupo, muchas veces se va "de copas", lo que significa no permanecer mucho rato en un bar, sino recorrer varios, a lo largo de la noche, en una misma zona de la ciudad. En todas las ciudades hay una o varias zonas "de marcha", donde se concentran sitios de diversión.

Algunos chicos y chicas que no trabajan reciben de sus padres una "paga" mensual o semanal para que ellos se la administren. Muchos estudiantes realizan pequeños servicios –cuidar niños, trabajar como camareros en un bar, dar algunas clases, etc.– para tener su propio dinero.

Ocio nocturno

La juventud española de entre 15 y 29 años es cada vez más tecnológica y sale menos de fiesta, ya que un 74,6% de los jóvenes asegura que la actividad que más realiza en su tiempo libre es chatear o navegar por Internet, frente a un 22,7% que apunta a salir por la noche a bares o discotecas.

Aún así el ocio sigue siendo relacional: los jóvenes siguen hablando entre ellos pero ahora de manera virtual, sin salir de casa.

https://www.rtve.es/noticias/20191127/75-jovenes-espano-les-prefiere-internet-salir-fiesta/1992685.shtml

1. *"Madrid, la ciudad que nunca duerme" ¿Por qué crees tú que se dice esto?*

   Explica en una o dos frases, dos puntos de vista distintos:

   – *El del grupo de gente que sale a divertirse.*

   _____
   _____.

   – *El de los vecinos de las casas de las zonas de ocio.*

   _____
   _____.

2. *Programa la hora de vuelta a la gran ciudad en fin de semana para evitar el atasco. Imagina varias posibilidades y expón las ventajas e inconvenientes de cada una de ellas:*

   – *Salir el domingo antes de comer.*

   _____
   _____.

   – *Salir después de comer.*

   _____
   _____.

   – *Salir después de cenar.*

   _____
   _____.

3. *Escribe una nota de un adolescente a sus padres pidiendo que le dejen salir de noche con sus amigos.*

4. *Escribe una nota con la contestación de los padres a la petición anterior.*

5. *¿Cómo ha cambiado el ocio nocturno de la juventud española?*

   _____
   _____.

Las urbanizaciones con chalets adosados han crecido muy deprisa en los últimos años, sobre todo en los alrededores de las grandes ciudades y en la costa de Levante.

La casa de los españoles

La población en España se concentra en las regiones de la periferia y en Madrid, mientras que las grandes regiones del interior están menos pobladas. Es una población más urbana que rural que prefiere una vivienda en propiedad a una en alquiler.

La mayoría de los españoles están contentos con lo que les ofrece su barrio o su pueblo. En los pueblos y ciudades pequeñas las familias pueden conocerse desde los padres o los abuelos, pero incluso en las ciudades grandes la gente se saluda, se invita o se intercambia pequeños favores.

A la hora de elegir un lugar de residencia, los españoles tienden a quedarse en el sitio donde han nacido. Esto puede verse alterado por el alto precio de los pisos en las grandes ciudades.

En el **centro** de las grandes ciudades viven, por una parte, familias acomodadas de mediana edad (45-50 años) en pisos grandes, con dos o tres hijos ya mayores y a veces, con los abuelos. Por otra parte, están las personas que viven solas: gente mayor, estudiantes, divorciados, solteros y viudos.

En la **periferia** de las ciudades hay dos tipos de familias y de viviendas. Están las familias compuestas por una pareja en la que los dos trabajan y tienen uno o dos hijos pequeños, que viven en casas unifamiliares. También tenemos las familias trabajadoras con un sueldo medio-bajo, que residen en pisos de una ciudad-dormitorio.

La mejora de los transportes públicos y de las infraestructuras da lugar a un tercer tipo de residencia fuera de las grandes ciudades: una casa en el campo como segunda vivienda o como lugar de residencia para jubilados o para familias que prefieren este nuevo modo de vida.

Las viviendas familiares en España no son de grandes dimensiones –entre los 80 y los 100 m^2– y generalmente están bien equipadas con todo tipo de electrodomésticos.

Costumbre española

Una costumbre española que sorprende a los extranjeros es la de tender la ropa recién lavada, incluida la ropa interior, al aire, a la vista de todos en los patios interiores o en los balcones.

Padres e hijos: la emancipación

Uno de los temas que más chocan a europeos es que hay un gran número de jóvenes españoles que vive en casa de sus padres hasta cumplidos los 30 años. Algunos pueden vivir en un piso compartido durante su vida universitaria, sobre todo si van a estudiar a una ciudad distinta de la residencia familiar. Pero esta situación no es estable, y siguen considerando "su casa" la de sus padres.

Según una encuesta realizada en 2020, empleo es la principal preocupación de los jóvenes, con un 47% en el caso de los *millennials*. Además, el Covid-19 ha provocado que la llamada Generación Z le dé una mayor importancia al desempleo, que anteriormente ocupaba la tercera posición (por detrás del cambio climático y el acoso sexual) y ahora se sitúa en primer lugar.

La preocupación por su futuro es la razón del nacimiento del Movimiento del 15-M (15 de mayo de 2011). Estos jóvenes protagonizan manifestaciones pacíficas para lograr una sociedad mejor dentro de la democracia. Esta idea la utiliza, en parte, un nuevo movimiento político que hoy es una fuerza parlamentaria del país, **Unidas Podemos**.

¿Sabes que...?

"Un 75% de los trabajadores españoles no cambia de provincia en toda su vida profesional."

Esta noticia indica que la movilidad geográfica de los españoles es muy reducida.

1. *Explica tres ventajas de vivir siempre en la misma zona.*

    _____
    _____
    _____
    _____.

2. *Comenta tres inconvenientes de esta falta de movilidad.*

    _____
    _____
    _____
    _____.

3. *A la hora de elegir un lugar de residencia, hay dos grupos de opinión:*

    – Los que quieren vivir en el centro de la ciudad.

    – Los que prefieren vivir en las afueras.

    • ¿Qué prefieres tú? Explica tus motivos.

    _____
    _____
    _____
    _____
    _____
    _____.

4. *¿Te imaginas viviendo hasta los treinta años en casa de tus padres?*
    Explica las ventajas y los inconvenientes.

    _____
    _____
    _____
    _____
    _____
    _____.

VII. El día a día

Las horas de las comidas

Los horarios de las comidas en España son lo primero que sorprende a un extranjero. Pero es uno de los temas que los españoles no quieren cambiar por nada del mundo: más de un 85% prefiere mantener los horarios de las comidas como hasta ahora, frente al horario habitual de otros europeos.

Estos horarios sufren cambios los fines de semana y los días de fiesta. La gente en la ciudad se levanta tarde y sale a la calle hacia el mediodía, antes de comer. Da un paseo y toma el aperitivo, unas cervezas y unas tapas, si puede ser en una terraza al sol. Después, sobre las tres de la tarde come, en casa con la familia o en algún restaurante.

Horarios orientativos de las comidas:

- Entre **7:30** y **8:30**, se toma el desayuno, que suele ser muy ligero: un café, un vaso de leche con galletas…
- Entre **10:00** y **11:00** (a media mañana), se toma un tentempié: un café con un pequeño bocadillo, sándwich, algún dulce o yogur...
- Entre **2:00** y **3:00** de la tarde, es la hora del almuerzo o comida. Suele ser abundante, caliente, con dos platos o un plato combinado, y postre.
- Entre las **5:00** y las **6:00** de la tarde, es la hora de la merienda: para los niños un bocadillo o un bollo, para los padres un café y para los abuelos un café con leche y unas galletas.
- Hacia las **7:00** de la tarde, al salir del trabajo, se puede tomar una cerveza y una "tapa" con los compañeros.
- Sobre las **10:00** de la noche es la hora de la cena.

El "café de media mañana"

Es una costumbre muy española que permite al trabajador charlar con sus compañeros al tiempo que tomar algo de alimento entre el escaso desayuno de primera hora de la mañana y la comida, que en España se realiza a una hora muy tardía.

Costumbres de la comida

Las comidas son ante todo una ocasión para reunirse con los amigos o con la familia. Cualquier acontecimiento social suele ir acompañado de una comida más o menos formal. Al español le vale cualquier excusa para reunirse con los amigos o la familia ante una buena comida.

Si la comida es en casa, se debe ser puntual con la hora de la cita o unos cinco minutos después de la hora señalada, no antes porque es posible que los anfitriones estén acabando los preparativos. Los invitados suelen llevar algún regalo: vino, bombones, un pastel o flores.

En el restaurante, se decide de antemano si paga el que invita o si se paga "a escote", dividiendo el total a partes iguales entre las parejas o entre cada persona. En ocasiones, también puede ser que cada uno pague su parte si se está con amigos o conocidos aunque no es lo habitual.

1. Los médicos dicen que el desayuno es una de las comidas más importantes del día. Escribe un plan de comidas distinto al descrito en el texto para que los españoles cumplan esta norma.

_____

_____

_____

_____

_____

_____

_____

2. Los españoles desayunan poco y comen muy tarde. ¿Cómo resisten hasta la hora de la comida?

_____

_____

_____

_____

3. Haz un plan para un fin de semana en la ciudad. Utiliza la Guía del Ocio, http://www.guiadelocio.com/, para ir a un cine y luego salir de noche.

_____

_____

_____

_____

_____

_____

_____

_____

4. Prepara unas tapas para tus amigos. Cuéntanos qué les ofreces.

_____

_____

_____

_____

_____

_____

VII. El día a día

¿Qué comemos?

Los cambios sociales han modificado los hábitos en la alimentación de los españoles. Ha cambiado la tradicional compra de productos frescos y el consumo de alcohol en las comidas y ha aumentado la compra de conservas, bebidas no alcohólicas y alimentos congelados y precocinados, tendencia que seguramente va a continuar. Se consumen menos azúcares y grasas, pero se mantiene el consumo de carnes y embutidos. A pesar de todo ello la gastronomía española se sigue basando en la **cocina mediterránea.**

La dieta mediterránea: es Patrimonio inmaterial de la Humanidad desde el año 2010.

Es, con algunas variaciones, la dieta tradicional de todos los países del Mediterráneo. Se basa en los productos que se obtienen en esta zona seca, con pequeñas huertas y abundante sol. Se caracteriza por un **consumo abundante de legumbres, cereales, frutas y verduras**. Hay un consumo menor de pescado, aves y productos lácteos y poca carne. El condimento habitual es el aceite de oliva y se suele tomar un poco de vino.

Como esta dieta era la habitual de un pueblo de agricultores, pescadores y marineros, estaba acompañada de un ejercicio físico constante, hecho que no se debe olvidar en la actualidad, con nuestro cambio a una vida mucho más sedentaria.

Para comer, en España existen **dos tendencias:**

La dieta sana:

- Moderar el consumo de carne.
- Utilizar aceite de oliva en lugar de otras grasas.
- Favorecer el consumo de frutas, verduras y pescado.
- Aumentar la cantidad de alimentos ricos en hidratos de carbono –pan, legumbres, pasta, patatas y cereales– y reducir el consumo de azúcar, dulces y bollería.

La comida rápida:

Algunas personas, sobre todo jóvenes, no realizan tres comidas importantes al día –desayuno, comida y cena– y son especialmente aficionados a los establecimientos de comidas rápidas. Se sienten atraídos por el ambiente informal y los precios baratos. El plato base es la hamburguesa con patatas fritas, casi siempre con algún refresco de cola.

El aumento del número de españoles que consumen comida rápida, ha hecho que el número de establecimientos de este tipo creciera de una forma espectacular en los últimos años.

1. ¿Qué es verdadero o falso para una **dieta sana**?:

	V	F
• *Muchas frutas para tomar vitaminas*	☐	☐
• *Bebidas azucaradas para tener energía*	☐	☐
• *Mucha pasta para tener resistencia*	☐	☐
• *Mantequilla para freír porque está muy rica*	☐	☐

2. *Una hamburguesa con patatas fritas y una bebida de cola es la comida preferida de muchos jóvenes, pero no es muy sana. Con carne, pan, patatas y algo más, propón una comida mejor para la salud.*

_____
_____
_____
_____
_____
_____
_____
_____
_____.

3. *Elabora una comida y una cena utilizando los productos recomendados para una dieta saludable.*

_____
_____
_____
_____
_____
_____
_____
_____
_____
_____
_____.

VII. El día a día

La cocina española

En todas las culturas tiene mucha importancia la comida, y cuando un pueblo se desplaza para colonizar, también aporta su cocina.

Los celtas, pueblo venido del norte de Europa, utilizaban para guisar la grasa de los animales. Los romanos se basan en dos elementos fundamentales: el aceite y el ajo. De la fusión de esas dos cocinas fue surgiendo una forma distinta, con un carácter esencialmente español.

La invasión musulmana trae a la península Ibérica nuevos modos de guisar y nuevos productos de Persia y de las Indias: el azafrán, la pimienta negra y la caña de azúcar. También aportan el limón y las naranjas amargas. El naranjo dulce lo traen de China los portugueses, muchos siglos después.

Con el descubrimiento de América se reciben productos nuevos de gran importancia: patatas, tomates, pimientos, cacao, etc. A través de ellos, la cocina española influirá en toda Europa. Innumerables platos serán invención de la cocina española, que estará en su apogeo durante los siglos XVIII y XIX. A finales del XIX, será sustituida por la cocina francesa, que se pondrá de moda.

Sin embargo, desde hace algún tiempo, la cocina española ha vuelto a triunfar de la mano de unos modernos **chefs** de fama internacional. Entre los grandes cocineros, que mezclan sabores tradicionales con la cocina creativa destacan: Ángel León, Dani García, Eneko Atxa, Carme Ruscalleda, Paco Roncero, Dabid Muñoz, Elena Arzak y los hermanos Roca, Joan, Jordi y Josep, entre otros muchos. Nos encontramos en un momento fundamental para la gastronomía española.

Los platos tradicionales se conservan en las comidas de reuniones familiares: celebración de cumpleaños, Navidad, Fin de Año, etc. Entre **amigos**, las comidas pueden ser más sencillas, y son la ocasión de descubrir otras cocinas: las pastas italianas, los restaurantes chinos, la cocina árabe…, aunque el español suele ser poco atrevido con los nuevos sabores. Y para sorpresa o admiración de todos surge la "**nueva cocina española**" que está dando fama mundial a nuestra gastronomía.

El Celler de Can Roca situado en Gerona, tiene tres estrellas Michelín y está considerado uno de los mejores restaurantes del mundo. Está dirigido por los hermanos Roca.

Recetas para el calor: dos sopas frías = el gazpacho y el ajoblanco

Ajoblanco

Ingredientes:

- 75 g de almendras crudas y peladas
- 1 diente de ajo
- miga de pan
- vaso(de vino) de aceite de oliva
- 2 cucharadas de vinagre
- 1 litro de agua y sal

Modo de hacerlo:

Poner la miga de pan a remojo.

Aplastar y mezclar las almendras y el ajo.

Añadir el aceite, la sal, la miga de pan remojada y el vinagre y batirlo todo.

Añadir el agua y mezclarlo todo bien.

Dejarlo enfriar en la nevera

Servirlo con trocitos de pan frito y uvas aparte.

Gazpacho

Ingredientes:

- 1 kg de tomates maduros
- 1 pimiento verde
- 1 pepino
- 1 diente de ajo
- 2 rebanadas de pan del día anterior
- 1 vaso (de vino) de aceite de oliva
- 2 cucharadas de vinagre
- 1 litro de agua y sal

Modo de hacerlo:

Poner la miga de pan a remojo.

Cortar en trozos pequeños los tomates, el pimiento y el pepino.

Triturarlo con una batidora junto con el ajo.

Añadir el aceite, la sal, la miga de pan remojada y el vinagre y batirlo todo.

Añadir el agua y mezclarlo todo bien.

Dejarlo enfriar en la nevera.

Servirlo muy frío.

1. Actualmente, en el norte de Europa se cocina con mantequilla y en el sur con aceite de oliva. Compara esto con lo que aportaron a la cocina española los celtas y los romanos y da una explicación.

2. "Naranjas de la China" es un dicho popular para expresar algo muy difícil de conseguir. Dale una explicación histórica.

3. ¿Cuáles de los platos siguientes no serían posibles sin el descubrimiento de América? (Busca las recetas en "http://www.mundorecetas.com").

- tortilla francesa
- tortilla española
- espaguetis con tomate
- cordero asado
- una tarta de chocolate

4. El gazpacho y la paella son los platos españoles más conocidos internacionalmente.

- ¿Cuáles son los más típicos de tu país?
- ¿Qué especialidades identifican a otros países?

El gasto en productos de farmacia de la Sanidad española ha crecido mucho en los últimos años debido al aumento del número de inmigrantes y de la "tercera edad".

El sistema sanitario español

En España existe un sistema público de Sanidad que da atención **gratuita** a toda la población. El **Sistema Nacional de Salud** (SNS) garantiza un servicio que cuenta con los mayores recursos humanos, económicos y técnicos que permiten una atención especializada. El gasto de Sanidad es una parte importante del presupuesto total de la **Seguridad Social**.

Todos los ciudadanos tienen una **Tarjeta Sanitaria** con la que pueden acceder a los hospitales y a los **ambulatorios** o Centros de Asistencia Primaria. Tienen asignado uno de estos centros en función de su lugar de residencia. En las grandes ciudades, los ambulatorios suelen estar abiertos todo el día (de 8:00 a 20:00 horas) y para acudir a la consulta del médico se debe pedir cita. Normalmente, la primera visita es al **médico de cabecera** o **de familia**, que

receta algún medicamento o da un **volante** para un análisis. A veces también puede enviar al enfermo a un **especialista.** En caso de urgencia, siempre se puede acudir a un **hospital.**

Además del servicio público de Sanidad en España también funcionan compañías privadas de salud.

Gastos sanitarios

En la sanidad pública, el único gasto directo del enfermo es "copago" de los medicamentos comprados por el enfermo en la farmacia con la receta de médico. Las demás prestaciones son gratuitas.

En los últimos años, los gastos sanitarios han aumentado mucho. Las razones principales son el envejecimiento de la población, el aumento del número de inmigrantes y la mayor preocupación por la salud.

Los ciudadanos están descontentos con el sistema sanitario. Los problemas fundamentales son el poco tiempo que el médico de cabecera dedica a cada paciente y las **listas de espera.**

Las listas de espera

El Sistema Nacional de Salud elabora unas listas con el orden en el que cada paciente ha de ser atendido por el médico. El elevado número de personas que solicitan una visita médica ha hecho que las listas de espera sean muy largas. Con frecuencia, los pacientes han de esperar varias semanas para visitar a un especialista e incluso varios meses para una operación.

Ante esta situación, muchos españoles, además de seguir cotizando a la Seguridad Social, contratan un seguro privado, aunque esto les supone un gasto extra.

Los ciudadanos opinan:

- La mayoría de los españoles están **descontentos** con la atención primaria: consultas generales, pequeñas intervenciones…

- **Confían** más en la Seguridad Social que en cualquier otro tipo de medicina para problemas graves como los transplantes, los partos de niños prematuros, etc.

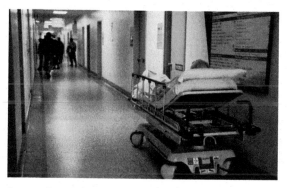

La masificación en las consultas y en los hospitales es uno de los problemas más graves con los que se encuentra la Sanidad española. Este problema se ha visto agravado mucho más durante la pandemia de COVID-19.

1. *Di si las frases siguientes son verdaderas o falsas:*

	V	F
• *Para ir al médico lo único que necesito es el DNI o el pasaporte.*	☐	☐
• *La visita al médico de la Seguridad Social es gratis.*	☐	☐
• *El médico de cabecera me ha dado un volante para un análisis. Tengo que llevar dinero para pagarlo.*	☐	☐
• *Para llevar a mi hijo al médico debo pedir una cita.*	☐	☐
• *Los medicamentos en España son gratis para todos.*	☐	☐

2. *¿Qué son las "listas de espera? ¿Qué hace la gente para evitarlas?*

_____
_____
_____
_____
_____
_____.

3. *En los hospitales públicos, sobre todo en urgencias, atienden a todo el mundo. ¿Cuáles son los aspectos positivos y los negativos de este servicio?*

_____
_____
_____
_____
_____
_____.

4. *¿Cómo funciona la Sanidad en tu país?*

_____
_____
_____
_____
_____
_____.

VII. El día a día

Hábitos de salud

Para pequeños problemas sanitarios, como un dolor de cabeza, picaduras de insectos, cansancio o tos, se acude directamente a la **farmacia** del barrio en busca de un remedio sencillo. La relación con los farmacéuticos y farmacéuticas suele ser amistosa. En España hay más de 20 000 farmacias.

Los hábitos de **fumar** y **beber alcohol** están considerados perjudiciales para la salud pero están admitidos en sociedad. Poco a poco, los fumadores lo tienen más difícil para fumar en público, debido a la **Ley Antitabaco** de 2005 y su ampliación en 2010, que prohíbe fumar en cualquier espacio público, incluidos los lugares de trabajo, bares y restaurantes. Los jóvenes en España pueden comprar y consumir alcohol y tabaco a partir de los dieciocho años.

Aumenta la utilización de los **métodos anticonceptivos** más eficaces. Un 72% de las parejas usa alguno de ellos, siendo el preservativo el más frecuente.

Curarse de otra manera

En España las enfermedades y su curación han tenido desde siempre un lado "mágico", relacionado con las **supersticiones**. Siempre han existido los **curanderos**, personas a las que, sin ser médicos, se les atribuye poderes curativos por la imposición de manos o del conocimiento de hierbas. Estos curanderos siguen existiendo en algunos pueblos y aldeas.

Además, actualmente, aumenta la preocupación por la situación del **medio ambiente.** Las personas más sensibles a este problema tienen una renta media, alto nivel cultural y entre 18 y 34 años.

Esto ha llevado a un interés creciente por las medicinas **"alternativas"**, que utilizan procedimientos más naturales. La **medicina naturista**, las técnicas orientales y los herbolarios son cada vez más populares.

espacio
sin humo

Prohibido fumar

Ley 28/2005, de 26 de diciembre

Los balnearios

Existe una importante infraestructura para el llamado **"turismo de salud",** con una interesante red de balnearios y centros de **talasoterapia**. Son centros de aguas termales y marinas que ofrecen baños terapéuticos junto al mar o cerca de manantiales de aguas especiales. Alrededor de ellos se han creado servicios turísticos de hotel, gastronomía, excursiones, etc. Se ha generalizado para este tipo de establecimientos el término *spa* (del latin *salus per aquam,* es decir, "salud por medio del agua"). La visita a estos balnearios ya no es una actividad propia de personas mayores, es una nueva forma de vacaciones de corta duración, sobre todo para aquellos que padecen estrés o alguna afección de los huesos, las vías respiratorias o problemas de piel. Hay balnearios para todo tipo de dolencias y si no curan la enfermedad, proporcionan un ambiente de tranquilidad que ayuda a la recuperación.

Balnearios en España

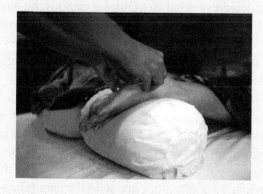

Su existencia es muy antigua y aún quedan balnearios y "termas" de la época romana en Galicia, Extremadura y Murcia.

Los más famosos son el balneario de Lugo y el de La Toja, en Galicia; Alange y Baños de Montemayor, en Extremadura; Archena y Fortuna, en Murcia; Caldas de Besaya, en Cantabria y Caldas de Montbui y Caldas de Boi, en Cataluña.

1. En los países mediterráneos, el vino siempre ha estado presente en su cultura.

   • Da tres razones a favor de beber vino (con moderación).
   • Explica tres consecuencias muy negativas de beber en exceso.

   _____
   _____
   _____.

2. La campaña contra el tabaco enfrenta a los dos grupos de fumadores y no fumadores. Piensa un debate entre estos dos grupos e imagina los argumentos de cada grupo:

   • Los fumadores opinan (tres razones a favor):

   _____
   _____.

   • Los no fumadores dicen (tres razones en contra):

   _____
   _____.

3. Al leer las indicaciones de uso de algunos medicamentos, verás que puede haber complicaciones. Esto ha llevado a mucha gente a intentar utilizar "productos naturales". Busca en alguna enciclopedia o en internet (www.lanaturaleza.net o www.plantasnet.com) los efectos de la tila, la flor de naranjo y el ajo.

   • ¿Conoces algún otro producto de herbolario?

   _____
   _____.

4. Un refrán español dice: "Puede ser peor el remedio que la enfermedad".

   • Explica su significado.
   • Relaciónalo con la pregunta anterior.

   _____
   _____.

5. Busca en Internet la lista de los balnearios españoles (http://www.hidromed.com/balnearios_espanoles.htm) y comenta para qué enfermedades se recomiendan:

   — El balneario de La Toja, en Galicia: _____

   _____.

   — El balneario de Archena en Murcia: _____

   _____.

   — El balneario de Alange, en Extremadura: _____

   _____.

VII. El día a día

Cruces en la gruta del Santuario de la Virgen de Covadonga (Asturias), construido en el lugar donde, según la tradición católica, se apareció la Virgen María a los cristianos que luchaban contra los musulmanes.

Las religiones

La religión católica

La Constitución de 1978, en su artículo 16, garantiza la **aconfesionalidad** del Estado: ninguna religión tiene carácter estatal. Esta disposición tuvo su desarrollo con la Ley de Libertad Religiosa de 1980, que fue considerada "vanguardista y ejemplar".

Tras más de treinta años, el papel de la religión en España ha cambiado. Muchos españoles están bautizados en la religión católica o se declaran católicos (un 60%), pero el porcentaje baja considerablemente –menos de un 15%– cuando se habla de los que la practican. Las mayores diferencias están en los temas éticos. A pesar de la oposición de la Iglesia Católica, se admite el aborto y sobre todo las relaciones prematrimoniales.

La asistencia a la celebración de la **misa** los domingos es cada vez más escasa. Se siguen celebrando los sacramentos más importantes de la religión católica, pero como actos sociales más que religiosos. Las bodas, bautizos y primeras comuniones son acontecimientos que forman parte de la tradición y consolidan relaciones entre familiares, amigos y conocidos.

En España, el gran peso histórico de la religión católica ha dejado su señal en múltiples campos; no hay que olvidar que la España medieval se construyó frente al Islam. La arquitectura, la pintura, la literatura y el fondo un poco trágico del carácter español, tienen sus raíces en la religión católica.

Hoy en día esa influencia está disminuyendo, pero mantiene cierto peso en la educación y sigue viva en el lenguaje cotidiano. La despedida "adiós", es la simplificación de "Vaya con Dios"; cuando alguien estornuda se dice "Jesús", hoy como muestra de educación, no como antes, que se usaba para espantar a los demonios. Las expresiones "¿A santo de qué?" para manifestar sorpresa, o "Sin encomendarse ni a Dios ni al diablo", para indicar precipitación en un acto, son muy usuales.

La influencia de la religión es menor en la sociedad española, pero se ha mantenido la importancia de los "santos". En España, cada comunidad, cada ciudad, cada profesión tiene su patrono o protector y se mantiene la fiesta, con misa solemne en su día. Santiago es el patrón de España y de Galicia; San Jordi, de Cataluña; Santa Eulalia, de Mérida; Santa Teresa, de Ávila; San Isidro, de Madrid y de los agricultores. En la universidad es fiesta el 28 de enero, día de su patrón, Santo Tomás de Aquino.

Otras religiones

Además de la religión católica, en España hay otras religiones cristianas, como la protestante y las varias iglesias evangélicas que han aparecido en los últimos años: Iglesia de Filadelfia, Iglesia Evangélica Bautista, Iglesia Evangélica de Pentecostés, Testigos de Jehová…

También hay comunidades de otras religiones no cristianas, sobre todo el judaísmo y el islamismo. El **judaísmo** tiene una tradición milenaria en España, como demuestran los barrios judíos –juderías– de muchas ciudades como Toledo, Girona, Córdoba, Jaén y Hervás, en Extremadura. Esos barrios y las sinagogas recuerdan épocas de colaboración y convivencia pacífica. En la actualidad, la comunidad judía en España cuenta con cerca de 60 000 fieles.

La práctica del **islamismo** ha crecido mucho y actualmente hay más de un millón y medio de musulmanes en España. Hay restos históricos que nos recuerdan el esplendor del Islam en España, como la mezquita de Córdoba y la Alhambra de Granada. Esta tradición ha dado lugar al desarrollo de actividades culturales relacionadas con los fieles musulmanes en determinadas zonas. Así, en Córdoba están los centros de divulgación del Islam, la Universidad Internacional Islámica Averroes y el Centro de Documentación y Publicaciones. En el 2006, Casa Árabe abre sus puertas en Madrid. Tiene una triple función de enlace político, económico y cultural con la comunidad árabe.

El creciente número de emigrantes procedentes de los países árabes, sobre todo de Marruecos, explica la aparición en todo el país de nuevas mezquitas y salas de oración, entre las que destacan las de Madrid, Valencia, Marbella y Fuengirola.

1. ¿Qué tradiciones de la religión católica se mantienen y cuáles van disminuyendo?

   • ¿Cuáles son los motivos?

2. Cita algunas expresiones cotidianas basadas en la religión católica y su significado. ¿Existen expresiones basadas en la religión en tu país?

3. ¿Qué son los "santos"?

4. La religión judía tiene una antigua tradición en España. Explica por qué.

5. ¿Cuáles crees que han sido las razones del aumento de fieles musulmanes en España?

VII. El día a día

Las supersticiones

*"Yo no creo en las **meigas**, pero haberlas, haylas"*

Este dicho gallego nos remonta a creencias ancestrales que, entre la broma y la seriedad, están presentes en el inconsciente de cualquier sociedad.

Los españoles no se consideran especialmente supersticiosos si se comparan con otras nacionalidades, pero el rico pasado histórico de España nos ha dejado muchas supersticiones de distinta procedencia. Algunas de ellas hay que evitarlas, porque traen mala suerte, otras se intentan practicar, porque dan buena suerte. Actualmente hay gran número de adivinadores y echadores de cartas.

Las supersticiones más extendidas en España son:

Pasar por debajo de una escalera trae mala suerte. El triángulo que se forma cuando una escalera se apoya en una pared es visto por la religión cristiana como una representación de la Santísima Trinidad, por lo que pasar e interrumpir ese espacio se consideraba un sacrilegio.

Derramar la sal sobre la mesa trae mala suerte y para contrarrestarlo hay que arrojar un poco de ella por encima del hombro izquierdo. En la antigüedad, la sal se utilizaba como moneda de cambio e incluso como pago —salario— de algunos trabajos. Era un producto muy apreciado no solo para dar sabor a los alimentos, sino también como conservante de la carne y el pescado.

Tocar madera trae buena suerte y protege de los males que nos puedan ocurrir. Desde la antigüedad se consideraba que la madera contenía el poder de los dioses y la religión cristiana le dio un carácter sagrado por ser de madera la cruz en la que murió Jesús.

"En martes, ni te cases, ni te embarques": El martes en España no es un buen día. Es un día que trae mala suerte y no se aconseja para celebrar una boda o comenzar un viaje.

El número 13: se trata de un miedo tradicional en muchas culturas, muy unido a simbolismos religiosos y de magia: en la Última Cena de Jesús había 13 personas en la mesa; la Cábala judía habla de 13 espíritus del mal; el capítulo 13 del libro bíblico del Apocalipsis trata de la llegada del Anticristo y 13 es el número de la muerte en la baraja del Tarot.

"Martes y 13": ese día junta los peligros de los martes y del 13. Es similar al "Viernes 13" en Estados Unidos.

Cruzarse con un gato negro: Desde tiempos antiguos, si un gato negro se cruza en nuestro camino trae mala suerte. El gato era un animal sagrado en la antigüedad. Sin embargo, en la Edad Media, la religión cristiana le atribuyó poderes maléficos, quizá porque muchas de las mujeres acusadas de brujería lo tenían como mascota y se pensaba que encarnaban al diablo. Por otro lado, a este felino se le atribuyen siete vidas, algo misterioso e incomprensible para nosotros.

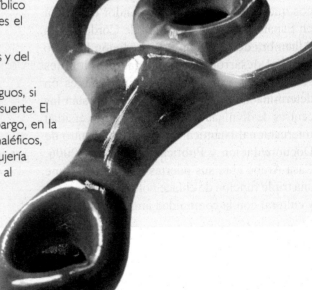

Fragmento de "Toca madera" (1992)

Letra y música de Joan Manuel Serrat

....

Cruza los dedos,
toca madera.
No pases por debajo de esa escalera.
Y evita el trece
y al gato negro.
No te levantes con el pie izquierdo.

Y métete en el bolsillo,
envuelta en tu carta astral,
una pata de conejo
por si se quiebra un espejo
o se derrama la sal.

....

Toca madera,
toca madera.
Cruza los dedos,
toca madera.

Nada tienes que temer...
Arriba los corazones...
Nada tienes que temer
pero nunca están de más ciertas precauciones.

....

Que también hacen la siesta
los árbitros y los jueces.
Con tu olivo y tu paloma,
camina por la maroma
entre el amor y la muerte.

Y vigila el horóscopo
y el biorritmo.
Ni se te ocurra vestirte de amarillo.

....

1. Lee despacio la letra de la canción de Joan Manuel Serrat:

   • Busca en el diccionario las palabras que no conozcas.

   _____

   _____

   • Subraya las supersticiones españolas que aparecen en ella.

   _____

   _____

   • Escoge dos y coméntalas.

   _____

   _____

   • Señala los objetos o los gestos que dan buena suerte.

   _____

   _____

2. Cita tres supersticiones de tu país y compáralas con las españolas.

   _____

   _____

   _____

   _____

   _____

   _____

   _____.

3. ¿Cuál puede ser, según tú, el origen de las supersticiones: el miedo, el inconsciente, la necesidad de explicar lo que no entendemos con la razón...? Explícalo en una nota que luego cada alumno puede exponer en clase.

   _____

   _____

   _____

   _____

   _____

   _____

   _____.

A

abdicar (v.) Ceder, renunciar a un cargo o a un derecho.

abrupto / a (adj.) Con mucha pendiente.

acantilado (n. m.) Corte casi vertical del terreno de la costa. Costa cortada verticalmente.

acequia (n. f.) Canal por donde pasa agua para regar.

acoger (v.) Admitir a alguien en su casa o país, proteger.

aconfesional (adj.) Que no pertenece a ninguna religión.

adhesión (n. f.) Unión a una causa, hacerse miembro de una organización.

adquisitivo (poder) Capacidad económica para adquirir bienes y servicios.

ADSL Servicio de las operadoras de Internet de banda ancha.

afincar (v.) Establecer la residencia en algún lugar.

agotamiento (n. m.) Cansancio extremo.

agravante (n. m.) Que aumenta la gravedad de algo.

aislamiento (n. m.) Hecho de estar separado, apartado, solo.

albergar (v.) Contener.

alcornoque (n. m.) Árbol del que se obtiene el corcho.

alianza (n. f.) Acuerdo.

alternativa (adj.) **(medicina)** Tratamientos y terapias diferentes a la medicina tradicional.

alza (en) (n. f.) Subida de valor o importancia.

ama de casa (n. f.) Mujer que se ocupa de las tareas de su casa.

ámbito (n. m.) Espacio comprendido dentro de unos límites. También espacio o sector no físico relativo a un mismo tema: *ámbito empresarial, ámbito privado.*

anarquía (n.f) Ausencia de autoridad.

ancestral (adj.) Muy antiguo.

anexión (n. f.) Unión de una cosa con otra.

anfitrión / ona (n. m. y f.) Persona o entidad que tiene invitados.

angula (n. f.) Cría de la anguila, muy apreciada en gastronomía.

apertura (n. f.) Acción de abrir algo, abrir un camino.

apogeo (n. m.) Cima, esplendor.

apuesta (n. f.) Depositar la confianza en un proyecto, una idea.

archipiélago (n. m.) Agrupación de islas.

argot (n. m.) Lenguaje especial entre personas de un mismo oficio o actividad.

árido / a (adj.) Seco o difícil.

asentamiento (n. m.) Residencia fija de un grupo de personas.

asesoramiento (n. m.) Consejo.

asilo (n. m.) Políticamente, protección que ofrece un país a personas perseguidas.

atasco (n. m.) Aglomeración de vehículos.

atentado (n. m.) Agresión contra la vida o la integridad física o moral de alguien.

austero / a (adj.) Severo, rígido. También moderado o sin excesos.

autarquía (n. f.) Política de un país que intenta bastarse con sus propios recursos.

autoabastecerse (v.) Conseguir uno mismo lo necesario sin la ayuda de otro.

autonomía (n. f.) Poder de decisión y gestión. Independencia.

autopista (n. f.) Carretera con calzadas separadas para los dos sentidos de la circulación, cada una de ellas con dos o más carriles, sin cruces a nivel.

autovía (n. f.) Carretera con calzadas separadas para los dos sentidos de la circulación, cuyas entradas y salidas no se someten a las exigencias de seguridad de las autopistas.

ayuntamiento (n. m.) Gobierno de una ciudad o de un pueblo. También lugar donde se reúne el gobierno municipal.

B

banda (n. f.) **ancha** Tecnología que permite el envío simultáneo de voz y datos por el mismo conducto, y así incrementa la velocidad de transmisión.

beca (n. f.) Cantidad de dinero para estudiar o investigar.

bellota (n. f.) Fruto de la encina y del roble, utilizado como alimento para criar cerdos ibéricos

bilingüismo (n. m.) Uso habitual de dos lenguas

bocadillo o **bocata** (n. m.) Panecillo relleno de alimentos variados.

bollo (n. m.) Panecillo, hecho al horno con harina, huevo y leche. Producto típico para desayunar o merendar.

brasa (n. f.) Leña o carbón encendidos.

brusco / a (adj.) Repentino.

C

cabalgata (n. f.) Desfile con carrozas, bandas de música, etc., que se organiza como festejo popular, especialmente para la llegada de los Reyes Magos.

cabo (n. m.) Terreno que penetra en el mar

cadena (n. f.) **perpetua** Privación de libertad que dura toda la vida. En España no existe cadena perpetua, la pena máxima es de 30 años.

caduco / a (adj.) De duración limitada, como las hojas de algunos árboles que se caen en otoño.

cámara (n. f.) En un gobierno, grupo de diputados que hace las leyes.

capitel (n. m.) Parte superior de la columna, con forma y ornamentación distintas, según el estilo de arquitectura a que corresponde.

carabela (n. f.) Barco de vela ligero, estrecho y largo. En tres carabelas llegó Cristóbal Colón a América.

casa (n. f.) **señorial** Casa, generalmente grande y antigua, que perteneció a alguien con poder o algún título de nobleza.

caseta (n. f.) Construcción provisional desmontable, que se destina a espectáculos, diversiones, etc., en las fiestas populares.

catedral (n. f.) Iglesia principal de la religión cristiana, generalmente de grandes dimensiones, sede del obispo de una diócesis. La construcción de una catedral puede durar varias generaciones, por ello son muy variadas en estilos y formas.

cauce (n. m.) Conducto de agua.

caudal (n. m.) Cantidad de agua que corre.

censo (n. m.) Lista de la población.

cerámica (n. f.) Piezas de arcilla cocida que se utilizan para revestir muros como decoración.

cercanías (n. m.) **de Renfe** Trenes de corto recorrido que transportan a los ciudadanos de la periferia de las grandes ciudades españolas al centro y viceversa.

cerdo (n. m.) **ibérico** Animal criado en libertad para el consumo humano, único en el mundo por su manera de alimentarse casi exclusivamente de bellotas.

cese (n. m.) **de la actividad** Interrupción, muchas veces definitiva, en un trabajo.

chaqué (n. m.) Chaqueta de hombre utilizada en las bodas y otros acontecimientos como traje de etiqueta con pantalón rayado.

chef (n. m./f.) Jefe o jefa de cocina.

chocar (v.) Encontrarse violentamente dos objetos.

cita (n. f.) Encuentro con alguien a una hora determinada.

ciudad (n. f.) **dormitorio** Ciudad o barrio de la periferia de una ciudad grande donde vive la gente que trabaja en la gran urbe y que por la tarde vuelve a sus casas a dormir.

coalición (n. f.) Unión.

cofradía (n. f.) Asociación de personas religiosas con fines piadosos. Especialmente activa en Semana Santa.

cogida (n. f.) En el toreo, acción de herir o enganchar el toro a alguien con los cuernos.

coherencia (n. f.) Conexión, buena relación de unas cosas con otras.

comisión (n. f.) / **comité** (n. m.).Grupo de personas que reciben la orden de hacer algo.

competencia (n. f.) Capacidad, responsabilidad.

compra, "la compra" (n. f.) Lo que se adquiere, especialmente el conjunto de comida y otros productos utilizados en casa.

comunidad (n. f.) **foral** Territorio que tiene fueros o leyes históricas diferentes al resto de España.

condimento (n. m.) salsa o hierba para dar más sabor a la comida.

conmemoración (n. f.) Ceremonia para celebrar la memoria de alguien o algo

consenso (n. m.) acuerdo.

conservador (adj.) Persona, partido o gobierno con valores tradicionales, de derechas.

consumo (n. m.) Utilización o gasto de bienes.

contar con (v.) Tener apoyo o ayuda de algo o alguien.

cónyuge (n. m.) Esposo o esposa.

corcho (n. m.) Material vegetal del tronco del alcornoque utilizado para hacer tapones, suelos, etc.

cordillera (n. f.) Serie de montañas de gran altura unidas entre sí.

cortesía (n. f.) Comportamiento respetuoso, amable.

cosecha (n. f.) Los frutos recogidos de la tierra cultivada.

coste (n. m.) Precio o gasto.

cotizar (v.) **a la Seguridad Social** Pagar una cantidad de dinero cada mes para recibir una pensión al jubilarse o para poder recibir un dinero en el caso de estar sin empleo.

criollo (n. m.) Descendiente de europeos nacido en las antiguas colonias de América.

crisol (n. m.) Recipiente donde se funden materiales. Lugar donde se mezclan materias distintas, en nuestro caso, España es el lugar donde se funden y se mezclan distintas culturas.

cubrir (v) **gastos** Tener suficiente dinero para pagar lo necesario para vivir.

cuenca (n. f.) Territorio cuyas aguas van a parar a un mismo río, lago o mar.

cuerda floja (estar en la) Estar en una situación delicada.

curandero / a (n. m. y f.) Persona que no es médico pero que aplica métodos curativos, generalmente naturales

D

de guardia (Farmacia) De servicio fuera del horario normal.

decadencia (n. f.) Deterioro.

décimo (n. m.) Billete de la lotería.

decreto (n. m.) Norma dictada por el poder ejecutivo.

deficitario / a (Adj.) Que carece de algo.

dehesa (n. f.) Gran prado

delito (n. m.) Acto que viola la ley, crimen.

depresión (n. f.) Zona de un terreno, más baja que la zona de su alrededor.

derogar (v.) Anular, dejar sin validez una ley.

desaladora (n. f.) **(planta)** Instalación industrial donde se elimina la sal del agua del mar, convirtiéndola en agua dulce, apta para el consumo humano.

desarrollo (n. m.) Proceso de crecimiento. Cuando es económico, persigue una mayor producción y una mejor calidad de vida.

desarrollo sostenible El que hace posible el crecimiento económico a la vez que garantiza la protección del medio ambiente.

descentralización (n. f.) Traspaso de poder o de responsabilidades desde un gran poder central a otros grupos más pequeños. En el caso de las Comunidades autónomas, disminución del poder central del Estado, pasando poderes de decisión y de gestión a las comunidades.

desembocadura (n. f.) Lugar en el que un río llega al mar.

desempleo (n. m.) Situación en la que hay trabajadores que estarían dispuestos a trabajar pero que no encuentran trabajo.

desencadenar (v.) Provocar una situación.

despedirse (v.) Decir adiós.

desvincular (v.) Separar.

dictar (v) **sentencia** Pronunciar las conclusiones de un juicio según la ley.

didáctico / a (adj.) Relacionado con las técnicas de enseñanza.

dinastía (n. f.) Conjunto de personas de una misma familia que se suceden en el poder. Se refiere muchas veces a las casas reales.

doblaje (n. m.) En cine y televisión sustitución de las voces originales de los actores por otras voces que traducen el texto a otra lengua.

dolencia (n. f.) Enfermedad.

E

efecto invernadero Fenómeno ecológico que tiene que ver con el calentamiento de la Tierra.

elegible (adj.) Que puede ser seleccionado para ejercer un trabajo o un cargo.

emancipación (n. f.) Liberación de una autoridad. Con la emancipación se adquiere la independencia y también la responsabilidad.

embutido (n. m.) Producto de alimentación elaborado con carne picada, generalmente de cerdo y especias conservado en una tripa.

emigración (n. f.) Movimiento de población de una región a otra, de un país a otro. Los emigrantes huyen de la pobreza y buscan mejores condiciones de vida.

empleo (n. m.) Puesto de trabajo que proporciona un salario.

emular (v.) Copiar, imitar.

energías (n. f.) **alternativas** Energías distintas de las tradicionales. En lugar del gas o el petróleo, cuyas reservas se acabarán y que contaminan el medio ambiente, se intenta utilizar la energía del sol (solar), del aire (eólica) y del reciclado de las basuras (biomasa).

enfoque (n. m.) manera de plantear una cuestión o problema.

enfrentamiento (n. m.) Discusión, lucha

entorno (n. m.) Ambiente.

eólico / a (adj.) Relacionado con el viento.

escenario (n. m.) Lugar en que ocurre un suceso.

escote (a escote) (m.) pagar cada persona la parte que corresponde en un gasto común.

escudo (n. m.) Imagen con símbolos que representan una nación, una comunidad, una ciudad.

espalda (n. f.) **dar la espalda** No hacer caso a alguien, aislarlo políticamente.

especias (n. f.) Plantas aromáticas utilizadas para dar sabor a la comida o en medicina natural.

esperanza (n. f.) **de vida** Los años que se espera que viva una persona desde su nacimiento.

estación (n. f.) **de cercanías** Sitio en el que paran, para recoger o dejar viajeros, los trenes que unen las grandes ciudades con las zonas que las rodean.

estado del bienestar El de una población con un buen nivel de vida.

estrés (n. m.) Estado de nerviosismo y ansiedad causado por una tensión excesiva.

etnia (n. f.) Grupo de personas que pertenecen a un mismo pueblo o cultura.

étnico / a (adj.) Que pertenece a una nación o raza.

exiliarse Abandonar su país, generalmente por motivos políticos.

F

factoría (n. f.) Fábrica, lugar industrial.

familia numerosa Familia con 3 o más hijos.

fecundidad (n. f.) Fertilidad.

ferrocarril (n. m.) Tren.

fervor (n. m.) Devoción, intensidad.

festejo (n. m.) Fiesta.

fiordo (n. m.) golfo, entrante del mar en la costa de Noruega, estrecho y profundo.

fiscalizar (v) Inspeccionar y controlar las cuentas, generalmente para evitar fraude.

foco (n. m.) Centro.

fomentar / fomento (v. y n.m.) Promover, impulsar, aumentar.

fortalecer / fortalecimiento (v. y n.m.) Hacer más fuerte.

fortificado / a (Adj.) Protegido (por murallas).

fraude (n. m.) Engaño para beneficiarse uno mismo, como no pagar impuestos.

frutos secos Frutos que se han secado para poderlos conservar mucho tiempo: higos, uvas pasas, avellanas, cacahuetes, etc.

Fuente (n. f.) **de energía** Origen de la energía (el viento, el agua, el sol, el petróleo, etc.).

funcionario / a (n. m. y f.) Persona de tiene un trabajo permanente en la Administración pública.

G

galardonado / a (adj.) Premiado / a.

gama (n. f.) Serie o conjunto de cosas de la misma clase.

ganadería / ganado (n. f.) Animales de pasto criados para su explotación.

ganarse la vida (v.) Recibir dinero por trabajar para poder pagar las necesidades básicas (comida, casa, etc.).

golpe de Estado (n. m.) Toma ilegal y por la fuerza del gobierno de un país.

goteo (n. m.) Caída de agua gota a gota. **Riego por goteo:** Sistema para regar las plantas con poco gasto de agua.

guardería (n. f.) Lugar en el que se cuida a niños pequeños que no tienen edad de ir a la escuela.

guerrilla (n. f.) Grupo de personas armadas que no son del ejército y luchan contra el enemigo con ataques por sorpresa.

H

hallazgo (n. m.) Descubrimiento.

hazaña (n. f.) Hecho importante que requiere esfuerzo o valor.

heredero / a (n. m. y f.) Persona que recibe los bienes, derechos y obligaciones de una persona al morir esta.

herejía (n. f.) Opinión o doctrina que no sigue los dogmas de la iglesia católica en materia de fe.

herradura (n. f.) **(arco de)** En arquitectura, arco que mide más de media circunferencia.

herramienta (n. f.) Instrumento utilizado para realizar un trabajo manual.

hidráulico / a (adj.) Que se mueve por medio del agua.

horas extra Horas que alguien trabaja además de su jornada laboral.

huella (n. f.) Marca que deja algo en una superficie.

I

I+D Investigación y desarrollo

imperativo (n. m.) Que expresa una orden.

impuesto (n. m.) Dinero que hay que pagar al gobierno (Estado, comunidades, ayuntamientos) para sostener el gasto público.

incertidumbre (n. f.) Duda.

independizarse (v) Hacerse independiente. En el caso de los hijos, marcharse de la casa de sus padres para vivir por su cuenta.

indígena (adj.) Originario de un país o lugar.

inflación (n. f.) Subida de los precios que produce disminución del valor del dinero con efectos negativos para la economía de un país.

infraestructura (n. f.) Conjunto de medios o instalaciones necesarios para que funcione una organización.

ingenio (n. m.) Inteligencia, habilidad.

ingrediente (n. m.) Elemento que forma parte de un compuesto. Varios ingredientes son la base de las recetas de cocina.

ingresos (n. m. pl.) Cantidad de dinero recibida regularmente.

iniciativa (n. f.) **(tomar la iniciativa)** Ser los primeros en hacer algo.

inmigración (n. f.) Movimiento de población que consiste en la llegada de personas a un país para vivir en él de modo permanente.

intercambio (n. m.) Cambio de una cosa por otra entre dos personas o entre dos organismos. *Erasmus* es un programa de intercambio de estudiantes entre universidades de distintos países.

intérprete (n. m.) Persona que traduce emociones, como un artista de música, baile o teatro. También puede traducir oralmente de una lengua a otra.

J

jerarquía (n. f.) Organización que establece distintas categorías de importancia.

jerga (n. f.) Lenguaje especial entre personas de un mismo grupo profesional o social.

jubilado/a (n. m./f.) Persona retirada definitivamente de un trabajo al cumplir la edad determinada por la ley. Recibe una cantidad de dinero del Estado la **pensión de jubilación.**

judería (n. f.) Barrio de los judíos.

juerguista (n. m. o f. y adj.) Alguien a quien le gusta salir de marcha, estar de broma.

L

labor humanitaria Trabajo para ayudar a las poblaciones que sufren guerras o catástrofes naturales.

legislatura (n. f.) Periodo entre dos elecciones para las cámaras representativas.

lengua romance Lengua moderna derivada del latín, como el español, el italiano, el rumano, etc.

levantino / a (adj.) Que corresponde al este de España o Levante.

liberal (adj.) Tolerante, respetuoso con las ideas de los demás. En política, seguidor del **liberalismo**, doctrina que defiende la mínima intervención del Estado en la vida social y económica. En el siglo XIX, los liberales defendieron la Constitución de Cádiz de 1812 frente a los absolutistas que apoyaban al rey.

libertad de cátedra Derecho de un profesor para expresarse y enseñar lo que él considera la verdad, sin que se le persiga por ello.

líder/esa (n. m./f.) Persona, o grupo de personas, que ocupa el primer lugar o que dirige.

limítrofe (adj.) Fronterizo, situado al lado de algo.

lista cerrada En una votación, la que presenta los nombres en un orden establecido para la elección de sus representantes.

litoral (adj.) De la orilla del mar.

llevar a cabo Conseguir realizar de una tarea hasta el final.

longevidad (n. f.) Larga duración de la vida.

lotería (n. f.) Sorteo o rifa. La Lotería Nacional es la administrada por el Estado, en la que se premian con diversas cantidades los billetes cuyos números coinciden con los extraídos al azar.

lucrativo / a (adj.) Que produce una ganancia o un beneficio.

M

macizo montañoso (n. m.) Grupo de montañas con características comunes.

maleducado / a (adj.) Sin educación, irrespetuoso.

manifestación (n. f.) Concentración pública de un grupo numeroso de personas para expresar una opinión o pedir algo.

mano de obra (n. f.) Trabajo manual de los obreros. Conjunto de los trabajadores asalariados de un sector económico o de un país.

marcha (ir de marcha) Salir de noche con amigos para divertirse.

marisco (n. m.) Animales marinos invertebrados y comestibles, en especial crustáceos y moluscos.

masas Conjunto numeroso de personas que, por su número, puede influir en la marcha de los acontecimientos.

mayores (los, nuestros) Los antepasados o personas de edad avanzada.

mayoría absoluta (n. f.) Formada por más de la mitad de los votos.

mestizaje (n. m.) Mezcla de razas o de culturas diferentes.

misa Celebración religiosa cristiana que se celebra en los templos.

molinos de viento (n. m.) Máquina para moler o triturar el grano de cereal que utiliza como fuerza el viento. Se llama también así el edificio donde está instalada esta máquina. Son típicos en el paisaje de Castilla-La Mancha.

monasterio (n. m.) Edificio donde viven en comunidad los monjes o las monjas de una orden religiosa.

monólogo (n. m.) Obra dramática en la que habla un solo personaje.

monoparental (adj.) Familia compuesta por uno sólo de los progenitores, el padre o la madre.

multiétnico / a (adj.) Relativo a diversas naciones, razas o etnias.

musulmán / na (adj.) Seguidor del Islam.

N

nacionalista (adj.) Persona que defiende el **nacionalismo**, pensamiento político que resalta la personalidad propia de un territorio y de sus ciudadanos.

narcotráfico (n. m.) Comercio ilegal de drogas en grandes cantidades.

natalidad (n. f.) Número de nacimientos en un lugar o en un tiempo determinados.

naturista (adj.) Ciencia o persona que utiliza productos naturales para conservar la salud o tratar enfermedades.

nini (n. m.) Joven que ni estudia ni trabaja.

núcleo (n. m.) Parte o punto central de alguna cosa.

núcleo de población: Grupo de personas o viviendas con características comunes.

O

objetividad (n. f.) Forma de tratar un asunto sin seguir criterios o intereses personales.

ocio (n. m.) Tiempo libre fuera de las ocupaciones habituales.

octogonal (adj.) Figura de ocho ángulos y ocho lados.

oposición (n. f.) En política, conjunto de grupos o partidos que se oponen a la política del Gobierno.

órgano (n. m.) Institución o conjunto de personas que realizan un trabajo determinado.

orientación (n. m.) Tendencia o dirección hacia un punto determinado. En un grupo social, tendencia hacia unas ciertas ideas.

P

paciente (n. m. / f.) Persona que está siendo tratada por un médico.

paga (la) (n. f.) Sueldo. Dinero que los padres dan periódicamente a sus hijos para sus gastos personales.

pagano / a (adj) Para los cristianos, los que creen en otra religión distinta de la cristiana.

paro (el) (n. m.) Situación del trabajador que está sin trabajo. Conjunto de personas que no tienen empleo o no encuentran trabajo.
Dinero que paga el estado a las personas que están sin empleo.

parque automovilístico (n. m.) Conjunto de vehículos que circulan por un país o una ciudad.

-de atracciones: Lugar de ocio con instalaciones de distintas clases de diversiones.

-tecnológico: Zona de concentración de empresas con tecnología innovadora y que por ello tienen, ventajas económicas, de comunicaciones, de proximidad a centros universitarios, etc.

-temático: Parque de ocio dedicado a un solo tema.

paso (n. m.) **(de Semana Santa)** Grupo de esculturas que representa un suceso de la Pasión de Cristo y se saca en procesión durante la Semana Santa.

pastoreo (n. m.) Cuidar el ganado en el campo, facilitando su acceso al pasto.

patera (n. f.) Embarcación pequeña, de fondo plano, sin quilla. Es muy utilizada por los inmigrantes para llegar a las costas españolas desde el Norte de África.

patrimonio cultural (n. m.) Conjunto de bienes propios de una cultura (lengua, arte, folclore, etc.)

-histórico artístico Conjunto de los edificios y los objetos de valor histórico o artístico pertenecientes a un país. (museos, iglesias, palacios, etc.)

-de la Humanidad Conjunto de edificios artísticos, paisajes, ciudades y bienes culturales seleccionados y protegidos por la Unesco por su especial importancia cultural o natural.

peregrinación (n. f.) Viaje que se hace por motivos religiosos a un santuario o a un lugar sagrado.

perenne (adj.) Continuo, que dura siempre o mucho tiempo. Hoja que no cae del árbol al llegar el otoño.

periferia (n. f.) Espacio situado fuera del centro

periférico / a (adj.) Que está en la periferia

perjudicado / a (adj) Que ha sido víctima de un daño material o moral.

perpetuo / a (adj.) Que dura o permanece mucho tiempo o para siempre.

pícaro / a Persona de pocos recursos económicos, que soluciona sus problemas con astucia y engaños.

platero (n. m.) Artesano que trabaja la plata y la decora.

porche (n. m.) Zona cubierta que rodea una plaza o la entrada de una casa.

procesión (n. f.) Acto de carácter religioso y solemne en el que una sucesión de personas caminan lentamente, siguiendo un recorrido y acompañando a una imagen religiosa.

progresista (adj.) Seguidor del partido liberal en la España del siglo XIX, que defendía las libertades públicas frente a los conservadores.
Hoy se aplica este término a cualquier persona o partido con ideas avanzadas.

protagonista (n. m. / f.) Personaje principal.

punto de vista Modo o forma de considerar un tema determinado.

Q

quijote (n. m.) Hombre idealista que actúa desinteresadamente salvando a los demás de determinas situaciones.

quiosco (n. m.). Construcción de pequeño tamaño situada en una calle o paseo que se dedica a la venta de periódicos o revistas.

R

ranking (n. m.) Lista o clasificación de mayor a menor.

ratificación (n. f.) Aprobación de actos, palabras o escritos dándolos por ciertos y válidos.

recesión (n. m.) Descenso, generalmente pasajero, de la actividad económica, que produce disminución de los beneficios, de los salarios y del empleo.

receta (n. f.) Nota escrita con los medicamentos mandados por el médico.

receta de cocina: Nota con los componentes que se necesitan para realizar una comida determinada y el modo de hacerla.

referéndum (n. m.) Consulta mediante el voto popular de leyes o actos administrativos para que sean aprobados por el pueblo.

refugiado / a (n y adj) Persona que busca refugio fuera de su país de origen, huyendo de una guerra o una persecución.

regadío (n. m.) Tierra de cultivo que necesita riego abundante.

regionalista (adj.) Defensor del regionalismo, doctrina política que sostiene que un Estado debe prestar atención a las características propias de cada región.

reino (n. m.) Territorio o Estado en el que sus habitantes están sujetos a la autoridad de un rey. España actualmente es un reino con una monarquía parlamentaria

renta per cápita (n. f.) Cantidad que resulta de dividir el dinero que tiene un país por su número de habitantes. Es uno de los índices más importantes que se tienen en cuenta a la hora de valorar la riqueza de un país determinado.

repoblación (n. f.) Proceso por el que la población se asienta en un lugar poco habitado o abandonado.

reportaje (n. m.) Trabajo realizado generalmente por periodistas que informan sobre un determinado tema en detalle.

reserva de la biosfera (n. f.) Título internacional que da la Unesco a ciertas zonas de un país y que obligan a su gobierno a protegerlas y vigilarlas por ser de especial interés ecológico.

resistencia (n. f.) Conjunto de personas que se oponen con violencia a los invasores de un territorio o a una dictadura.

revista del corazón (n. f.) Publicación periódica que trata de la vida y acontecimientos de las personas famosas.

riada (n. f.) Inundación causada por la crecida de un río a causa lluvias fuertes.

romance (n. m.) Poema de origen español, en la que los versos pares tienen una rima asonante y los impares no tienen rima.

romancero (n. m.) Colección de poemas y canciones medievales sobre héroes y batallas que se trasmitían de forma oral.

rupestre (pintura) (adj.) Pinturas y dibujos prehistóricos realizados en las rocas de las cuevas.

S

santo / a (n. m. y f.) Persona que ha sido reconocida por la Iglesia Católica como alguien que ha llevado una vida de perfección y ha alcanzado el cielo. La tradición cristiana dedica cada día del año a un "santo", una "santa" o una advocación de la Virgen. Cuando el nombre de una persona coincide con ese día, se dice que es su santo. Hoy en día, esta celebración se está perdiendo.

sede (n. f.) Lugar en el que tiene su domicilio una organización política, económica, cultural, etc.

sedentario / a (adj.) Que tiene poco movimiento; que está establecido en un lugar fijo.

sidra (n. f.) Bebida alcohólica y espumosa obtenida por la fermentación del zumo de las manzanas. Es una bebida muy típica de las comunidades del norte de España.

símbolo Imagen o figura que representa a un país, a una idea, a una persona, etc.

sistema montañoso (n. m.) Cordillera, conjunto de montañas.

solidaridad (n. f.) Apoyo a una idea, a una causa de otros.

sorteo (n. m.) Juego de suerte o de azar, como la Lotería.

sublevación (n. f.) Movimiento de protesta contra una autoridad.

subsahariano / a (adj.) Habitante de los países africanos situados al sur del Sahara.

sufragio (n. m.) Sistema electoral en el que se elige a alguien mediante una votación. **Sufragio universal** aquel en que tienen derecho a votar todos los ciudadanos.

superstición (n. f.) Creencia contraria a la razón o al entendimiento, y extraña a la fe religiosa.

supranacional (adj.) Que tiene un poder que está por encima del gobierno de una nación.

T

taberna (n. f.) Establecimiento popular en el que se sirven bebidas y a veces comidas.

talasoterapia Tratamiento con aguas termales o marinas

tapiz (n .m.) Pieza de tejido de lana o seda con dibujos, que se usaba para cubrir o adornar una pared.

tasa (n. f.) Pago que se exige por algún servicio.

terapéutico / ca (adj.) Método curativo beneficioso para la salud.

termosolar (energía) La que utiliza el calor del sol para la producción de electricidad.

territorial (adj) Relativo a una comarca o a un territorio determinado.

tertulia (n. f.) Reunión de personas que se juntan habitualmente para conversar. Muchos escritores o políticos lo hacían en cafés de principios del siglo XX.

testamento (n. m.) Documento en el que una persona explica cómo se han de distribuir sus bienes cuando se muera.

tolerancia (n. f.) Respeto hacia las ideas o actitudes de los demás.

torrencial (adj.) Se dice de la lluvia muy intensa y abundante.

trashumante (adj.) Se refiere al ganado que se traslada desde las zonas de pasto de invierno a las de verano, y viceversa.

trasvase o transvase (n. m.) Paso de un liquido de un lugar a otro. Los trasvases entre ríos son un recurso muy utilizado para solucionar la escasez de agua en determinadas zonas.

tutear (v.) Hablar de ''tú'' a alguien, en lugar de ''usted''.

U

urbano / a (adj.) Relacionado con la ciudad.

urna (n. f.) Caja cerrada, generalmente con una ranura superior, en donde se recogen las papeletas de unas elecciones o de un sorteo.

usuario/a (adj., n.m./f.) Alguien que habitualmente utiliza algo.

V

valido (n. m.) Persona que tiene la total confianza del rey y ejerce influencia sobre él. Durante el reinado de los últimos reyes de la Casa de Austria, los validos llegaron a tener todo el poder real en sus manos.

vanguardia (n. f.) Parte de un ejército que va delante.- Grupo o movimiento artístico o ideológico que se distingue por su modernidad.

veda (n. f.) Periodo de tiempo durante el que está legalmente prohibido pescar o cazar.

vendimia (n. f.) La recolección de la uva. En España se realiza en el mes de septiembre y en muchas comarcas se celebran fiestas

verbena (n. f.) Fiesta popular nocturna que se celebra generalmente al aire libre, el día anterior de un día festivo.

veto (n. m.) Rechazo de una propuesta o una ley.

vinculación (n. f.) Relación entre dos personas o cosas

viñedo (n. m.) Terreno plantado de viñas.

vivienda (n. f.) Construcción o lugar donde se vive: una casa, un piso, etc. en propiedad o en alquiler

volante (n. m.) Hoja de papel donde se apunta algo en términos precisos, como la hoja utilizada para escribir unas instrucciones del médico para el paciente. En un coche, rueda que permite conducirlo y dirigirlo.

voluntario / a (n. m. / f.) Persona que hace algún trabajo por su propia voluntad.

W

western (n. m.) Género cinematográfico que recrea la conquista del Oeste de los Estados Unidos.

SOLUCIONES

I. Paisajes

1. La piel de toro

Localización y relieve .... pág. 7

1. ♦ Respuesta variable. El objetivo es familiarizarse con la situación geográfica de España en el sur de Europa y como país mediterráneo y saber con qué países tiene fronteras.

2. La proximidad al continente africano (12 kilómetros en el estrecho de Gibraltar, Cádiz) y su frontera norte con Francia, la han convertido desde la prehistoria en zona de paso entre África y Europa.

3. El océano Atlántico.

4. La España Peninsular tiene frontera con tres países: Portugal, Francia y Andorra.

España como Estado también tiene frontera con Marruecos en Ceuta y Melilla.

5.

El agua: costas y ríos .... pág. 9

1. El Guadiana y el Guadalquivir. • El Ebro. • El Duero y el Tajo. El Miño nace en Galicia y no atraviesa Portugal, pero en su último tramo, sigue la frontera entre España y Portugal.

2. Que tienen rías, entradas del agua del mar en la tierra del estilo de los fiordos.

3. Son ríos cortos, debido a la cercanía de las montañas al mar y son también de curso regular a causa de las frecuentes lluvias.

4. Los problemas son debidos sobre todo a lluvias escasas que hacen que los ríos cuenten con poco caudal, desertificación a causa de las prolongadas etapas de sequía y calentamiento global.

Soluciones: trasvases de ríos (por ejemplo del río Tajo a los del Mediterráneo); plantas desaladoras de agua de mar, en las islas Canarias y en el litoral mediterráneo; aplicación de nuevas tecnologías (introducción de la telefonía móvil para el riego automático, desarrollado en Aragón); cultivo de productos agrícolas en invernaderos (con una combinación de aprovechamiento del agua recogida y del riego por goteo, como se realiza por ejemplo en Almería y Murcia).

Clima y paisajes .... pág. 11

1.

Clima oceánico	Clima continental	Clima mediterráneo
cielos nublados	invierno frío, verano caluroso	invierno suave, lluvias escasas, lluvias de otoño

2. mar: marino, marítimo; **nube:** nuboso, nublado; **clima:** climático; **calor:** caluroso; **océano:** oceánico; **verano:** veraniego; **lluvia:** lluvioso; **invierno:** invernal.

3. Madrid está en la Meseta donde hay un clima continental con temperaturas extremas. Los inviernos son fríos (0° a 10° C) y los veranos muy calurosos (35° a 40°).

4. En las regiones del norte de España, en la llamada España Verde, cuyas costas están bañadas por el océano Atlántico y el mar Cantábrico.

5. Plátanos: Islas Canarias – **Maíz y manzanas:** España Verde – **Aceite:** Sur de la zona central – **Naranjas:** Zona Mediterránea – **Cereales:** Centro de la Península.

2. La población

La lengua española .... pág. 13

1. Íberos y celtas; fenicios, griegos, cartagineses; romanos; pueblos germánicos (visigodos) y finalmente los de origen árabe (bereberes, árabes, mauritanos, etc).

2. Los musulmanes habitaron en España más de siete siglos (del VIII al XV) aportando muchas palabras nuevas al castellano que se llaman "arabismos".

3. Los judíos expulsados de los reinos hispánicos en el siglo XV se llevaron la lengua que hablaban a los países mediterráneos donde se asentaron. Así nació el "sefardí".

4. "Curriculum vitae, currículum o CV. Es un documento con los datos personales y los datos importantes de la formación y la vida profesional de alguien. Literalmente significa "carrera de la vida"

   "Grosso modo", a grandes rasgos. Literalmente significa "de modo grueso".

5. Respuesta variable. El resultado puede exponerse en clase, lo que hará ver lo universalmente conocidas que pueden ser algunas de ellas, sobre todo en el campo de abogacía, la medicina o la filosofía.

"Spain is different" .... pág. 15

1. La necesidad de representar un nuevo sonido que no existía en latín, creó combinaciones de letras en otras lenguas, Ese sonido fue representado con distintas formas en las distintas lenguas: gn en italiano y francés, ny en catalán y nh en portugués. Solo en español generó esta nueva letra, la ñ.

   ♦ Respuesta variable. Se puede buscar la letra "ñ" en el mismo texto de "Paisajes" estudiado hasta ahora (España, montañoso, español, montaña, cañada, Cabañeros, Doñana, bañadas, viñas, señas, años.)

   El Ministerio de Industria español exigía desde 1985 que la letra **"ñ"** estuviera incluida en teclados, pantallas e impresoras de los ordenadores vendidos en España.

   En el año 1991 La Comunidad Europea pretendió suprimir esta obligatoriedad argumentando que era un obstáculo para la libre circulación de mercancías en la comunidad. Esto produjo varios fenómenos: por un lado, los ordenadores sin la letra "ñ" tuvieron dificultades para venderse en España. Por otro, hubo protestas firmes de las Academias de la Lengua tanto españolas como hispanoamericanas, de escritores y de profesionales de la informática e incluso del Centro de Tecnología de la Lengua de IBM.

   En el año 1993 el tema se cerró con una ley del gobierno español en la que de manera rotunda obliga a incluir en los ordenadores vendidos en España no solo la letra "ñ" sino el resto de los caracteres específicos del castellano como son los signos de apertura de exclamación e interrogación.

2. Los nombres que se utilizaban en el imperio romano cambiaron con la llegada de los pueblos germánicos a la península y empezó a usarse el nombre seguido de las letras **"ez"** que significaba "hijo de": Rodríguez es hijo de Rodrigo y López es hijo de Lope. Otros derivan de nombres de ciudades, como Burgos o Toledo, o de accidentes geográficos Hay apellidos que nacieron a causa de un cambio de religión: muchos judíos en el siglo XV adoptaron como apellido el nombre de la ciudad donde vivían.

3. El nombre y los dos apellidos (el del padre y el de la madre normalmente) del titular – El lugar de nacimiento – La provincia a que pertenece ese lugar – El nombre del padre y la madre – La fecha de nacimiento – El sexo: M (mujer) - F (femenino); o V (varón) - M (masculino) – El domicilio: calle - ciudad - provincia.

4. Conservarías tu apellido. Los hijos tendrían dos apellidos, el del padre y el de la madre, en el orden que decidieran.

Diversidad de lenguas .... pág. 17

1. Nació en el reino de Castilla durante la Edad Media.

2. – **El catalán:** Es la lengua minoritaria más importante de Europa occidental. Es una lengua romance, viene del latín y tiene parecido con el francés y el español.

   – **El gallego** es una lengua más próxima al portugués que al español y tiene influencia celta. Como Galicia fue una región de mucha emigración, se habla también en los lugares destino de la emigración gallega: Argentina, Cuba, México, etc.

   – El **euskera** es una lengua prehistórica de origen desconocido, situada a ambos lados de los Pirineos, que se ha mantenido de forma oral a través de las leyendas, los cuentos y las canciones populares.

3. No deriva de las lenguas romances que nacieron del latín, como otras lenguas de España.

4. Algunas comunidades autónomas tienen sistemas educativos en los que se contempla el bilingüismo, desde la escuela hasta la universidad.

3. Las comunidades autónomas

La España autonómica .... pág. 19

1. En 1978 tras la aprobación de la Constitución.

2. Diecisiete (Andalucía, Aragón, Asturias, Cantabria, Castilla–La Mancha, Castilla y León, Cataluña, Extremadura, Galicia, Islas Baleares, Islas Canarias, La Rioja, Madrid, Murcia, Navarra, Comunidad Valenciana, País Vasco) y dos Ciudades Autónomas (Ceuta y Melilla).

3. Galicia, Asturias, Cantabria, País Vasco; - Comunidad autónoma de las Islas Baleares; - Comunidad autónoma de las Islas Canarias; - Ciudad autónoma de Ceuta y ciudad autónoma de Melilla.

4. ♦ Respuesta variable. Se puede señalar la diferencia de organización entre un poder central fuerte y un poder compartido con las regiones. Explicar la causa de las diferencias (históricas, étnicas, religiosas)

5. El himno, la bandera y el día de la Fiesta Nacional.

El norte
Norte-costa

Galicia .... pág. 21

1. Ganadería vacuna. • Santiago de Compostela. • Agricultura, ganadería, pesca.

2. Pontevedra

3. Del Camino de Santiago

Asturias, Cantabria, País Vasco .... pág. 23

1. ♦ Respuesta variable. Elegir un galardonado y exponer los motivos de esa elección.

2. La historia de Asturias parece una novela de aventuras: lucharon contra los romanos; más tarde, se inició en Asturias **la Reconquista**, contra los musulmanes, que duró **más de siete siglos**, y en la guerra civil de 1936 lucharon contra el **ejército de Franco**.

3. Las Cuevas de Altamira.

4. • ...**Galicia**, puedo acompañarlo con **marisco**. • ...el **País Vasco**, puedo acompañarlo con **angulas o el bacalao a la vizcaína**.

Norte-interior .... pág. 25

1. "...a **Pamplona** hemos de ir..."

2. Industria conservera.

3. La Fiesta Nacional se celebra el 12 de octubre, día de la Virgen del Pilar. Es el Día de la Hispanidad y celebra la llegada de Colón a América. También es conmemorado con un desfile de carrozas en Nueva York (Columbus Day).

4. El palacio de la Aljafería.

5. El vino de Rioja.

El sur .... pág. 27

1. • No tiene mar: **F** • Fue una provincia romana: **V** • Es una región pequeña: **F** • En el siglo X la ciudad más importante era Almería: **F**.

2. **Jerez** ➝ vinos – **Córdoba** ➝ mezquita ➝ **Granada** ➝ Alambra – **Almería** ➝ invernaderos.

3. Ceuta y Melilla.

El este .... pág. 29

1. Las ruinas romanas de Tarragona - El monasterio de Poblet - La arquitectura modernista de Gaudí en la ciudad de Barcelona.

2. Empezaremos nuestra visita por el paseo de Gracia, donde está la casa Batlló que Gaudí hizo en 1905. Seguiremos por el paseo de Gracia alejándonos del centro de la ciudad para visitar La Pedrera o Casa Milà (num. 92), de Gaudí, no olvidando visitar la terraza con sus chimeneas y su fantasía increíble. Desde aquí iremos hacia el noreste para visitar la Sagrada Familia, símbolo de la ciudad y la obra más conocida de Gaudí. Después, cambiando de dirección hacia el noroeste, acabaremos la visita en el parque Güell, donde Gaudí desarrolló su viva imaginación en una extraordinaria combinación de arquitectura y naturaleza.

3. Industria de papel y artes gráficas, textil e industria del automóvil.

♦ Se puede evocar el problema de la deslocalización de las industrias hacia países con mano de obra más barata.

4. El cava.

(cont. comunidades del este) .... pág. 31

1. ♦ Respuesta variable. Es una de las fiestas en las que el fuego tiene un gran protagonismo. Son unas fiestas de primavera que evocan el renacer de la naturaleza, del hombre nuevo, cada año. Ver detalles en Internet: www. fallas.com es la página oficial de la Junta Central Fallera y donde pueden verse imágenes de las "falleras mayores", los monumentos y otros temas relacionados con esta fiesta.

2. ♦ Respuesta variable. Evocar la diversión en los parques de ocio y la situación privilegiada de Murcia (clima, mar, balnearios, huertas...).

3. La paella.

4. Porque la huerta de Murcia, con los regadíos de origen árabe del río Segura, es una región agrícola muy rica, con una producción excelente de frutas y verduras.

La Meseta .... pág. 33

1. De los castillos que se construyeron en la Edad Media (siglos XIII al XV) y que se conservan aún. Esos castillos fueron edificados como fortalezas para defender el territorio que se iba conquistando a los musulmanes.

2. Prehistóricos: Atapuerca (Burgos) – **Romano:** acueducto de Segovia – **Cristianos:** las iglesias y monasterios medievales del Camino de Santiago que cruza tierras castellanas.

♦ Los monumentos castellanos más importantes del Camino de Santiago son: la **Catedral de Burgos**, una de las más importantes de España, la **Iglesia de San Martín de Frómista** considerada como la obra más pura del románico, y la **Catedral de León**, obra maestra del gótico español

3. "…En Ávila… las **murallas**, en Burgos… su **catedral**, y al llegar a **Segovia**…acueducto romano.

4. Salamanca.

5. ♦ Respuesta variable. Para proponer una Ruta de los Castillos, hará falta un mapa de carreteras de España y un mapa histórico de castillos, como el que adjuntamos. **Ejemplo:**

CASTILLOS MEDIEVALES DE CASTILLA y LEÓN:

Ponferrada (León), Aguilar de Campoo (Palencia), Peñaranda de Duero (Burgos), Medina del Campo (Valladolid); Villalonso (Zamora), Alba de Tormes (Salamanca); Mombeltrán (Ávila), Coca (Segovia), Gormaz (Soria).

Para llegar al **castillo de Mombeltrán**, saldremos de Madrid y atravesando el túnel de Guadarrama iremos dirección a Ávila, hasta encontrar la localidad de Mombeltrán al pie de la sierra de Gredos. El castillo está en las afueras de la localidad rodeado de un paisaje de singular belleza. Seguidamente y por carreteras secundarias iremos en dirección de Salamanca. Siguiendo hacia el norte y a unos 10 km de Toro hallamos el castillo de Villalonso en la provincia de Zamora. Volviendo hacia Madrid nos detendremos en Medina del Campo, para contemplar el castillo de La Mota (cerro), llamado así por estar en una pequeña elevación de terreno que ocupó la antigua ciudad. Es uno de los castillos más grandes de España.

(cont. comunidades de la Meseta)... pág. 35

1. Don Quijote cree enfrentarse con unos gigantes, cuando en realidad lo está haciendo con unos molinos de viento.

♦ *"Luchar contra molinos de viento"*. Se utiliza esta expresión para referirse a enemigos fantásticos o imaginarios haciendo referencia al capítulo en el que Don Quijote de la Mancha cree luchar contra gigantes cuando lo hace contra molinos de viento.

2. El Greco.

3. Las llamadas "Tres Culturas": musulmana, judía y cristiana que convivieron en la ciudad de Toledo durante la Edad Media.

4. La ciudad extremeña de Mérida (Badajoz), llamada *Emerita Augusta* por los romanos.

5. De Extremadura - Es un producto derivado del cerdo ibérico, criado en las dehesas extremeñas y alimentado con bellotas.

1.

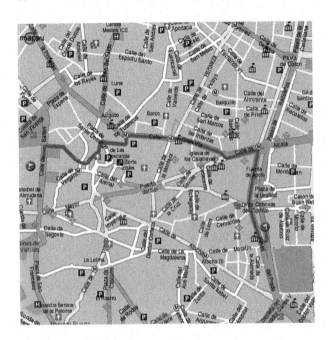

♦ En el plano de Madrid, se puede observar la diferencia entre las calles del centro histórico, cortas y estrechas, y las de la zona más moderna, con largas y anchas avenidas.

2. En 1561, cuando el rey Felipe II trasladó la corte de Toledo a Madrid.

3. En El Escorial.

4. Porque los madrileños se distinguen por su espíritu de acogida.

5. Las continuas obras de mejoras y arreglos (modernización del urbanismo, zonas peatonales, intentos de solucionar el tráfico, etc…) ofrecen al visitante la imagen de una ciudad "sin terminar" que cuando se acabe será estupenda.

♦ Como el español acepta con humor las situaciones incómodas, hay otra expresión que se refiere a las obras de Madrid "Madrid, la ciudad que busca un tesoro", haciendo referencia a la cantidad de zanjas y hoyos que sufren sus calles.

La España insular .... **pág. 39**

1. Las islas Baleares ocupan un lugar estratégico en el Mediterráneo para cualquier tipo de dominio o de comercio. Desde la antigüedad hasta hoy, son una cabeza de puente entre Europa y África y entre oriente y occidente. Se han interesado por ellas desde los antiguos pueblos del mediterráneo hasta los piratas turcos y ejércitos de Francia, Inglaterra y Estados Unidos.

2. Mallorca, Menorca, Ibiza.

3. El turismo.

4. Unos zapatos, unos pendientes de perlas cultivadas.

(cont. España insular. Las islas Canarias) .... **pág. 37**

1. Lanzarote, La Palma, Gomera, El Hierro y Tenerife.

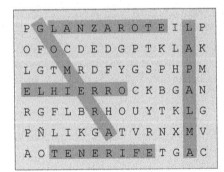

2. El comienzo de la primavera, cuando se celebran los Carnavales.

3. Pescados y papas arrugadas con mojo picón.

♦ Son todos productos locales: el pescado (directamente del Atlántico), las papas (patatas de la cosecha local, de pequeño tamaño que se cuecen con su piel), y el mojo picón (salsa de pimientos picantes).

4. Fueron una importante escala en los viajes que realizaban las naves comerciales entre los puertos españoles y los del continente americano.

II. Historia

4. Los orígenes y la formación del Estado español

1. **En Atapuerca (Burgos) se han encontrado**... los restos humanos más antiguos de Europa – **Las tribus celtíberas se asentaron**... en las tierras del alto valle del Duero – **Los cartagineses fundaron**... las colonias de Ibiza y Cartagena – **Málaga fue fundada**... por los fenicios.

2. Permitió a los pueblos indígenas de la península Ibérica mantener contactos comerciales y culturales con otros pueblos mediterráneos que visitaban sus costas.

3. Poblados fortificados construidos por los celtas.

4. Los cartagineses son un pueblo fenicio que procede el norte de África. Hacia el 650 a.C. llegan a la península Ibérica y fundan Cartago Nova (Cartagena) y Ebussos (Ibiza) en las islas Baleares. – La colonización cartaginesa influye en la religión, arte y cultura de la población indígena y, en especial, en el uso de la escritura.

1. • En el año 19 a.C., cuando los pueblos indígenas de la península se rindieron ante Roma. • En la provincia romana de Hispania.

2. La unión ante la invasión romana producirá una unificación de los distintos pueblos indígenas. Se facilitaron las comunicaciones (construcción de las calzadas y puentes, que aún existen hoy). Se unifica la lengua (el latín) y florece la cultura (arte, filosofía). La provincia romana de Hispania ocupó un papel importante dentro del Imperio y uno de sus emperadores, Adriano, fue español. Con los romanos llegó a la península el cristianismo.

3. A partir de la tradición cultural hispanorromana, los visigodos y los hispanorromanos desarrollan una organización administrativa con mucha influencia de la religión y una cultura donde destacan la arquitectura (hoy casi desaparecida) y la orfebrería.

4. Las luchas entre familias por conservar el poder produjeron constantes guerras civiles. Para defenderse de los suyos, un rey visigodo pide ayuda a las tribus musulmanas del norte de África, lo que permite la entrada de los guerreros musulmanes en la península.

1. • Por el sur de la Península Ibérica, a través del estrecho de Gibraltar. • Las regiones de Andalucía, Levante, Castilla y Aragón. • El reino nazarí de Granada.

2. Los musulmanes dan el nombre de al-Ándalus a las tierras que dominan en la península Ibérica. - al-Ándalus queda incorporado al imperio musulmán de Oriente.

3. Fue la capital del Califato (912-1031) y en el siglo X se convirtió en un importante centro cultural y artístico.

4. • Astures, cántabros y vascones lucharon junto a los nobles hispanogodos refugiados en el norte tras la invasión musulmana. • El Reino de Asturias.

5. La Reconquista es un largo periodo que duró unos 800 años durante el cual los reinos cristianos fueron recuperando los territorios que antes de la invasión musulmana del año 711 habían formado el reino visigodo. Fue un periodo largo con avances y retrocesos para los cristianos, y también épocas de paz. La Reconquista terminó culminó con la conquista de Granada en 1492.

Del Reino al Imperio español

1. En 1517 llega al trono Carlos I de España y V de Alemania, heredero de las tierras de la Corona de Aragón, de la Casa de Habsburgo y de la Corona de Castilla, a quien pertenecían las nuevas tierras del continente americano. – Por Europa, América África y Asia. – Dada la extensión del Imperio español, siempre había algún territorio que pertenecía a la Corona española en el que era de día y podía lucir el sol.

2. Felipe II: construyó el monasterio de El Escorial, extendió el Imperio español, participó en numerosas guerras de religión. - **Felipe IV**, siguió con muchas guerras, en su corte tuvo como pintor a Velázquez. **Carlos II**, con él la dinastía de la Casa de Austria desaparece al no tener herederos. Durante su reinado el reino y el imperio español sufren un periodo de decadencia.

3. El poder se transformó porque los reyes ya no gobiernan personalmente y delegan sus funciones en personas de confianza que dirigen la política del estado: son los **validos**, que contribuyen a la decadencia del poder político en España.

Guerra de Sucesión .... pág. 51

1. Es la guerra que comenzó en 1700, tras la muerte de Carlos II sin herederos directos. Este rey nombró como heredero a su sobrino-nieto Felipe de Anjou. Otro candidato a la corona española, Carlos de Austria logró el apoyo de algunas monarquías europeas para impedir que Felipe de Anjou reinara en España, y se enfrentaron los dos bandos. - La Guerra de Sucesión terminó con la firma de la paz de Utrecht (1713) que reconoció a Felipe como rey de España (Felipe V), aunque se perdieron las posesiones españolas en Europa. Felipe V establece en España la dinastía de los Borbones.

2. La monarquía absoluta centralizó el poder suprimiendo las instituciones y privilegios de las regiones. Ese poder fuerte intentó aumentar la riqueza del país, reorganizando el ejército y la Hacienda y ayudando al desarrollo de la industria, la agricultura y el comercio.

3. En el "despotismo ilustrado" es el rey quien impone al pueblo lo que él decide que es lo mejor, sin escuchar su opinión. Se refleja en la frase: "todo para el pueblo pero sin el pueblo". En España, el rey Carlos III es el representante más importante del despotismo ilustrado.

4. Durante la Guerra de la Independencia que enfrentó a los españoles contra el ejército francés invasor. - Miembros del ejército de Napoleón.

5. La España Contemporánea

República, monarquía y dictadura .... pág. 53

1. • Amadeo de Saboya sustituyó a la reina Isabel II: **V** • La Primera República sólo tuvo un presidente: **F** • Primo de Rivera solucionó la situación política: **F** • Alfonso XII restauró la monarquía en España: **V**.

2. El 14 de abril de 1931. Al ganar las elecciones un gobierno de izquierdas, parte del ejército se subleva contra el gobierno republicano, el 18 de julio de 1936. Fue el comienzo de la Guerra Civil española.

3. De pesimismo general a causa de la pérdida de las últimas colonias del Imperio y de crispación política ante la fuerza de los movimientos regionalistas de Cataluña, País Vasco, Valencia y Galicia.

4. ♦ Respuestas diversas según los países. El objetivo es plantear la comparación entre regímenes políticos (república, monarquía, dictadura, democracia) y, al comparar, comprender mejor la realidad de su propio país.

La Guerra Civil .... pág. 55

1. El bando republicano, con el ejército de la II República y el bando nacional, formado por los militares sublevados y sus aliados

2. Voluntarios idealistas de más de cincuenta países, que ofrecían su apoyo a la lucha por la libertad frente a una sublevación ilegal.

3. Los fascistas: Alemania e Italia.

4. ♦ Respuesta variable. El objetivo es forzar una reflexión sobre la situación que se crea en una guerra que en muchas ocasiones enfrenta a familias.

5. ♦ Respuesta variable. Sabiendo lo que pasaba en la zona republicana y en la zona nacional, establecer comparaciones y diferencias sobre la forma de expresión de ambos bandos.

La dictadura. El franquismo .... pág. 57

1. • **Dictadura**: el poder lo ejerce una sola persona sin limitaciones. Durante el franquismo, en España hubo una dictadura con un partido único, el Movimiento, que concentraba todo el poder en manos de Franco como Jefe de Estado. Se suprimieron todas las libertades y derechos de los ciudadanos. • **Monarquía:** el poder reside en el rey con carácter vitalicio y hereditario. • **República:** el poder reside en el pueblo y está personificado en el presidente, que es elegido por votación al cabo de un periodo de tiempo.

2. Desde el final de la guerra civil (1939) hasta la muerte de **Franco** en noviembre de 1975.

3. • **Autarquía:** es un modelo económico en el que un país se organiza con sus propios productos, generalmente por algún tipo de bloqueo. • **Recesión económica:** Disminución de las actividades económicas, comerciales e industriales.

4. Estados Unidos, que firmó a mediados de los años cincuenta un Tratado de Cooperación con España.

La transición española .... pág. 59

1. La Transición es el periodo que transcurre desde la muerte de Franco en 1975 hasta la victoria del Partido Socialista en las elecciones de 1982. En este espacio de tiempo, se produjo una evolución desde el final de un régimen autoritario o dictatorial hasta el establecimiento de un nuevo sistema político democrático.

2. Después de las elecciones generales del año 1977, el Congreso de los Diputados aprobó la creación de una comisión para la redacción de un proyecto de **Constitución**. Esa comisión estuvo compuesta por múltiples formaciones políticas, de todas las ideologías. El texto de la nueva constitución se aprobó por referéndum el 6 de diciembre de 1978.

3. Su dimisión se debió a las tensiones sociales y el aumento de los actos terroristas de ETA que produjeron un clima de descontento en las Fuerzas Armadas.

4. Un golpe de estado, conocido como el Golpe del 23-F (el 23 de febrero de 1981).

5. Un fuerte sentimiento de rechazo.

Consolidación de la democracia .... pág. 61

1. **PSOE:** Partido Socialista Obrero Español, **UCD:** Unión de Centro Democrático, **PP:** Partido Popular, **PCE:** Partido Comunista de España. **IZQUIERDA:** PSOE, PCE – **CENTRO:** UCD – **DERECHA:** PP.

2. Ley de Igualdad, Ley de la Memoria Histórica, Ley Antitabaco, Ley del Matrimonio homosexual, regularización de cientos de miles de emigrantes.

3. ♦ Respuesta variable. Se pueden considerar los acontecimientos siguientes: La adhesión de España a la Comunidad Europea (1986); las celebraciones de la Exposición Universal de Sevilla, los Juegos Olímpicos de Barcelona y la designación de Madrid como Capital Europea de la Cultura en 1992; la introducción del euro como moneda oficial en el año 2002.

4. ♦ **Unidas Podemos**, de izquierdas, **Ciudadanos**, de centro derecha, o **Vox**, de ultraderecha.

III. La política

6. La vida política

La organización política en España pág. 63

1. Una monarquía parlamentaria.

2. En España, los tres poderes están separados y dependen del gobierno, del parlamento y de los jueces. El rey tiene un papel representativo: es el Jefe del Estado y su más alta representación en el exterior, pero no gobierna.

3. La Constitución Española de 1978 protege las diferencias de todos los pueblos de España, y fomenta el respeto a sus costumbres y sus lenguas.

4. ◆ Respuestas diversas según los países. La comparación de distintos regímenes políticos permitirá separar y comprender mejor los diferentes poderes.

CONTENIDO	ESPAÑA	TÚ PAÍS
Forma política	Monarquía Parlamentaria	
Jefe de Estado	Rey	
Poder ejecutivo	Gobierno de España	
Poder legislativo	Parlamento Español (Congreso de los Diputados y Senado)	
Poder judicial	Tribunales y jueces	
Estructura territorial	Estado de comunidades autónomas	

El sistema electoral. Los partidos políticos pág. 65

1. Los españoles votan mediante sufragio universal libre, igual, directo y secreto. Para votar y ser elegible hay que haber cumplido dieciocho años. Los votantes deben estar inscritos en el censo electoral. – Existen cuatro tipos de elecciones en España (generales, autonómicas, municipales y europeas). La duración de una legislatura es de cuatro años (para las europeas que es de cinco). – Los distintos partidos políticos presentan listas cerradas. – En las elecciones generales, cada provincia obtiene un número de representantes proporcional al número de sus habitantes.

2. El domingo, para evitar la pérdida de días de trabajo y facilitar el voto en un día festivo.

◆ Las votaciones en España se realizan en edificios oficiales que por unas horas se convierten en "colegios electorales". Éstos son a menudo centros de enseñanza, por ello es normal que las urnas estén instaladas en las mismas aulas donde se imparten las clases los días laborables. Los crucifijos, dibujos infantiles o retratos oficiales no suelen ser retirados el día de la votación.

♦ Respuesta variable. En algunos países se vota otro día de la semana, para evitar que la gente que sale de su ciudad el fin de semana no vaya a votar.

3. Para votar hay que identificarse, mediante el documento nacional de identidad (DNI), el pasaporte o el carné de conducir.

4. ♦ Respuesta variable. Expresar la opinión sobre el interés de los debates. Pueden establecerse en clase dos equipos, que expongan los motivos a favor y en contra.

5. Existen tres partidos que tienen representación en todo el territorio español:

El **PSOE** (Partido Socialista Obrero Español), de izquierdas; el **PP** (Partido Popular), conservador; **IU** (Izquierda Unida) es una coalición de partidos de izquierdas. En 2015 aparecen con fuerza dos nuevos partidos: **Ciudadanos** (de centro) y **Podemos** (de izquierda).

7. El papel del Estado

El poder legislativo y el poder ejecutivo.. pág. 67

I. ... **las Cortes Generales**, ... **el Congreso y el Senado**.

2. Sus funciones son de dos tipos: a) Designación del presidente del Gobierno y control del Gobierno; b) Forman parte del poder legislativo: convalida los Decretos-Leyes del Gobierno y tiene la iniciativa en la aprobación de las leyes, aunque esta parte de la función legislativa la comparte con el Senado (por esta razón se habla de un "bicameralismo imperfecto").

3. El Senado regula la relación entre las comunidades autónomas y el gobierno central y la cooperación entre las diferentes comunidades autónomas. También tiene una pequeña función en el poder legislativo.

4. Composición del gobierno: Presidente – Vicepresidentes – Ministros.

– **Funciones:** El Gobierno dirige la política del país y para ello depende de la confianza del Parlamento, no del Rey. Actúa en cuatro áreas principales: Economía, Defensa, Administración General y Asuntos Exteriores.

Administración general del Estado.. pág. 69

I. Nombrando en cada comunidad un Delegado del Gobierno.

2. El presidente autonómico.

3.

> **Estado:** administración central.
> Ejemplo: El estado, a través del **Ministerio** de Transportes, es responsable de las grandes vías de comunicación (autovías y autopistas que comunican varias comunidades).
>
> **Comunidad Autónoma**: Administración autonómica, con unos presupuestos propios para financiar las competencias transferidas: educación, sanidad.
> Ejemplo: La comunidad, a través de la **Consejería** de Transportes, es responsable de las vías de comunicación propias de la comunidad.
>
> **Provincia**: La diputación provincial se ocupa de los problemas de la provincia en diferentes áreas: hacienda, infraestructuras, desarrollo rural... y de la coordinación entre los diferentes ayuntamientos.
>
> **Municipio:** El ayuntamiento es el gobierno más local, se ocupa del cuidado de la ciudad (limpieza, jardines, seguridad local) y de temas locales (tráfico, fiestas...)
> Ejemplo: el Ayuntamiento, a través de la **Concejalía** de Transportes, es responsable de las calles de la ciudad.

4. Cataluña, Galicia y el País Vasco.

8. La ley y el orden

La justicia .... pág. 71

1.

Tribunal Constitucional	Se ocupa de la aplicación de la Constitución
Consejo General del Poder Judicial	Nombra a los jueces y les asigna sus destinos Sus miembros son propuestos por el Parlamento.
Tribunal Supremo	Es el órgano superior de justicia en España
Audiencia Nacional	Es específica para los delitos monetarios, de narcotráfico y terrorismo.
Ministerio Fiscal	Es el puente entre el poder ejecutivo y el judicial ya que es nombrado a propuesta del Gobierno, una vez consultado el CGPJ

2. Buscar la reinserción del delincuente en la sociedad en el menor tiempo posible.

3. – Drogas: **Audiencia Nacional** – Cambiar la constitución: **Tribunal Constitucional**.

La seguridad .... pág. 73

1. La Guardia Civil debe velar con exclusividad por el control de las armas y explosivos, el tráfico interurbano (salvo en aquellas Comunidades Autónomas que lo tengan asumido), la custodia de las vías de comunicaciones, puertos y aeropuertos y la protección de la naturaleza.

La Policía Nacional: Su función es guardar el orden y la seguridad públicos, la responsabilidad del control de los extranjeros, de los documentos nacionales de identidad y de los pasaportes. Actúa en las capitales de provincia y en aquellos núcleos urbanos que el Gobierno determine.

2. El ejército ha tenido un gran protagonismo en la historia de España: Reconquista, guerras de religión, conquista de América y fue el soporte del régimen de Franco. Actualmente obedece al poder civil y se ha democratizado y modernizado. El ejército actual es profesional y el servicio militar no es obligatorio y participa en organizaciones internacionales (ONU, OTAN, OSCE…) y en misiones de pacificación.

3. ♦ Respuesta variable que depende de los distintos países. Debe quedar clara la diferencia entre el ejército profesional que ahora tiene España y el ejército obligatorio que había anteriormente.

4. Las policías autonómicas han asumido en algunas autonomías ciertas funciones de la Policía Nacional y de la Guardia civil. Esas competencias son variables según las autonomías. Actúan en: Cataluña, País Vasco y Navarra.

5. ♦ Respuesta variable que depende de los distintos países. Como es un tema de actualidad, es interesante complementarlo con noticias de periódicos y revistas. Periódicos españoles en Internet, www.elmundo.es – www.cincodias.com – www.elpais.es – www.lavanguardia.es – www.abc.es.

9. España en el mundo

España, "el imperio donde nunca se pone el sol" pág. 75

1. A las Indias. Colón pretendía abrir una nueva ruta hacia los mercados de Oriente, viajando hacia Occidente por el océano Atlántico. Murió sin saber que había llegado a un nuevo continente.

2. El dinero que venía de América no se utilizó en aumentar la riqueza del país, sino que lo usaron los reyes y los nobles para comprar voluntades y seguir con sus guerras por el poder y sus lujos.

3. La Pinta, la Niña y la Santa María.

El desencuentro y el aislamiento pág. 77

1. – **"Aislamiento"**: desde de 1939, tras el final de la Guerra Civil, y hasta los años cincuenta, por su apoyo al fascismo.

  ♦ En 1946, la ONU condena el "régimen fascista de España" y Francia cierra sus fronteras. Argentina, gobernada por Perón y la Iglesia católica de Roma son los escasos apoyos con que cuenta la España franquista.

  – **"Proyección exterior"**: a partir de 1953, y sobre todo desde los años sesenta.

  – Actualmente España tiene una gran proyección hacia el exterior.

2. Cambio de dinastía en España, propagación de las ideas de la Ilustración, ejemplo de la independencia de Norteamérica. – La pérdida de las colonias producirá un desánimo general acompañado de una profunda crisis económica y de grandes tensiones sociales.

3. Franco apoyó con fuerzas armadas al bloque de Hitler y Mussolini.

4. El anticomunismo del régimen de Franco y la situación estratégica de España en el Mediterráneo, lo que llevará al establecimiento de bases militares norteamericanas en España.

España y la Unión Europea pág. 79

1. Alemania, Francia, Italia, Bélgica, Holanda y Luxemburgo. – Comunidad Económica Europea del Carbón y del Acero.

2. Tratado de Roma (CEE), Tratado de Maastricht (UE) y ampliaciones (Europa de los 15, Europa de los 25, Europa de los 28).

3. 1986.

4. Alemania, Francia, Italia, Bélgica, Holanda, Luxemburgo, Reino Unido, Irlanda, Dinamarca, Grecia, España, Portugal, Suecia, Austria, Finlandia, Polonia, Eslovenia, Eslovaquia, Hungría, República Checa, Estonia, Lituania, Letonia, Malta y Chipre.

España en la Unión europea pág. 81

1. Adopción, desde el 1º de enero de 2002 de la moneda única europea, el **euro**. – Participación en el espacio Schengen. – Creación del Tribunal Europeo de Justicia de Luxemburgo.

2. La **bandera** tiene doce estrellas amarillas sobre fondo azul. – Es un diseño de 1986 y representa a los doce Estados miembros de ese momento. Las sucesivas adhesiones no hacen variar el número de estrellas.

3. ♦ Respuesta variable. Cuadros famosos, personajes literarios, frutos, flores, etc… todo puede analizarse como representativo de una idea nacional. Puede ser muy útil la comparación de los diversos símbolos de las monedas de los 12 países que adoptaron el euro.

4. ♦ Respuesta variable, complementaria de la anterior.

España en las organizaciones internacionales pág. 83

1. • España forma parte de la OTAN desde 1982: **V** • El Consejo de Europa cuenta con la presencia de España desde 1956: **F** • La OCDE es la Organización para la Cooperación y el Desarrollo Económico: **V** • España forma parte de la ONU desde hace más de cincuenta años: **V**.

2. – La ONU (Organización de las Naciones Unidas). – La OMC (Organización Mundial de Comercio) o la UE (Unión Europea). – El FMI (Fondo Monetario Internacional).

3. Organización Mundial de Comercio **(OMC)**, Organización de Cooperación y Desarrollo Económico **(OCDE)**, Conferencia de las Naciones Unidas para el Comercio y el Desarrollo **(UNCTAD)**.

10. España e Iberoamérica

Una lengua común..pág. 85

1. La introducción de la lengua española en América, que acompañó a la conquista y explotación de esas tierras por los conquistadores.

2. La labor de la Real Academia Española es velar por el español siga siendo un idioma vivo. Los académicos elaboran los diccionarios, las gramáticas y la ortografía que regulan su uso correcto. - El español no es igual en todos los lugares donde se habla. En cada país o en cada zona geográfica existen preferencias lingüísticas, sin embargo existe una lengua común, que es extraordinariamente homogénea en los países de habla hispana aunque tenga variaciones entre las distintas zonas. El Diccionario Panhispánico de Dudas intenta orientar al lector para que sepa distinguir entre los usos que pertenecen a la lengua general culta y los usos marcados geográfica o socioculturalmente.

3. Por la firma del Tratado de Tordesillas (1494). Para fijar una raya divisoria sobre el océano Atlántico que separara la zona de dominio española de la portuguesa, hubo largas negociaciones. Al fijarla a 370 leguas al oeste de Cabo Verde, posiblemente los Reyes Católicos pensaban que solo cedían agua y posiblemente el rey portugués no sabía que obtenía el dominio de las tierras brasileñas.Esta es la razón por la que en Brasil se habla portugués.

La situación del español en el mundo ....pág. 87

1. El español sale de España en el siglo XV por dos vías:1) Con los judíos expulsados de los reinos hispánicos, se expande "el sefardí" por todo el Mediterráneo. 2) Con los españoles que llegan al continente americano a partir de 1492, fecha del primer viaje de Colón a aquellas tierras.

2. Es un lenguaje nacido en la calle, mezcla de español e inglés.

   ♦ Respuesta variable. Como el inglés ha impuesto muchas palabras en muchos países, se puede comparar qué ha pasado con estos neologismos en los distintos sitios.

3. ♦ Respuesta variable. Ejemplo: corazón: corasón - alteza: altesa…

4. ♦ Respuesta variable. Esta actividad debe realizarse con un mapa del continente americano, lo que permitirá conocer mejor la situación geográfica de estos países y comprender la relación que existe entre aquellos lugares que pertenecieron al Imperio español y la España de hoy.

Tendiendo puentes: las cumbres iberoamericanas..pág. 89

1. En la ciudad de Guadalajara (México) en 1991.

2. Por la importancia de los dos aspectos que tienen: el político y el económico, que facilitan los acuerdos que dan lugar a programas de cooperación.

3. El establecimiento de relaciones entre los países suramericanos y el resto del mundo.

4. La Agencia Española de Cooperación Internacional (AECI) se creó en noviembre de 1988. La Agencia es responsable del diseño, la ejecución y la gestión de los proyectos y programas de cooperación para el desarrollo. Es un organismo autónomo adscrito al Ministerio de Asuntos Exteriores. Trabaja directamente, con sus propios recursos, o también mediante la colaboración con otras entidades nacionales e internacionales y organizaciones no gubernamentales.

   – Porque facilitan la cooperación entre países, estrechando lazos culturales y económicos. Porque favorecen el desarrollo de países con gran potencial de riqueza pero con grandes desigualdades sociales.

IV. La economía española

11. España hoy

Imagen económica de España.. pág. 91

1. La economía se ha diversificado: la industria se ha desarrollado en diversas zonas; se ha potenciado el turismo y el sector servicios; se ha modernizado la agricultura. Con estos avances, la economía crece a un nivel superior a la de la UE y los españoles ven el futuro con optimismo y potencian la economía con su consumo.

2. Las naranjas, el aceite de oliva, los vinos y el jamón ibérico de "pata negra".

3. La creación de cooperativas especializadas. El desarrollo del cultivo en invernaderos en Andalucía

4. La agricultura ecológica también llamada biológica no utiliza productos químicos (fertilizantes, pesticidas, antibióticos) y así es más sana y protege el medio ambiente.

La industria.. pág. 93

1. En las comunidades autónomas de Madrid, Cataluña, Valencia y País vasco.

2. En la economía **nacional** centralizada el Estado planifica y decide cómo debe evolucionar a través de los planes de desarrollo económico y social. Muchas grandes empresas están nacionalizadas. • En la economía **liberal** el Estado interviene muy poco y la economía evoluciona según las influencias del mercado internacional. España actualmente posee una economía **liberal**.

3. Por la entrada en el mercado mundial de los productos textiles y de calzado de China, con unos precios mucho más bajos.

4. La Unión Europea e Iberoamérica.

5. La industria se traslada a otros países de mano de obra más barata.

12. Modernización

Renovación de los transportes.. pág. 95

1. • Las naranjas de Valencia a Madrid: por ferrocarril o carretera. • Los coches producidos en Cataluña a Andalucía: por ferrocarril o carretera. • El aceite de Jaén se podría trasladar por tren o por carretera hasta la costa mediterránea y en barco a Palma de Mallorca.

♦ Respuesta variable. Esta actividad debe realizarse con un mapa de España que permita recordar la geografía del país y ver la situación de las ciudades que se citan en la pregunta.

Ejemplo: Posible viaje de Barcelona a Santiago: Podría ir en avión, directamente o pasando por Madrid (Barcelona Madrid y Madrid Santiago). Podría ir en coche: utilizando autovías de Barcelona a Madrid y de Madrid a Santiago. Podría ir en coche, sin pasar por Madrid, y aprovecho para seguir el Camino de Santiago, también podría ir en tren, pasando por Madrid, o buscando otros enlaces hasta Santiago.

2. – La siglas AVE (Alta Velocidad Española) forman la palabra ave (pájaro) que sugiere a su vez que la alta velocidad de los trenes permite al viajero la sensación de "volar" en el ferrocarril al haberse acortado las distancias gracias a la mayor velocidad de los trenes. – Ese año fue la celebración de la Exposición Universal de Sevilla.

3. Almería, Cádiz, Barcelona, Valencia, Tenerife.

```
V E F T E N E R I F E H Y G T F R I
A L M E R Í A K O J I N J M J H Y G
L H Y G B N I T C A D I Z Ñ P M N H
E B G Y H I J U F V C D E S X F V G
N H U J N G V F C D R E S D X Z A P
C L O Ñ P J U H Y G T F R C D F V N
I S W B A R C E L O N A I Q D E F R
A N H B G V F C D X S Z A J I H U G
```

La tecnología de las comunicaciones .... pág. 97

1. El Grupo Telefónica opera en tres continentes, con servicios en 19 países, que representan una población de 670 millones de habitantes. Tiene una presencia importante en los mercados de habla hispano-portuguesa.

2. Impulsa el uso de Internet en las escuelas y entre las personas de la tercera edad. Se fomenta también de una forma oficial la administración electrónica, para que los ciudadanos puedan realizar gestiones a través de la oficina virtual que cada ministerio posee.

3. La lanzadera europea Ariane 6, la misión del satélite de observación de la Tierra SMOS y del telescopio Cheops.

4. El español es la tercera lengua más utilizada en Internet detrás del inglés y el chino.

♦ Ejemplos de webs de empresas españolas (notar la terminación en .es): Biblioteca Nacional : www.bne.es – Iberia : http://www.iberia.es – Renfe : http://www.renfe.es – Instituto Nacional de Meteorología: http://www. inm.es – Prensa económica: http://www.cincodias.com – Bolsa de Madrid: www.bolsamadrid.es.

La energía .... pág. 99

1. Por medio de la importación de gas y petróleo y aumentando la investigación y las inversiones en nuevas fuentes de energía, como la eólica o la solar. De vez en cuando se vuelve a plantear la energía nuclear.

2. Repsol YPF.

3. España cuenta con ocho reactores nucleares, distribuidos en seis centrales. nucleares de **energía nuclear** y con varios centros de almacenamiento de residuos radioactivos de baja y media intensidad, que funcionan a pleno rendimiento. – Los españoles rechazan este tipo de energía, sobre todo después de la catástrofe provocada por la explosión en 1986 de la central nuclear de Chernobil. Por este motivo, apoyan una mayor inversión en energías menos contaminantes.

4. • La energía eólica y la solar.

♦ Respuesta variable: Éste es un tema de actualidad en muchos países del mundo. Se puede buscar información en revistas, periódicos o Internet y para realizar una comparación de distintas opiniones.

13. Productos "made in Spain"

El turismo .... pág. 101

1. ♦ Respuesta variable. Al pensar en un folleto turístico habrá que elegir las imágenes y las frases que expresen la idea más positiva que se tenga de España. – Esa imagen personal se puede compara con las de las campañas turísticas oficiales.

2. La creación de los Paradores de Turismo surgió de una iniciativa del gobierno para mejorar la red hotelera en lugares de gran belleza, utilizando castillos, palacios y conventos que se restauraron y rescataron de la ruina. Actualmente la red de paradores, que es muy extensa, está gestionada por una empresa independiente pero perteneciente al Estado Español.

♦ Respuesta variable: comparar el sistema hotelero de su país con lo estudiado sobre España.

3. Porque lleva a la ciudad gallega de Santiago de Compostela, en cuya catedral se encuentran los supuestos restos mortales del Apóstol Santiago.

4. Porque son una actividad turística diferente que aprovecha el agradable clima de España para disfrutar de actividades al aire libre. – En Andalucía, Madrid y costa mediterránea, regiones de clima agradable y gran número de turistas.

5. ♦ Respuesta variable.

La moda española y la gastronomía .... pág. 103

1. ♦ Respuesta distinta según los países. Ver qué imagen de España producen esas tiendas que reproducen la misma imagen en muchas ciudades extranjeras.

2. • Inés Sastre es una modelo española: **V** • Paco Rabanne nació en Francia: **F** (nació en San Sebastián, País Vasco) • Los diseños de Balenciaga y Pertegaz son conocidos internacionalmente: **V** • Zara y Bershka son tiendas de moda española: **V**.

3.

LUGARES	PRODUCTOS	¿Por qué?
Huelva (Andalucía)	Jamón de Jabugo y aceite de oliva	Es el mejor jamón, de cerdos alimentados con bellotas
Cataluña	Cava	Es el "champagne" español que acompaña todas las celebraciones
Castilla-León y Castilla-La Mancha	Vino Ribera del Duero y Valdepeñas; queso manchego	Vinos excelentes y quesos de las ovejas de la zona
Aragón	Melocotones de Calanda y Jamón de Teruel	Fruta especial de estas huertas de Aragón y jamón de la zona
La Rioja	Vino	El vino más famoso de España

4. ♦ Respuesta personal y variable.

V. La sociedad

14. Evolución de la sociedad española

Los españoles, hoy .... pág. 105

1. El paro, la corrupción y el alejamiento de la clase política de la sociedad.

♦ Respuesta variable.

2. Con la democracia, la fuerza de las imposiciones ha ido disminuyendo. Una mayor información (estudios, televisión, conocimiento de otras costumbres) ha provocado mayor libertad. Ésta choca con algunos preceptos de la religión católica que ha ido perdiendo fuerza.

3. • Los gallegos y los vascos tienen fama de ser muy amantes de su tierra y de echarla de menos si tienen que emigrar. Hay mucha literatura que insiste en ese sentimiento de pena por el alejamiento que, en gallego se llama "morriña", que es como el "saudade" portugués.

• "Los catalanes, de las piedras sacan panes". Este refrán recoge la impresión de muchos españoles que piensan que los catalanes tienen fama de ser muy trabajadores y muy prácticos.

4. Casi todos los extranjeros se maravillan ante la capacidad de los españoles para organizar fiestas, sobre todo por la noche. A muchos estudiantes de otros países les cuesta adaptarse a la vida nocturna y mantener un ritmo de trabajo y de estudio. Pero normalmente lo consiguen bastante bien.

♦ Respuesta variable.

5. A la mayor esperanza de vida de las mujeres y a que un gran número de hombres viudos vuelve a casarse por lo que retornan al grupo de hombres casados.

Relaciones sociales .... pág. 107

1. déjamelo **tú** – ¿Me **da** usted … – Tome **usted** … – Siempre lo **haces** tú – Me hace **usted** el favor.

2. Explica cómo saludarías en España: – A una amiga: **¿Qué hay?, ¿Qué es de tu vida?** – A tu jefe: **Buenos días, Buenas tardes** – A un desconocido en una ciudad: **Buenas, Hola,** – A un amigo: **¿Qué pasa?** – A un desconocido en un camino de un pueblo: **Buenos días, Adiós, Hasta luego**.

3. Información: no es una conversación – **Nos vemos:** no es un saludo.

4. Hablar mucho, incluso con algo tan inexpresivo como los codos.

5. La a). – En España, sobre todo las chicas siguen mucho la moda del momento en ropa, zapatos, peinados, etc…

15. La familia

Estado civil .... pág. 109

1. • Positivos: Los padres corren con los gastos – se conservan las tradiciones – suele ser un momento de volver a juntarse toda la familia. – Negativos: imponen de alguna manera sus ideas. Posible roce entre las familias de los dos novios – demasiada familia y menos amigos.

2. • De una boda entre homosexuales.

♦ Respuesta variable según las leyes de los distintos países. España es uno de los primeros países que ha reconocido este tipo de uniones.

3. En España actualmente, la mayoría de las mujeres solteras llevan una vida independiente gracias a su trabajo. Como cada vez hay más solteros, su vida social es muy variada con su grupo de amigos.

La nueva estructura familiar .... pág. 111

1. Antonio vive solo con su madre ➔ **familia monoparental** – María y Juan tienen dos hijos ➔ **familia nuclear** – En mi casa los domingos comemos 8 personas ➔ **familia tradicional** – Antonio y José se casan el sábado ➔ **matrimonio civil**.

2. • Si el marido y la mujer trabajan los dos fuera de casa, deberían repartirse las tareas del hogar. Pero en España, si ambos trabajan, sólo un 20% de los hombres colabora "echando una mano".

♦ Respuesta variable, según los distintos países.

3. Ha hecho aumentar el número de personas mayores en la sociedad y la vida de estos mayores ha cambiado mucho, sobre todo en las grandes ciudades. Mucho más que antes, los mayores viven solos o en residencias de la Tercera Edad.

Consumo .... pág. 113

1. La compra de la casa y su equipamiento.

2. • El tercero. • Que el nivel de vida en España es muy alto.

3. – España: **Ventajas:** El joven evita la angustia ante la falta de trabajo - Si la familia tiene pocos ingresos, se suman todos los salarios - Nadie está solo. **Inconvenientes:** Falta de libertad - Falta de madurez para empezar a resolverse sus problemas - Algo de egoísmo, al valorar sobre todo las mayores posibilidades de ocio - Inquietud en los padres, al ver la falta de independencia de sus hijos. – Estados Unidos: **Ventajas:** aprender a ser independiente muy pronto - entrenamiento para buscarse trabajos y ayudas - **Inconvenientes:** relaciones familiares más superficiales - soledad de los mayores - aceptar trabajos poco interesantes.

4. Si están mancipados, empieza su vida adulta, gastan su dinero en la vivienda (muy cara en España) y en alimentación. Si están en casa de los padres, lo dedican más al ocio.

5. **Apretarse el cinturón:** Para no sentir el hambre cuando se está mal de dinero. **Estar por las nubes:** Cuando se tienen problemas económicos y algo es muy caro o tiene un precio muy alto es tan inalcanzable como las nubes. **La cuesta de enero:** Después de los gastos de las Navidades en diciembre, los pagos que han de realizarse en enero son más difíciles y cuestan un esfuerzo, como el que se realiza al subir una cuesta. **Época de vacas flacas / gordas**: Hace referencia a un pasaje de la Biblia. "Vacas gordas" significa buenos tiempos económicos, cuando las vacas pueden comer pasto en abundancia. Por el contrario "Vacas flacas" se utiliza cuando hay malos tiempos, y hasta las vacas pasan hambre. **Estar forrado:** Se utiliza cuando una persona tiene mucho dinero.

16. La educación

El sistema educativo .... pág. 115

1. Hasta los 16 años.

2. Públicos, privados y concertados.

3. El problema fundamental es la educación de los hijos de los emigrantes, para acercarlos a las mismas posibilidades de los españoles y evitar futuros guetos.

4. ...Bilbao ➤ **euskera** – ...Barcelona ➤ **catalán** – ...Salamanca ➤ **castellano**.

5. – **abogado:** carrera universitaria (Derecho) – **instalador electricista:** Formación Profesional – **agente de viajes:** Formación Profesional – **médico:** carrera universitaria (Medicina).

La universidad española y la Unión Europea .... pág. 117

1. ◆ Respuesta variable: **Ventajas:** una mejor formación de la población, lo que debe dan acceso a trabajos más interesantes y mejor pagados. **Inconvenientes:** pérdida de oficios especializados, sobre todo manuales. Exceso de graduados (abogados, médicos…) que no encuentran un trabajo.

2. Privadas y públicas.

3. • UNED: Universidad Nacional de Educación a Distancia • Utilidad de la UNED: el acceso fácil de todos a la universidad.

◆ En el pasado no había universidades en todas las provincias y algunas carreras (ingenierías, arquitectura, medicina) solo se podían estudiar en dos a tres ciudades españolas. Esto hacía más difíciles y más caros los desplazamientos de los alumnos para estudiar . Actualmente, todas las comunidades autónomas tienen transferidas las competencias de Educación, con lo que se ha multiplicado el número de universidades.

• **Ventajas de la UNED:** permite trabajar al mismo tiempo que estudiar.

4. A través de la política de intercambio de estudiantes entre distintas instituciones europeas (programas Erasmus de educación universitaria, Leonardo da Vinci de Formación Profesional o Sócrates de Educación general). También se ha implantado en las universidades españolas el sistema de créditos europeos ECTS (Sistema de Transferencia de Créditos).

17. El trabajo

Viva profesional

1. **Ventajas:** disfrutar de sus hijos - tranquilidad de horario – **Inconvenientes:** interrupción en su carrera profesional - cargarse con todo el trabajo de la casa "porque no trabaja" - aislamiento cultural y social.

2. ♦ Respuesta variable.

3. • No hablan lenguas extranjeras: **V** • Quieren vivir en un país con mar: **F** • No quieren cambiar de lugar de residencia: **V** • Quieren bailar flamenco: **F** • El horario de trabajo les obligaría a volver a casa muy tarde: **F**.

Los horariospág. 121

1. **Intensivo:** *Ventajas:* El horario laboral no se prolonga indefinidamente - permite tener la tarde libre para ocuparse de los hijos, estudiar, hacer algún trabajo social, etc... – *Inconvenientes:* hay que dejar a los niños en las guarderías demasiado pronto - impide las comidas en familia.

Partido: *Ventajas:* permite un poco más de calma para ir al trabajo - en los sitios pequeños, permite comer en casa, quizás en familia – *Inconvenientes:* no estar en casa a la vuelta del colegio de los niños - poco tiempo para compras, que deberán hacerse los fines de semana - horarios de ocio y de cenar cada vez más tardíos.

2. • *Ventajas:* el tiempo está siempre lleno, o con trabajo o con relaciones sociales - la mañana y la tarde son muy largas y siempre hay vida por las calles - vivir la noche, que debido al clima en gran parte de España es un momento muy agradable de "tomar el fresco" – *Inconvenientes:* dificultad de ponerse en contacto con colaboradores extranjeros, al no coincidir mucho las horas de trabajo (problema resuelto, en parte con Internet) - Menos horas de sueño.

♦ La opinión de los extranjeros sobre el horario español, varía si se juzga desde fuera de España o si se opina después de un tiempo en España.

3. **Mujeres:** Interrupciones en la carrera profesional - Más ausencias en el trabajo - Interrupciones en la carrera profesional. **Jóvenes:** Falta de experiencia - Poca preparación.

Inmigración: en busca de un futuropág. 123

1. Por su situación geográfica al sur de Europa - Por la lengua común con los países hispanoamericanos.

2. Muchos inmigrantes llegan después de un viaje en el que han sido estafados por las mafias. Han cruzado el desierto y se han aventurado en el mar, donde un gran número de ellos se ahoga. Estas condiciones desastrosas hacen que muchas organizaciones humanitarias les presten ayuda.

3. Africanos: África subsahariana (Nigeria, Ghana y Sierra Leona) y del Magreb. Llegan por el estrecho de Gibraltar en pateras o embarcados en "cayucos" hasta las islas Canarias. - Latinoamericanos, llegan en avión como turistas.

4. • Durante la década de los sesenta del siglo XX. • La mayoría de los españoles que llegaban a Argentina provenían de Galicia; por extensión llamaban "gallegos" a todos los llegaban de España aunque vinieran de otras partes del país.

5. Son un pueblo nómada, con una estructura familiar muy cerrada y sus propias asociaciones. De sus bailes familiares nació el flamenco.

18. El ocio

De fiestas por Españapág. 125

1. Te tomas las 12 uvas de la buena suerte ➔ **Celebras la Nochevieja** – Te pones unas buenas zapatillas para correr delante de los toros ➔ **Sanfermines** – Vas a esa isla para ver las mejores carrozas ➔ **Carnaval de Tenerife** – Te compras un traje de "sevillana" para ir a pasearte ➔ **Feria de Sevilla**.

2. Fiestas de Primavera: los Carnavales (Cádiz y Tenerife); las Fallas de Valencia; la Semana Santa y la Feria de Sevilla. **Fiestas de Verano:** las Hogueras de San Juan; las fiestas de San Fermín en Pamplona. Son una combinación de fiestas religiosas y de saludo a la Naturaleza, de origen pagano: purificación por el fuego, fiestas agrícolas.

3. ♦ Respuesta variable.

Las celebraciones más tradicionales.. pág. 127

1. Las Fallas de Valencia y las Hogueras de San Juan.

2. ♦ Respuesta variable. En España: La lotería de Navidad- El Belén y el árbol de Navidad - La carta de los "Reyes Magos" - La cabalgata de Reyes - El turrón, los polvorones, el mazapán y el "roscón de Reyes" - Al comparar las costumbres, resaltar que la Navidad es una fiesta religiosa.

3. Por la pérdida de religiosidad de la sociedad española.

Tiempo para las vacaciones.. pág. 129

1. Día laborable que está entre dos festivos y se toma de vacaciones.

2. ♦ Respuesta variable. Hay países que han establecido la mayor parte de sus fiestas en lunes, como Estados Unidos.

3. Cada comunidad autónoma y cada ciudad tienen sus propias fiestas, regionales y locales

4. El calendario laboral, que publica el Ministerio de Trabajo y Asuntos Sociales en el Boletín Oficial del Estado. En esta publicación se indican las fiestas nacionales y las de las comunidades autónomas.

5. ♦ Respuesta variable. Resaltar, para presentar la Semana Santa española, las procesiones, las vestimentas, los cantos, el fervor popular, etc… Ver web:

Ciudad Rodrigo: http://www.ciudadrodrigo.net/semana-santa/semana.htm

Cofradía Vera Cruz de Palencia: http://www.veracruzpalencia.org/

Trujillo: http://www.trujillo.es/ayto/paginas/semanasanta.php

Ávila: http://www.juntasemanasanta-avila.com/conjunto.htm

VI. La cultura
19. Las manifestaciones literarias

La literatura medieval... pág. 131

1. Eran poemas y canciones trasmitidas por vía oral. - Trataban de temas épicos, de las hazañas de los caballeros y héroes medievales y también había poemas de tema religioso.

2. De las obras citadas, las más importantes son: El *Poema o Cantar de Mío Cid*, que es un cantar de gesta, *El Libro de Buen Amor*, del Arcipreste de Hita y *La Celestina* de Francisco de Rojas. También con tema religioso *Milagros de Nuestra Señora*, Los poemas del Marqués de Santillana y *Los Romanceros* de poemas populares. – **autores:** Gonzalo de Berceo , el Arcipreste de Hita, Francisco de Rojas, el Marqués de Santillana, el rey Alfonso X el Sabio.

3. Francisco de Rojas - *Tragedia de Calixto y Melibea* - Celestina: Persona que actúa de intermediario en una relación amorosa.

4. Pícaro: persona astuta, procedente de los bajos fondos y que vive de engaños y acciones semejantes, que figura en obras del género de la novela picaresca y de otros de la literatura española. Los pícaros servían a muchos amos. **Resumen:** resaltar la competencia de los dos protagonistas para engañar al otro. Es el engañador engañado.

1. Romanticismo: defiende el individualismo y la libertad y la expresión de los sentimientos.

Realismo: busca la representación fiel de la realidad. • **Autores románticos:** Gustavo Adolfo Bécquer, Rosalía de Castro, Larra, Zorrilla, con su personaje de referencia, Don Juan. • **Obras del Realismo:** *Fortunata y Jacinta* de Benito Pérez Galdós, *La Regenta* de Leopoldo Alas, *Clarín, y Cañas y Barro* o *La Barraca* de Vicente Blasco Ibáñez.

2. La **Generación del 98** grupo de intelectuales (escritores, pintores, filósofos) marcados por la crisis de finales del s. XIX, y que toman su nombre de la fecha de la pérdida de la última colonia americana: Cuba.

Protagonistas: Miguel de Unamuno, Pío Baroja, José Martínez Ruiz, *Azorín*, Ramón María del Valle-Inclán y en poesía, Antonio Machado.

3. La **Generación del 27** esta formada por un grupo de escritores que desean encontrar nuevas fórmulas poéticas, pero sin romper con las tradiciones. Sienten admiración por el lenguaje poético de Góngora, por nuestros autores clásicos y por las formas populares del Romancero.

Autores más importantes: Federico García Lorca, Rafael Alberti, Vicente Aleixandre, Dámaso Alonso, Gerardo Diego, Rosa Chacel y Miguel Hernández.

4. La Guerra Civil impuso el miedo y la censura. Se suprimieron todas las libertades y derechos de los ciudadanos y se cortaron todos los movimientos de vanguardia. Muchos intelectuales se exiliaron y otros fueron encarcelados. - Después de la Guerra Civil destacan Camilo José Cela, Carmen Laforet y en los años 50, Miguel Delibes.

5. Juan Ramón Jiménez, Camilo José Cela, Jacinto Benavente.

20. Las artes plásticas

Arquitectura

Arte medieval .... pág. 135

1. • En Segovia construyeron los romanos un acueducto: **V** • La arquitectura medieval cristiana es sobre todo religiosa y defensiva: **V** • La arquitectura romana en España no es importante: **F** • Las vidrieras son típicas del arte musulmán: **F**.

2. El arte cristiano y el arte musulmán. **Arte cristiano:** La España medieval se construyó bajo la bandera del cristianismo frente al Islam, y por el arte cristiano está muy relacionado con las prácticas y la liturgia de la religión cristiana. Se construyen iglesias, monasterios, catedrales y castillos. **Arte musulmán:** es el estilo artístico desarrollado por la cultura y religión islámica. Sus formas artísticas están muy relacionadas con creencias y prácticas religiosas. Dios no se representa en imagen y son frecuentes los motivos geométricos y vegetales.

3. 1-Castillo (Castillo de Manzanares el Real, Madrid), **Arquitectura cristiana defensiva**. 2-Mezquita (Interior de la Mezquita de Córdoba, Andalucía), **Arquitectura religiosa islámica**. 3-Catedral (Vidrieras del interior de la Catedral de León, Castilla y León), **Arquitectura religiosa cristiana**. 4-Monasterio (San Miguel de Lillo, Oviedo, Asturias), **Arquitectura civil cristiana**.

4. La Mezquita de Córdoba y la Alhambra de Granada. Si el alumno no ha visitado ni conoce ningún edificio, puede consultar alguna página web: http://cvc.cervantes.es/ACTCULT/mezquita_cordoba/indice.htm.

5. Como catedral de estilo románico, destaca la Catedral de Santiago de Compostela, una de las más grandes de Europa. De estilo gótico, se construyen en el siglo XIII las catedrales castellanas mas importantes: Burgos, León y Toledo.

♦ La construcción de una catedral abarca varias generaciones. En su mayoría se construyeron en la época medieval, siguiendo las normas del arte románico y el gótico. Hay algunas que son el resultado de una variada mezcla de estilos, pues son fruto de las numerosas y sucesivas remodelaciones que cada generación ha querido aportar. Un ejemplo de ello es la catedral de Santiago, que se comenzó a construir en la época románica (s. XI) y sin embargo su fachada principal refleja el estilo barroco (s. XVIII).

Renacimiento - siglo XIX

1. Aportando un movimiento artístico nuevo, que nace en Italia y que es una vuelta a los valores de la antigüedad griega y latina.

2. El Monasterio de El Escorial. • Felipe II para enterrar allí a su padre, el emperador Carlos V y para celebrar la victoria sobre los franceses en la batalla de San Quintín.

3. **Monasterio de El Escorial (Madrid)** → Juan de Herrera → s. XVI – **Iglesia de Santa Isabel (Zaragoza)** → Barroco → s. XVII – **El Museo Nacional del Prado** → Neoclásico → s. XVIII – **Puente de Vizcaya o Puente de Portugalete (Bilbao)** → Arquitectura en hierro → s. XIX

Siglo XX

1. El arquitecto catalán Antonio Gaudí. - Algunas de sus obras más famosas son el parque Güell y la iglesia de la Sagrada Familia en Barcelona.

2. Gaudi fue, además de un gran arquitecto, escultor, interiorista, forjador y profundo conocedor de la cerámica. Aunque tuvo preferencia por la piedra utiliza una gran variedad de materiales para construir y decorar: El hierro, la madera, el cristal, el yeso y la cerámica que supo usar no solo en las estructuras de sus edificios sino como elementos de decoración.

3. La destrucción de edificios durante la guerra civil fue enorme, ciudades enteras quedaron prácticamente destruidas. Después de la guerra, con unos medios económicos muy escasos, la Dirección General de Regiones Devastadas, hizo una labor de reconstrucción con técnicas artesanales y materiales autóctonos. Se intentó crear una nueva imagen de poder con edificios de ladrillo, con unas formas características (Ayuntamientos, Escuelas, Iglesias, etc.).

4. Ávila, Cáceres, Córdoba, Cuenca, Salamanca, Santiago de Compostela, Segovia y Toledo.

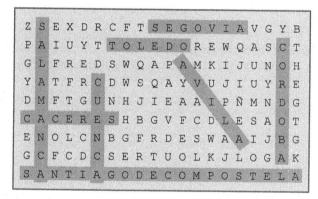

Pintura

La pintura española del Siglo de Oro y siglos XVIII y XIX

1. **El Greco:** Figuras alargadas. Juega con el contraste de luz y sombra. Cuadros de tema religioso. Su estilo es el manierismo. *El entierro del conde de Orgaz, El caballero de la mano al pecho.* – **Murillo:** Resalta la humanidad y la dulzura de sus personajes. Cuadros de tema religioso o de la infancia. Su estilo es el barroco. *Sagrada Familia del pajarito, La inmaculada Concepción, Los niños de la Concha,* etc....– **Velázquez:** Sus cuadros ennoblecen a sus personajes. Riqueza de colores. Pintor de corte. Su estilo es el barroco. (Ver cuadros en pregunta siguiente). – **Goya:** Primer pintor moderno. Anuncia el estilo impresionista. Trazos sueltos en su pintura. Temas populares. Reacción ante los horrores de la guerra. Pintor de la nobleza.

2. • **Velázquez**, *Las Meninas* y **Goya**, *La familia de Carlos IV.*

3. Toledo.

4. La Guerra de la Independencia que enfrentó a los españoles con el ejército francés de Napoleón.

– *Los fusilamientos del 3 de mayo y El Dos de Mayo de 1808 en Madrid* o *La carga de los mamelucos en la Puerta del Sol.*

Maestros españoles del siglo XX.. pág. 145

1. Picasso: cubismo; **Miró:** surrealismo; **Dalí:** surrealismo.

2. Para saber más sobre el "luminismo" en la pintura de Sorolla y el uso de los colores, los reflejos del agua, el brillo de la piel mojada por el mar, etc., consultar web http://museosorolla.mcu.es/.

3. • La guerra civil española (1936-1939) • La violencia y la destrucción de la guerra a través del bombardeo de la ciudad de Guernica. • Cubista: Las figuras se deforman para expresar mejor lo que se quiere resaltar y transmitir cómo se ve un objeto desde distintos puntos de vista.

♦ Respuesta variable: el toro, la madre con el hijo muerto, la mano con el cuchillo roto, la bombilla, etc…

4. Diferencias: **las formas:** abstractas y alegres en Miró, mezcla de realismo y deformación en Dalí – **los colores:** alegres y con gran contraste en Miró, con más matices y tonos pastel el Dalí – **los temas:** abstractos en Miró, mitológicos, obsesivos, polémicos en Dalí.

5. Antonio López.

Los grandes museos.. pág. 147

1. – **Museo Nacional del Prado:** Madrid - Pintura hasta siglo XIX, sobre todo española - obras de Velázquez, Goya, Murillo, y también Tiziano o Rubens. – **Museo Nacional Centro de Arte Reina Sofía:** Madrid - arte contemporáneo - sobre todo pintura española - Guernica (Picasso). – **Museo Guggenheim:** Bilbao - Exposiciones variables - su mayor interés es el edificio en sí.

2. En el Museo Nacional del Prado (Madrid).

3. Nació de la colección de pintura de los reyes españoles , que la reina Isabel de Braganza, esposa de Fernando VII, reunió en el edificio del Paseo del Prado.

4. El Museo Nacional Centro de Arte Reina Sofía (Madrid).

5. Por el diseño del edificio, imitando un barco fantasma, en el borde de la ría de Bilbao. El color gris del titanio que lo recubre, junto al borde la ría y con los cielos nublados del norte, crea una impresión especial, que puede gustar o no, pero siempre sorprende.

21. La música y el folclore

La música española.. pág. 149

1. En la representación de una zarzuela hay unas partes habladas y otras cantadas, esto hace que sea más fácil de seguir por parte del público.

2. *La verbena de la Paloma*, de Tomás Bretón, *Agua, azucarillos y aguardiente*, de Federico Chueca y *La Revoltosa*, de Ruperto Chapí.

3. La guitarra española: La guitarra existe desde hace siglos. Existen la clásica y la flamenca que son muy parecidas. La guitarra flamenca se basa en la clásica con pequeñas adaptaciones para la música flamenca.

♦ Desde el siglo XVIII tiene seis cuerdas. Andrés Segovia fue posiblemente quien más influyó para que se aceptara la guitarra como instrumento de música clásica.

Las castañuelas: Es un instrumento de percusión hecho de madera dura compuesto de dos mitades cóncavas que juntas tienen forma de castaña. Sirve para acompañar ciertos bailes populares.

4. El flamenco: Nació en Andalucía a finales de la Edad Media de la unión de las culturas morisca, judía, cristiana y gitana. - El cantaor Camarón de la Isla, el guitarrista Paco de Lucía y los bailarines Antonio Canales, Joaquín Cortés y Cristina Hoyos.

5. Un **tablao** es el lugar donde se realizan espectáculos flamencos. El suelo suele ser de tablas de madera, de ahí el nombre.

22. La cultura viva

Actualidad en las artes escénicas

Cine... pág. 151

1. Los premios Goya. ♦ Respuesta variable. Fueron premios Goya: **Volver**, de Pedro Almodóvar – **Mar adentro**, de Alejandro Amenábar – **Te doy mis ojos**, de Icíar Bollaín...

 • En otros países: David de Donatello en Italia – Los premios César en Francia...

2. La censura: la supresión de la libertad de expresión. Toda la información que se ponga a disposición del público en libros, periódicos, películas, etc.... puede ser criticado, corregido o prohibido por una autoridad. En España durante la época de Franco, el Gobierno y la Iglesia imponían su criterio y, en caso de no impedir una publicación no deseada, podían obligar a retirar la revista o el libro de la venta.

3. Luis Buñuel y Luis García Berlanga – Pedro Almodóvar y Alejandro Amenábar.

4. Premios Donostia: El primer homenajeado fue Gregory Peck – Concha de Oro a la Mejor Película: 2003: *Schussangst*, de Dito Tsintsadze (Alemania); 2004: *Las tortugas también vuelan*, de Bahman Ghobadi (Irán-Irak); – 2005: *Stesti* (Algo como la felicidad), de Bohdan Sláma (República Checa-Alemania).

Teatro.. pág. 153

1. Tirso de Molina en *El burlador de Sevilla* y se hizo famoso a través de Zorrilla y su obra *Don Juan Tenorio*.

2. Es un mito sobre un hombre egoísta, seductor, apuesto, pecador y con un gran sentido del honor. Es un hombre inconstante en sus sentimientos, que huye de la responsabilidad.

3. La Compañía Nacional de Teatro Clásico, que depende del Ministerio de Cultura y las compañías de Els Joglars, la Fura dels Baus o Tricicle, en Cataluña.

4. A causa de sus vistosos montajes y por la música.

La música actual... pág. 155

1. • Es una defensa a la libertad como máximo objetivo por el que luchar. Al final de la guerra civil la represión de las libertades de todo tipo fue terrible en España. • El recordarlo ahora, cuando ya los jóvenes están olvidando la Guerra Civil, es volver a despertarlos contra todos los totalitarismos.

2. El principal objetivo de Alicia es que todo el mundo coma mejor: Un referente en el ámbito de la investigación aplicada a la gastronomía. / Un espacio para crear conciencia social sobre la importancia de la alimentación como hecho cultural y como factor educativo. /Un proyecto comprometido con el territorio.

3. • En una mezcla de ritmos flamencos, pop y rumba.

Toros y deporte.. pág. 157

1. **A favor:** Son una tradición, un espectáculo, y revelan «una relación especial entre el hombre y el toro» - es un arte - la tauromaquia guarda relación con el valor y la muerte.

 En contra: la crueldad (hacer sufrir al toro hiriéndolo con banderillas y con la pica para acabar matándolo) - el peligro para el torero - la muerte como espectáculo.

 ♦ Ante la imagen del toro, como símbolo de España, ha surgido una reacción en algunas comunidades autónomas, como rechazo al centralismo. Junto a las matrículas de algunos coches han aparecido otros símbolos: un burro, en Cataluña; una vaca, en Galicia y una oveja en el País Vasco.

2. El fútbol. – Por la gran cantidad de aficionados que acuden cada domingo a los partidos, lo siguen a través de la radio y la televisión y leen las crónicas de los partidos en dos de los periódicos más vendidos en España, *As* y *Marca*.

3. **Un/a tenista:** Rafael Nadal y Garbiñe Muguruza. – **Un/a ciclista:** Alberto Contador y Lourdes Oyarbide. – **Un/a piloto de motociclismo:** Marc Márquez y Daniel Pedrosa. – **Un jugador de fútbol:** Sergio

Ramos, Iker Casillas (aunque suenan más los extranjeros que juegan en equipos españoles: Messi, Luis Suárez…) – **Un jugador de baloncesto:** Pau Gasol.

23. Los medios de comunicación

Prensa, radio y televisión... pág. 159

1. ♦ Respuesta variable, según las distintas experiencias personales.

   • **Aspectos positivos:** el ciudadano puede crear su propia opinión - facilita la convivencia - no hay represión.

   • **Aspectos negativos:** que se aproveche para ir más allá de los límites naturales que impone la educación y el respeto - que se utilice para atacar o ridiculizar a los que no piensan como uno mismo.

2. Leer el periódico digital o en papel, ver las noticias en televisión, seguir a medios de comunicación en redes sociales como por ejemplo en Twitter.

3. *Euskal Televista* (País Vasco), *La Televisió de Cataluña, Canal Nou* (Valencia) o *Televisión Galega* (Galicia). • En ocasiones se les acusa de ser excesivamente localistas en sus noticias.

4. • Escuchar las noticias en tu propia lengua: **V** • Seguir los partidos de Fútbol: **V** • Diseñar modelos para Televisión: **F**.

Para estar al día .... pág. 161

1. Ejemplo: *El País, El Mundo, La Razón, ABC, La Vanguardia...*

2. En este momento los españoles se interesan poco por la política y prefieren identificarse con sus equipos de deporte y seguir la vida privada de los famosos.

3. Leer un periódico en papel es más cómodo - hay artículos de colaboradores que dan diversidad de opiniones. - es más caro - En Internet las noticias están actualizadas en el momento.

4. Los deportes y los temas de actualidad.

VII. El día a día

24. El lenguaje de los jóvenes

Lista de palabras "indispensables" entre los jóvenes .... pág. 163

1. – **Pasota** = No se interesa por nada ni por nadie. – **yo paso** = no lo voy a hacer. – **rollo** = aburrido.

   ♦ En el lenguaje coloquial se utiliza el verbo "pasar" en el sentido de no intervenir en un asunto por no tener ningún interés en él.

2. Como en todas las fiestas la gente suele beber de más, para presentar el término borracho, que tiene connotaciones negativas de otra manera se utilizan otras expresiones: ciego, morado.

3. ...**mogollón** de gente – la **pasta** – ¡Es **guay**! – de **marcha** – **el tío**.

25. El reparto del tiempo

Un día con María y Juan .... pág. 165

1. ♦ Respuesta variable. Ejemplo: Se levantan a las 7:30, desayunan, María prepara al bebé y salen juntos de casa a las 8:30. Juan va hacia su trabajo. María, empujando la silla del bebé, se acerca hasta la guardería, charla con las cuidadoras y luego va a su trabajo. A veces quedan para comer juntos, o pueden venir a casa a comer. A la salida del trabajo, María recoge al niño y vuelve a casa (en verano se queda un rato en la terraza de una cafetería).

Cenan igual de tarde y se acuestan igual de tarde.

2. Dejarlo en casa de sus abuelos – Tener una persona en casa que ayude en la limpieza y se ocupe del bebé.

3. El reparto es totalmente desequilibrado. Deberían compartir el cuidado del niño, las compras, el hacer la cena, recoger la cocina… Ejemplo: María viste al niño. Juan le da el biberón y lo lleva a la guardería. Por la tarde, María recoge al niño y hace algunas compras. Al llegar a casa Juan baña al bebé, mientras María prepara la cena. María acuesta al niño y después de cenar Juan lava los platos, mientras María prepara la ropa para el día siguiente.

◆ El problema del reparto del trabajo doméstico ha llegado hasta el Congreso de los Diputados, donde se acaba de proponer en una enmienda según la cual los cónyuges deberán "compartir las responsabilidades domésticas y el cuidado y atención de ascendientes y descendientes…"

4. Tanto el número de días como las horas trabajadas por los españoles son muy similares a los de otros países. Lo que hacen los españoles es dormir menos horas.

El ocio diario .... pág. 167

1. En un bar, cafetería o restaurante.

2. Quedar con un amigo en un bar para hablar del último viaje y enseñarle las fotos que has hecho mientras tomáis unas "tapas": "Quedamos a las siete en Casa Paco". – Quedar con varios amigos en un bar para charlar después del trabajo y ver un partido de fútbol en la televisión: "No te olvides, a las ocho en El Almendro, que hoy vamos a ganar". – Ir de compras y quedar con unas amigas en una cafetería para merendar y comentar las compras: "Nos vemos a las seis en la cafetería California, la de la calle Serrano."

3. ◆ Respuesta personal. Actualmente, los médicos están demostrando que un descanso corto después de comer (que no pase de una hora) es muy sano.

Los fines de semana .... pág. 169

1. En Madrid hay tráfico, gente en la calle y en los bares, hasta altas horas de la madrugada. Es una de las cosas que más sorprende a los extranjeros. a) Después de la tensión del día y sobre todo los fines de semana, es muy agradable salir con los amigos, sin prisas, sin horarios. b) Cuando uno está en su casa, quiere descansar. Si se vive en una zona de ocio, la gente llega en coche, en moto, y se provoca con el ruido. Si el tiempo lo permite, se instalan en las terrazas y normalmente se toman unos vinos, unas cervezas y espontáneamente hay risas, gritos y bullicio, que no favorece el descanso de los vecinos.

2. – Si se sale antes de comer, como en las horas de la comidas el tráfico se reduce, la vuelta será rápida, PERO se acorta mucho el tiempo de descanso y hay que comer al llegar a casa. – Si se sale después de comer, se ha hecho una comida agradable (¡sin alcohol para el que conduce!), un café y en carretera, PERO hay más tráfico. – Si se sale después de cenar, se ha aprovechado al máximo el tiempo de ocio, PERO puede haber tráfico, los niños llegan dormidos, se acuesta uno tarde para madrugar al día siguiente.

3. El hijo: Argumentos: salen todos sus amigos, ha traído buenas notas, al día siguiente va a ayudar un montón en casa.

4. Los padres: Contestación: quieren saber con quién va, a dónde y a que hora vuelven.

5. ◆ Respuesta personal. **A favor:** une a un grupo de amigos - estar al aire libre - no se paga un precio abusivo por tomar algo. **En contra:** como es barato, se bebe mucho - no se sabe lo que se bebe, sin alguien quiere meter alguna droga, no te enteras - los accidentes de tráfico a la vuelta a casa - la suciedad de la calle o de la plaza dónde se instalan (botellas, papeles, orina, etc…) - ruido para los vecinos.

26. Mi casa

La casa de los españoles

1. **Ventajas:** - Tienes cerca a tus amigos de siempre - Estás al lado de tu familia - conoces el barrio (tiendas, sitios de diversión, etc…) - Si tienes un problema no te encuentras solo.

2. **Inconvenientes:** - No conoces gente nueva - A pesar de tus éxitos conseguidos, eres el de siempre - La promoción en tu trabajo puede estancarse - No conoces otras costumbres, otras culturas que te enriquecen.

3. ♦ Respuesta personal. – **En el centro** todos los servicios están cerca (bares, hospitales, comercios) - No necesitas coche, pues el transporte público te lleva a cualquier rincón de la ciudad - Estás más al corriente de lo que te ofrece la ciudad (conciertos, exposiciones, manifestaciones). – **En las afueras** el aire es más limpio - No hay ruidos - Los fines de semana son más tranquilos - Es más fácil tener actividades para niños.

4. ♦ Respuesta personal. **Ventajas:** - No tienes que preocuparte de los problemas domésticos - Tienes más dinero para tus gastos - Si estás enfermo, no estás solo - Puedes pedir consejo. **Inconvenientes:** - No tienes intimidad - Tienes que dar explicaciones de muchas cosas - No puedes organizar fiestas en tu casa - Con los gastos de la casa se te reducen las posibilidades de ocio (viajes, salidas, modas, etc.).

27. ¡A la mesa!

Las horas de las comidas

1. Un desayuno completo con frutas, pan o cereales y proteínas (queso, jamón o huevos) con leche, café o té. Una comida de mediodía más ligera de lo habitual. Algo de merienda y la cena un poco más pronto.

2. Toman un café a media mañana o tapas en el aperitivo.

3. ♦ Respuesta variable. Se sugiere la utilización de la Guía del Ocio (www.guiadelocio.com), o de algún periódico o revista de actualidad españoles o algún enlace de Internet que complemente esta información.

4. Tapas: Un trozo de tortilla de patata con pimiento asado - calamares fritos - jamón - queso - pimientos rellenos - croquetas.

¿Qué comemos?

1. • Muchas frutas para tomar vitaminas: **V** • Bebidas azucaradas para tener energía: **F** • Mucha pasta para tener resistencia: **V** • Mantequilla para freír porque está muy rica: **F**.

2. Un bistec *"a la plancha"* con puré de patatas y una ensalada de lechuga y tomate con aceite de oliva y un poco de pan.

3. **Comida:** Lentejas, carne asada con verduras, flan o fruta. **Cena:** Ensalada; pescado con verduras y patatas cocidas, fruta o yogur.

La cocina española

1. Los celtas, pueblo venido del norte de Europa, utilizaban para guisar la grasa de los animales, pero su influencia en España quedó anulada por los romanos que utilizaban el aceite de oliva, que es lo que se utiliza hoy en día.

2. *"Naranjas de la China"* es un dicho popular para expresar algo muy difícil de conseguir. Las primeras naranjas dulces llegaron a España a comienzos de la Edad Moderna, en barcos portugueses. Estos barcos tenían que rodear todo el continente africano y navegando por el océano Índico, llegar hasta las costas de China, donde se cultivaba este fruto.

3. • La tortilla española (la tortilla de patata) • Los espaguetis con tomate • La tarta de chocolate.

4. ♦ Respuesta variable, depende de cada país: La **pasta** (Italia) – el **cuscús** (Marruecos) – la **hamburguesa** (Estados Unidos) – los **tacos** (México) – las **salchichas** (Alemania) – **kebab** (Turquía) – **roast beef** (Reino Unido).

28. En el médico

El sistema sanitario español .... pág. 179

1. • Para ir al médico lo único que necesito es el DNI o el pasaporte: **F** • La visita al médico de la Seguridad Social es gratis: **V** • El médico de cabecera me ha dado un volante para un análisis. Tengo que llevar dinero para pagarlo: **F** • Para llevar a mi hijo al médico debo pedir una cita: **V** • Los medicamentos en España son gratis para todos: **F**.

♦ Siempre que se acceda a los servicios sanitarios públicos, se debe llevar la **tarjeta sanitaria**, que también debe presentarse en la farmacia junto a la receta del médico de la Seguridad Social para obtener un descuento en los medicamentos prescritos. En los desplazamientos por Europa: para poder acudir a los sistemas públicos de medicina, hay que llevar la Tarjeta Sanitaria Europea (TSE).

2. El orden en el que cada paciente ha de ser atendido por el médico. Como no sea una urgencia, el paciente no puede ir al médico en el momento que lo desea: tiene que pedir una cita y le darán hora según una lista establecida. Ese tiempo de espera es el mayor problema de la Sanidad. - Contratan un seguro privado, además de seguir cotizando a la Seguridad Social.

3. **Positivos:** Todos recibimos asistencia sanitaria cuando la necesitamos. **Negativos:** Las urgencias de los hospitales y algunas consultas de médicos están masificadas.

4. ♦ Respuesta variable. Se considerará si la medicina es pública o privada, si hay atención médica para todos los ciudadanos, la calidad de los hospitales, la atención a los enfermos, la gratuidad o no de los medicamentos, etc.

Hábitos de salud .... pág. 181

1. • **Positivas:** Favorece la circulación sanguínea y la digestión de algunos alimentos - Es un buen complemento de la dieta mediterránea. • **Negativas:** Es causa de muchos accidentes de tráfico - Produce agresividad y malos tratos - Provoca malestar (resaca) al día siguiente - Produce enfermedades (cáncer, cirrosis) - Si la madre bebe, puede producir malformaciones en el bebé.

2. • **A favor** (dicen los fumadores): Ayuda a concentrarse - Quita los nervios - Es mejor fumar un cigarrillo que estar comiendo a todas horas. • **En contra:** Es desagradable respirar el humo - Produce enfermedades (tos, bronquitis y cáncer, sobre todo de pulmón) - Mancha los dientes y los dedos - Es caro.

3. **Tila:** Calma la ansiedad y el insomnio, así como los resfriados y la tos. **Flor de naranjo (azahar):** Calma los nervios favorece el sueño y se utiliza también para las molestias de estómago. **Ajo:** Es como un antibiótico natural, especialmente para las infecciones del aparato respiratorio; reduce la hipertensión arterial. **Otros productos:** Propóleo, aceite de onagra, valeriana, echinacea, etc.

4. *"Puede ser peor el remedio que la enfermedad"*: • Ante un mal, no te precipites a utilizar cualquier solución, piénsalo antes, porque esa solución puede tener efectos más negativos que el mal inicial. • En relación a los medicamentos, algunos pueden ser beneficiosos para una dolencia pero, a la larga, perjudiciales para la salud.

5. **La Toja:** Afecciones reumáticas, respiratorias y cardiovasculares. **Archena:** Tratamientos termales para mejorar la circulación sanguínea y las articulaciones. **Alange:** Afecciones del sistema nervioso, respiratorio y circulatorio.

29. Creencias en España

Las religiones .... pág. 183

1. Se mantienen: la celebración de bodas, bautizos y comuniones. • Disminuye: la asistencia a misa los domingos y el cumplimiento de algunas normas, como las relaciones fuera del matrimonio o el aborto. – Motivos: La sociedad española se ha vuelto más laica y muchas celebraciones tienen más peso social que religioso.

2. "Adiós", "Jesús", "¿a santo de qué?", o "sin encomendarse ni a Dios ni al diablo", etc.

♦ También existe "ojala" = que Alá lo quiera. Es un resto que quedó en el lenguaje cotidiano de la influencia musulmana en la Edad Media. Respuesta de otros países, variable.

3. "Santo": ver glosario. En las agendas españolas, se suele indicar el nombre del santo de cada día.

4. Debido a la cantidad de años que estuvieron viviendo en España, conviviendo con cristianos y musulmanes, hasta la expulsión decretada por los Reyes Católicos en 1492. Había muchos barrios judíos (juderías) como los de Toledo, Gerona, Córdoba o Hervás, en Extremadura.musulmanes tuvieron una gran influencia en la Edad Media. Los restos históricos de la mezquita de Córdoba y la Alhambra de Granada nos recuerdan su época de esplendor. En la actualidad, el aumento del número de fieles se debe el creciente número de emigrantes de los países árabes, sobre todo de Marruecos.

Las supersticiones .... pág. 185

1. Cruza los dedos - Toca madera - No pases por debajo de esa escalera - Y evita el trece - Al gato negro - No te levantes con el pie izquierdo - Una pata de conejo por si se quiebra un espejo - O se derrama la sal - Ni se te ocurra vestirte de amarillo.

2. ♦ Respuesta variable, aunque en muchos países existen las mismas.

3. Todas estas razones pueden mezclarse en la existencia de las supersticiones.

♦ En la sociedad actual, en la que los individuos están cada vez más aislados y la influencia de la religión disminuye, hay gente que busca "algo más". Además de las supersticiones, asistimos a la aparición de numerosas sectas que pretenden ofrecer soluciones espirituales y una vida comunitaria.